Peter Struck
Familie und Erziehung

Peter Struck

Familie und Erziehung

Pädagogik zum Anfassen für Eltern, Lehrer und Erzieher

3. Auflage

Luchterhand

Die Deutsche Bibliothek – CIP-Einheitsaufnahme

Struck, Peter:
Familie und Erziehung
Pädagogik zum Anfassen für Eltern, Lehrer und Erzieher / Peter Struck
3. Auflage – Neuwied ; Kriftel ; Berlin : Luchterhand, 1995
ISBN 3-472-02431-3

Umschlagfoto: Peter Volker Dorn
Umschlag: Reckels, Schneider-Reckels & Weber, Wiesbaden
Satz: Fotosatz Froitzheim, Bonn
Druck: Wilhelm & Adam, Heusenstamm
Printed in Germany, Mai 1995

für Barbara

»Nur wer hohe Forderungen an einen jungen Menschen stellt, zeigt auch, daß er ihn achtet.«
Anton S. Makarenko

Inhalt

Vorwort

Viele halten Pädagogik für eine Wissenschaft. Obwohl sie in manchen Bereichen wissenschaftlich untersucht und dargestellt werden kann, ist sie aber im wesentlichen eine Kunst, und zwar die Kunst eines erfolgreichen Zusammenlebens zwischen erfahrenen und noch hilfsbedürftigen Menschen.

Der erhobene Zeigefinger oder der Nürnberger Trichter haben sich dabei durchweg als nicht besonders effektive Methoden der letzten Jahrhunderte erwiesen, sie haben das Kind allzu sehr als ein zu dressierendes Objekt mißachtet und ihm auch zu wenig zugetraut.

In Wirklichkeit sind Kinder den meisten Erwachsenen in vielem überlegen, z. B. was Gerechtigkeit, Sensibilität und Emotionalität anbelangt; gleichzeitig sind Erwachsene vielfach in Aspekten wie Wissen, Taktik und Opportunismus den Kindern voraus, und diese höchst unterschiedlichen Qualifikationen kollidieren dann beispielsweise, wenn es um die Werteerziehung in einer Gesellschaft geht.

In diesem Buch sollen daher nicht Wege zur erfolgreichen Anpassung der Kinder an die Überlebensstrategien der augenblicklichen Erwachsenenwelt mit ihrer höchst zweifelhaften Moral aufgezeigt werden, sondern Wege zur Gestaltung eines guten Zusammenlebens zwischen Eltern und Kindern, die auch zum Schulerfolg, auch zur beruflichen Sozialisation, vor allem aber zu einem relativ glücklichen Leben ohne Kriminalität, ohne Drogen, ohne Todessehnsucht und ohne mitmenschliches Scheitern führen.

Alle Erfahrungen der letzten Jahre zeigen, daß ein freundschaftliches bzw. partnerschaftliches Zusammenleben mit Kindern ohne die Mißverständnisse der Phase der »antiautoritären Erziehung« um 1970 herum, aber mit Wachsenlassen, mit Forderungen und mit Grenzerfahrungen zugleich möglich ist. Eine graduelle Entpädagogisierung des pädagogischen Bezugs ist dazu erforderlich. Eltern müssen sich der kindlichen Bedürfnisse und Möglichkeiten bewußt werden; sie sollten zwar bewußt erziehen, aber eigentlich nicht viel anders als in jeder anderen Partner- oder Freundschaft auch.

Dieses Buch will also Erziehungskunst auf das für Laien Machbare zurückführen, frei von pseudowissenschaftlichem Vokabular, das vor allem den Zweck hatte, die Erziehungswissenschaft zu einer »anständigen« Sozialwissenschaft geraten zu lassen.

Vorwort

In den letzten 50 Jahren hat es in der Pädagogik kaum noch neue Erkenntnisse gegeben, allerdings ständig neue Fachbegriffe, Theorien und Methoden. Da der junge Mensch in Bauplan, Wesen und Bedürfnissen aber über Jahrhunderte letztlich ziemlich gleich bleibt, müssen wir mit diesem Buch eigentlich nur das Zeitlose als zeitgemäße Erziehungskunst herausfiltern.

Die folgenden Kapitel wenden sich besonders an ratsuchende Eltern, die schon vieles falsch gemacht haben oder Fehler frühzeitig vermeiden wollen. Sie sollen aber auch Lehrer und Erzieher ansprechen, damit sie dieses Buch, das aus meiner 25jährigen praktischen Arbeit mit schwierigen, aber auch unkomplizierten Kindern und Jugendlichen erwachsen ist, Eltern empfehlen können.

Wenn ich von Schülern und Lehrern spreche, meine ich selbstverständlich auch Schülerinnen und Lehrerinnen.

Gelegentliche Wiederholungen im Text sind beabsichtigt, um auch Lesern genüge zu tun, die sich nur mit einzelnen Kapiteln beschäftigen wollen.

Absichtlich hat dieses Buch so viele und so kurze Kapitel, denn erstens soll es die wichtigsten Aspekte von Erziehungskunst »auf den Punkt bringen«, und zweitens macht die Fülle der Kapitelüberschriften klar, daß es sich in Wirklichkeit bei allem Pädagogischen um nur ganz wenige Grundstrukturen und Kausalzusammenhängen handelt, denen man sich von einer Vielzahl von Symptomen aus immer wieder nähert.

Derjenige Leser, dem etwas gefällt oder nicht gefällt oder der etwas ergänzen möchte, darf sich gern an mich wenden.

Hamburg, im März 1993

Peter Struck
Bornstraße 25
20146 Hamburg
Tel. 0 40/45 87 32

Einleitung: Pädagogik als Erziehungskunst in einer pluralistischen Gesellschaft

Unsere Gesellschaft zeichnet sich durch Normenvielfalt aus, auch wenn das vielen Menschen nicht gefällt. Einen Wertekonsens, wie ihn jahrhundertelang die Kirchen, vor allem die katholische, vorgegeben haben, gibt es nicht mehr. An seine Stelle ist zunächst einmal nichts getreten, und in der Folge haben sich viele subkulturelle Nischen mit unterschiedlichsten Orientierungsnormen ergeben, teilweise religiös, teilweise politisch, teilweise atheistisch-privatistisch oder durch Medieneinflüsse bestimmt.

Deutlich wird dieser Dissens vor allem am Schulwesen: Die Auffassungen, ob nun eine Gesamtschule als Einheitsschule oder das gegliederte staatliche Schulwesen mit Hauptschule, Realschule und Gymnasium besser ist oder gar Konfessions- oder Waldorfschulen oder Internate und Landeserziehungsheime als Privatschulen, ob man eine vier- oder sechsjährige Grundschule braucht, Halb- oder Ganztagsschulen, gehen weit auseinander. Und die Lebensbedingungen für Kinder in Familien sind so unterschiedlich, daß auch für jedes Kind eine andere schulgestalterische Lösung gut ist.

Die Vielfalt des Schulwesens und die Tatsache, daß nicht zwei der 16 deutschen Bundesländer ein ähnliches Schulsystem haben, ist ein Beleg dafür, daß niemand genau weiß, welches der richtige erzieherische Weg für ein Kind ist bzw. daß Politiker es mit keinem Wähler verderben wollen, wenn er einen besonders akzentuierten Bildungsgang für seine Kinder für richtig hält.

Pluralismus der Erziehungsweisen ist also ein Zug der Zeit, einerseits aus fehlendem Gestaltungsmut heraus, andererseits bewußt als stützendes Element einer multikulturellen Gesellschaft gewollt.

Was für die Schule gilt, ist aber auch in der Familie so: Unterschiedlichste Erziehungsstile vom konzeptionellen Nichtstun bis zum völlig verplanten Kind bewirken ganz unterschiedliche Sozialisationskarrieren, die von der jeweils anderen Werteposition aus als pädagogisch defizitär beschrieben werden.

Von den vielen erwünschten Erziehungszielen her wird also momentan kaum zu klären sein, welches der einzig richtige pädagogische Weg ist. Aber – und das soll dieses Buch leisten – von drei anderen Positionen her läßt sich doch eingrenzen, wie man ein Kind erziehen sollte:

- von den Bedürfnissen des Kindes her,
- vom Kriterium Lebenstüchtigkeit in dieser Gesellschaft her
- und von der Leidensposition der Eltern her, wenn sich das Kind anders entwickelt, als ihnen vorschwebt.

Was dann an Konsens übrig bleibt, z.B. in bezug auf Zuwendungs- und Gesprächsbedürfnisse des Kindes, auf sein Bemühen um weltbildaufbauende Grenzerfahrungen und auf die Steuerung seines Verhaltens durch Ernährung, soll in den folgendne Kapiteln als richtige Erziehungskunst dargestellt werden.

Schwangerschaft und Geburt als persönlichkeitsbestimmende Faktoren

- *Das Zusammenleben zwischen Mutter und Kind muß schon während der Schwangerschaft intensiv gestaltet werden.*
- *Erlebnisse der Mutter und die Akzeptanz des Kindes während der Schwangerschaft wirken sich auf die Persönlichkeit des werdenden Menschen stärker als vermutet aus.*
- *Schwangere sollen häufig mit ihren Ungeborenem sprechen.*
- *Die Umstände der Geburt sind das wichtigste Ereignis im Leben des Kindes.*

In den folgenden Kapiteln soll nicht dargestellt werden, was in jeder Entwicklungspsychologie steht, nämlich daß der Mensch eine »physiologische Frühgeburt« (Adolf Portmann) ist, die wegen der Kopf- und Hirngröße früher zur Welt kommt als sonst bei Säugetieren üblich, wann er zu sprechen und zu laufen lernt, wann er die ersten Umwelterfahrungen macht, seine Bewegungen zu koordinieren lernt, keine Windeln mehr braucht usw.

Es soll hier dagegen um das in der Regel sonst nicht Erwähnte gehen, das sich in der späteren Persönlichkeit sozialpädagogisch auswirkt und zu rollenspezifischen Unterschieden oder zu Verhaltensschwierigkeiten führt.

Die Schwangerschaft und die Umstände der Geburt wirken sich schicksalhaft auf das gesamte spätere Leben aus. Man kann über den Daumen gepeilt sagen, daß die Persönlichkeit eines Menschen zu 70 % bis zum Ende des 3. Lebensjahres geprägt ist, daß sich weitere 20 % bis etwa zum 10. Lebensjahr ereignen und daß noch etwa 10 % erzieherische Einflußmöglichkeiten nach dem 10. Lebensjahr bestehen. Wohlgemerkt es geht dabei nicht um Wissenserwerb, denn der wird sich größtenteils nach dem 10. Lebensjahr ereignen, sondern um persönlichkeitsbestimmende Einflüsse, von denen ohnehin ein großer Teil durch die Erbgutkonstellation gesteuert wird, die von elterlichen und großelterlichen Genen herrührt.

Wie die Mutter während der Schwangerschaft lebt, was sie erlebt, was sie ißt oder gar an Drogen, Nikotin und Alkohol zu sich nimmt und mit welchen Gefühlen sie der Geburt und dem späteren Werdegang ihres Kindes entgegensieht, wirkt sich wesentlich stärker aus, als früher vermutet wurde.

Schon Embryonen spüren, ob sie erwünscht oder unerwünscht sind, ob sie das erwünschte oder das unerwünschte Geschlecht haben, ob die Mutter nur den Zustand der Schwangerschaft genießen will oder sich auch auf das spätere Kind freut.

Das Zusammenleben zwischen der Mutter und ihrer Leibesfrucht muß genauso gestaltet werden wie das nachgeburtliche Zusammenleben. Das Kind spürt während der Schwangerschaft jede Emotion der Mutter, es lernt während dieser Zeit besonders viel im vegetativen und sensitiven körperlichen Bereich, denn nie wieder wird es so innig mit der Mutter zusammenleben wie in diesen 9 Monaten. Spätere Empfindlichkeiten, die Fähigkeit zu Akzeptanz und Toleranz oder eine geringe Frustrationsschwelle bzw. seine Verletzbarkeit werden in dieser embryonalen Zeit angelegt. Beruflicher Streß oder Partnerschaftsprobleme werden von dem Ungeborenen intensiv miterlebt. Der Abwehrkampf des werdenden Menschen mit der schlechtverträglichen Blutgruppe der Mutter oder mit den vom Blut der Mutter transportierten Giften und Krankheitserregern bewirkt entweder lebenstüchtig oder empfindlich machende spätere Persönlichkeitsanteile.

Das Zusammenleben mit dem Kind vor der Geburt bürdet der Mutter also eine besondere Verantwortung auf, mit der sie nur selten bewußt umgeht, die sie allenfalls instinktiv richtig spürt, so daß schwangere Mütter vielfach eine besondere Ruhe und Würde und eine den Embryo schützende große Distanz gegenüber Alltagsproblemen ausstrahlen. Je älter die Mutter ist, um so mehr Stärke zeichnet sie aus; je jünger sie ist, um so weniger gelingt ihr diese Ausgeglichenheit, so daß Kinder von älteren Müttern durchweg auch weniger zu Verhaltensschwierigkeiten neigen als Kinder von ganz jungen Müttern.

Für das Gelingen der kindlichen Sozialisation ist es außerordentlich wichtig, daß die schwangere Mutter in einem Schonraum lebt, daß ihr ungeborenes Kind an sich und in seinem Geschlecht von der Umwelt und gerade auch vom Vater oder vom Lebenspartner der Mutter akzeptiert wird. Das Kind nimmt vor der Geburt die erregte oder beruhigende Stimme seiner Mutter besonders mitfühlend wahr, insofern ist es keineswegs abwegig, jeder werdenden Mutter zu raten, mit ihrem Kind im Bauch häufig besänftigend zu sprechen.

Das gravierendste Ereignis im Leben eines jeden Menschen sind die Umstände seiner Geburt. Eine Sturzgeburt, das Einsetzen der Wehen zu einem unpassenden Augenblick, die Geburt im Taxi, eine Frühgeburt, die Anwesenheit des Vaters bei der Geburt, die Zuwendungsbereitschaft von Arzt oder Hebamme, Krieg, wirtschafltiche Not oder die dramatische Veränderung der Lebensumstände der Mutter kurz vor der Geburt wirken sich langanhaltend auf den jungen Menschen aus, ganz zu schweigen von medizinischen Komplikationen, wie sie z.B. durch Kaiserschnitt, Zangengeburten, eine geringe oder ausbleibende Sauerstoffversorgung nach der Geburt bei Strangulationen durch die Nabelschnur oder gar durch den Tod der Mutter bei der Geburt vorkommen.

Letztlich ist schon wichtig, ob die Mutter Angst vor der Geburt hat, ob sie schon Erfahrungen mit Geburten hat, ob sie das Kind in der vertrauten häuslichen Umgebung mit einer einfühlsamen und erfahrenen Hebamme zur Welt bringt oder in einem anonymen Großkrankenhaus, ob Ärzte wegen des nahenden Wochenendes in liebloser Weise die Geburt vorzeitig einleiten, ob die Mutter in Vollnarkose ihr Kind zur Welt bringt oder ob der Vater während der Geburt den Körperkontakt zur Mutter hält.

Und weil diese Geburt so biographieentscheidend ist, fragen Psychologen und Pädagogen später immer dann, wenn sie es mit 7-, 10- oder 13jährigen verhaltensgestörten Jungen und Mädchen zu tun haben, nach ihren Umständen und nach ihrem Ablauf. Schwangerschaft und Geburt erklären vieles an Eigenschaften der menschlichen Persönlichkeit. Das Zusammenleben von Eltern und Kind muß also schon sehr früh, also am besten gleich nach dem positiven Schwangerschaftstest bewußt gestaltet werden, wenn die Entwicklung des Kindes optimal gelingen soll. Denn schon während der Schwangerschaft unerwünschte Kinder fühlen sich zumeist auch späterhin noch als unerwünscht, das gilt besonders für die schwierigen Altersstufen um die Pubertät herum.

Die Klangfarbe des Namens und seine emotionalitätsbestimmenden Folgen

- *Nichts hört ein Mensch häufiger als seinen Namen.*
- *Die Klangfarbe des Namens spiegelt sich deshalb nach Jahren in den Gesichtszügen wider.*
- *Fast jedes dritte Kind leidet unter seinem Namen.*
- *Kinder sollten sich ihren Namen vom 10. Lebensjahr an selbst geben.*

Namen können Strafen sein. Das gilt schon für Nachnamen, die an mißliebige Politiker, Despoten aus der Geschichte oder gar an aktuelle Kriminelle erinnern. Auch Doppelnamen wie Leutheusser-Schnarrenberger werden gerade von Kindern als Belastung empfunden.

Aber noch gravierender ist das Schicksal des Vornamens. Nichts hört ein Kind in seinem Leben häufiger als seinen Rufnamen, so daß sich schon früh seine Klangfarbe auf die Entwicklung der Persönlichkeit und sogar auf die Gesichtszüge auswirkt.

Wenn man mir fünf zehnjährige Jungen vorstellt, die ich noch nie gesehen habe, und mir sagt, einer davon heißt Dennis, Thomas, Kurt oder Mario, dann kann ich allein aufgrund der Physiognomie des Kindes sagen, welches zu welchem Namen gehört.

Zur Zeit heißen beispielsweise besonderes viele 13- bis 15jährigen Jungen Dennis oder Mark, sie haben jeweils relativ ähnliche Gesichtszüge, einerseits weil bestimmte Milieus, die als solche schon die körperliche Entwicklung mitbedingen, bestimmte Vornamen favorisieren, andererseits weil die Klangfarbe des Namens Mario ganz andere Spuren im Gesicht hinterläßt als die Namen Adelheid, Waldemar oder Karl.

Eltern sollten um diese Auswirkungen wissen, wenn sie sich für einen Namen entscheiden, von dem sich das Kind ein Leben lang nicht mehr trennen kann. Viele geben ihren Kindern daher zwei oder drei Vornamen mit auf den Weg, damit sich das Kind später das geringste Übel als

Rufnamen auswählen kann. Andere entscheiden sich zwar zunächst für einen harten Namen wie Robert, nennen ihr Kind dann aber mit einer gewissen Reue doch Robby, Bob oder Bobby.

Untersuchungen haben ergeben, daß etwa 30 % Kinder mit ihrem Namen nicht zufrieden sind; selbst Elfjährige kritisieren schon den »dunklen Klang« von Gudrun oder Kurt. Ein 14jähriges Mädchen mit dem Namen Sieglinde beklagte neulich ganz bitter, daß man dabei »doch direkt die alte Germanin mit dicken Muskeln und stämmigen Oberschenkeln« sehe, wenn man nicht gleich die Kartoffelsorte assoziiere. Sie selbst hätte lieber den Namen Iris gehabt. Ein neunjähriger Junge namens Elvis leidet demgegenüber unter der pausenlosen »Verarschung« mit dem Rockideol Presley. Besonders unbeliebte Namen sind auch Adam, Josef, Heinrich und Eulalia. Kinder selbst favorisieren Namen mit günstiger Klangfarbe wie Nadine, Jennifer, Christiane, Natascha, Sarah, Sascha, Renè, Marco, Sebastian, Pierre, Patrick, Malte, Manuel oder Oliver.

Die konkreten Namenswünsche sind allerdings modisch an bestimmte Epochen geknüpft; so sind Amalie, Mechthild und Egon zur Zeit »out«, während Lisa-Marie »in« ist. Sie verraten ein Stück der Erziehungsziele der Eltern. Schwebt Eltern eher eine asketisch-soldatische oder besonders elitäre Lebenskarriere für ihre Kinder vor, dann greifen sie schon mal zu Namen wie Elisabeth, Wilhelm, Friedrich, Alexander, Heinrich, Eberhard, Maximilian oder Ludwig; das Kind wird dabei schon zur Zeit der Geburt als der spätere fertige Wunscherwachsene gesehen. Sehen Eltern aber das Kind eher in seiner ganzen emotionalen und schutzbedürftigen Kleinheit, dann neigen sie zu Namen mit Wohlklang und hängen noch ein »i« daran: aus Nikolaus wird Klausi, aus Sebastian Basti, aus Manfred Manni, aus Christian Krischi, aus Ulrich Uli, aus Oliver Oli, aus Katharina Kati oder Nina. In den USA und in England beziehen Eltern übrigens neuerdings Anregungen für die Namen ihrer Kinder aus der Geographie: Dakota, Assisi, Georgia oder Chelsea sind beispielsweise solche Schöpfungen.

Dabei kann dann auch herauskommen, daß der eigentliche Vorname nur in Geburtsurkunde und Kinderausweis steht und für später gedacht ist und daß das Kind eigens für die Kindheit einen zusätzlichen wohlklingenden Namen erhält; so hieß mein Vater Karl-Friedrich, wurde aber immer nur Calli genannt, eine Tante von mir hieß Klothilde, ihre Eltern riefen sie dann Heidi; ich kenne ein Mädchen, das Anna-Magdalena heißt, aber stets nur Mascha gerufen wird, und einen Jungen namens Hans-Heinrich, der in einem Anflug von Selbstkritik Benny genannt wird. Wir kennen das ja auch von Hunden mit Stammbaum, in dem Gräfin Luzia von Moltke steht, die dann aber Lulu gerufen werden.

Nicht von ungefähr schlagen deshalb viele Menschen vor, daß Kinder sich ihren Vornamen von einem gewissen Alter an, also etwa zwischen dem 10. und 12. Lebensjahr, selbst auswählen sollten, so wie das ja auch viele Sportler und Künstler unter dem Motto »nomen est omen« später handhaben. Ich halte das für einen guten Vorschlag, auch wenn er den Behörden große Schwierigkeiten machen wird.

Da aber ursprünglich hinter jedem Namen auch ein Programm in die Zukunft des Kindes hinein stand, das den Eltern in Anlehnung an Bibelgestalten, militärische Führer oder Adelige vorschwebte und mit dem sie sich auch selbst über den Umweg ihrer Kinder kleiden wollten, müßte man erst einmal, was die Funktion des Namens anbelangt, umdenken. Bisher wollten Eltern an ihrem Kind und seinem Namen Freude haben; sie haben sich auch mit der Wahl des Vornamens für ihren Nachwuchs häufig an ihrem Namen gerächt. Künftig müßte dann der Name des Kindes wie eine fest am Körper angewachsene Kleidung betrachtet werden, die auszuwählen allein dem Kind obliegt, wenn es sich darin wohl fühlen soll. Deshalb hat auch gerade das Hessische Verwaltungsgericht entschieden, daß ein Kind aus erster Ehe gegen den Willen des leiblichen Vaters den Namen seines Stiefvaters annehmen darf, wenn es sich sonst in der neuen Familie ausgeschlossen fühlt.

Die ersten drei Lebensjahre als prägende Phase der Persönlichkeit

- *Mütter sprechen mit Mädchen mehr als mit Jungen.*
- *Mangelnde sprachliche Zuwendung in den ersten Lebensjahren wirkt sich meist noch das ganze Leben lang aus.*
- *Verbale Zuwendungsdefizite begünstigen non-verbale Kommunikationsformen, wozu auch Gewalt gehört.*
- *Kinderwagen, Kinderbett und Kinderzimmer können kinderfeindlich sein.*
- *Spätere Suchtanfälligkeit wird in den ersten Lebensjahren angelegt.*
- *Die Addition mehrerer Betreuer ersetzt nicht das Bedürfnis des Kindes nach einer Hauptbezugsperson.*

Kinder werden ja vor allem von den Müttern erzogen, und das gilt insbesondere für die ersten Lebensjahre. Mütter machen offenbar Unterschiede in der Behandlung von Jungen und Mädchen, sie begünstigen damit rollenspezifische Unterschiede, und die sind je nach Kultur- und Religionskreis sehr unterschiedlich:

Während in Indien nach einer Studie der Weltgesundheitsorganisation WHO von 8000 Ungeborenen nach der Geschlechtsbestimmung 7999 Mädchen abgetrieben werden, werden in Tunesien Jungen mindestens zehn Monate, Mädchen dagegen höchsten sieben Monate gestillt. Wenn am Horn von Afrika die Nahrung knapp wird, wird zuerst bei den Mädchen gespart. Jungen gelten in diesen Regionen offenbar mehr.

In Deutschland ist das ganz anders. Bei Adoptionen werden eindeutig kleine Mädchen bevorzugt, und Untersuchungen haben ergeben, daß Mütter mit ihren Töchtern – wahrscheinlich weil sie in ihnen eher »Verbündete« vermuten – in den ersten drei Lebensjahren etwa doppelt so viel sprechen wie mit ihren Söhnen.

Das wirkt sich sprachbegünstigend auf die Mädchen aus, die dann noch ein ganzes Leben auch in ihrer Fremdsprachenkompetenz davon profitieren. Ein Mangel an sprachlichem Anfangsschub wird meist das ganze Leben lang nicht mehr aufgeholt und erklärt auch, warum Jungen sich dann ersatzweise bzw. kompensatorisch andere Bewährungshelfer im Technischen, Naturwissenschaftlichen, Mathematischen, Handwerklichen oder Sportlichen suchen. Wenn sie sprachlich nicht so gut mit den Frauen und Mädchen in ihrer Familie konkurrieren können, werden sie in andere Leistungsbereiche, in denen sie sich besser als ihre weiblichen Familienmitglieder bewähren können, abgedrängt. Das erklärt zum Teil, warum Jungen in der Schule eher im Rechnen und Mädchen eher im Englisch- und Französischunterricht gut sind, natürlich stets von vielen Ausnahmen abgesehen.

Kinder, die von Anfang an sprachlich vernachlässigt werden, weil sie wegen der Berufstätigkeit ihrer Eltern in Kinderkrippen und -gärten geparkt werden und deren Mitarbeiter die sprachliche Zuwendung auf allzu viele Kinder verteilen müssen, holen ihr Sprachdefizit ihr ganzes Leben nicht mehr auf. Man nennt dieses Phänomen ja Hospitalismus. Da der Sprache aber in bezug auf konkurrenzfähig machende Lebenstüchtigkeit eine Schlüsselfunktion zukommt, sind Kinder mit einem Defizit an sprachlicher Zuwendung in den ersten drei Lebensjahren von der Grundschule bis zur beruflichen Karriereleiter unwiderruflich benachteiligt. Sie stellen schon früh einen großen Anteil der Legastheniker, sie wählen auch später alles, was mit Lesen und Schreiben zu tun hat, als unlustbetont ab, sie greifen seltener oder gar nicht zu Büchern und Zeitschriften, sie greifen wegen der ihnen bewußten sprachlichen Unterlegenheit eher zu non-verbalen Mitteln der Kommunikation, wozu auch Gewalt gehört.

Da sie zu Ein-Wort-Sätzen, Satz-Fragmenten und zur Kanalisation ihres verbal schlecht ausdrückbaren Unmutes in die Fäkaliensprache (»Scheiße«, »Pisser«...) neigen, produzieren sie im Sinne der Teufelskreis-Theorie mit ihrem restringierten Sprachcode und ihrer geringen sprachlichen Zuwendung auch bei ihren Kindern die benachteiligenden Sprachdefizite.

Es ist also schwer, solche über Generationen reichende Kette zu durchbrechen. Denn wenn der sprachbildende Einfluß von Schule und Fernsehen einsetzt, ist es stets zu spät. Mütter müssen sich also des weichenstellenden sprachbildenden Einflusses der ersten drei Lebensjahre bewußt sein. Sie sollten in dieser Zeit viel mit ihren Kindern und gerade auch mit den Jungen sprechen, sich um einen reichhaltigen Wortschatz bemühen, und sie sollten so viel wie möglich erklären, damit die Kinder auch früh eine reiche Begrifflichkeit aufbauen können. Je jünger Kinder sind, um so besser funktioniert der Spracherwerb, das gilt natürlich auch für die Fremdsprachen. Lediglich die Überforderungsgefahr ist der Grund, weshalb man mit der 1. Fremdsprache nicht bei Erstkläßlern oder gar in der Vorschule beginnt. Aber alle Versuche mit dem Beginn des Englischunterrichts in der 3. Klasse oder – wie früher in Polen – im Vorschulalter belegen die größere Leichtigkeit im Vergleich zum Beginn mit Klasse 5. Am allergünstigsten ist für die Sprachbildung das zweisprachige Aufwachsen eines Kindes in einer Familie.

Erziehungsfehler in den ersten drei Lebensjahren wirken sich verheerender aus als in späteren Jahren. Das gilt nicht für alle Situationen in der Familie, also beispielsweise nicht für die Scheidung der Eltern, die späterhin schlimmere Folgen bei den Kindern bewirkt als in den ersten Jahren.

Ein großer pädagogischer Kunstfehler war in unserem Kulturkreis die Erfindung von Kinderwagen, Kinderbett und Kinderzimmer. Diese Elemente entsprechen eigentlich in ihrer Körperfeindlichkeit dem soldatisch-asketischen Erziehungsideal Preußens bzw. den Moralvorstellungen der katholischen Kirche, keineswegs aber den kindlichen Bedürfnissen.

Kleine Kinder brauchen dringend den Körper- und Blickkontakt zu ihren Eltern, sie sollten daher wie bei allen Naturvölkern am Körper der Eltern getragen werden – am besten vorn – und im Hautkontakt zu ihren Eltern schlafen können. Das Schlafen in einem entfernt stehenden Bett oder gar in einem ganz anderen Zimmer bewirkt emotionale Entwicklungsdefizite, sorgt für einen zu hohen Grad an Ängsten im Kind und begünstigt damit Neurosen und Psychosen, aber auch sexuelle Fehlentwicklungen und Sexualstraftaten in späteren Altersstufen.

Das Im-Leib-der-Mutter-Leben des Kindes muß sehr langsam über das Am-Leib-der-Eltern-Leben in das In-der-Nähe-der-Eltern-Leben übergehen. Und erst wenn das Kind im Alter von 4, 5 oder 6 Jahren in der Lage ist, stundenweise allein in einem Zimmer zu leben, sollte man auch ein Mehr an Trennung gestalten. Dazu gehört dann jedoch, dem Wunsch des Kindes nach abendlichem und morgendlichem Kuscheln mit den Eltern im Bett so häufig wie möglich zu entsprechen.

Wenn in den ersten drei Lebensjahren ein Geschwisterkind erwartet wird, muß das vorhandene Kind sehr sorgfältig vorbereitet werden, damit es nicht eine plötzliche Teilung der Zuwendung der Eltern als Schock erlebt. Über das künftige Geschwisterkind muß viel mit dem kleinen Kind gesprochen werden, es sollte starken Anteil an dem größer werdenden Bauch der Mutter, an der Zeit nach der Geburt im Krankenhaus und an der Hilfsbedürftigkeit des Neugeborenen in den ersten Wochen zu Hause nehmen können. Und gerade nach der Geburt des Geschwisterkindes ist zunächst ein deutlich erhöhtes Maß an Zuwendung für die vorhandenen Kinder erforderlich, damit nicht spätere Eifersucht geschürt wird.

Wenn ältere Kinder, Jugendliche oder Erwachsene süchtig werden, wenn sie beginnen zu rauchen, Alkohol oder Drogen zu konsumieren, läßt sich die Ursache dafür durchweg auf die ersten drei Lebensjahre zurückführen: Unbewußt erziehen Eltern ihre Kinder zu einem späteren Suchtverhalten, wenn sie ihnen immer dann, wenn sie Liebe oder Ansprache wollen, ersatzweise Nahrung oder Spielzeug geben. Kinder lernen dadurch, daß die eigentlich genannte Zuwendung materiell substituiert werden kann. Man trainiert in ihnen die Schiene des ersatzbefriedigenden Ausweichens, die Verdrängung des eigentlichen Problems, also beispielsweise den Ersatz des Wertes Liebe durch Stoffliches. So greift dann auch später der junge Mensch, statt auf die Überforderung oder das drohende Scheitern zuzugehen, zum Stoff.

Mindestens ein Elternteil sollte in den ersten drei Lebensjahren nicht arbeiten, um dem immens großen Liebes- und Ansprachebedürfnis des Kindes entsprechen zu können. Es ist dabei völlig egal, ob sich der Vater oder die Mutter zur Rolle des Hausmenschen entscheidet, denn dem Kind gelingt der Bindungsaufbau zum Vater ebenso wie zu der Mutter. Nur eine der beiden Personen wird für das kleine Kind zunächst wichtiger, das ist normal und darf nicht zur Kränkung des Partners führen. Kleine Kinder brauchen vor allem eine Bezugsperson für ihre leibliche Versorgung, eine zweite im gleichberechtigten Wechsel könnte sie schon überfordern. Auf jeden Fall ist eine schädliche Überforderung, die zu Bindungsdefiziten führt, gegeben, wenn sich viele Bezugspersonen zu einer Rund-um-die-Uhr-Versorgung addieren; das gilt aber auch noch – mit stetig abnehmender Bedeutung – für ältere Kinder.

Die bildende Phase vom vierten bis elften Lebensjahr

- *Der Ordnungs-, Gestaltungs- und Profitsinn der Erwachsenen hat zum Verlust von Kindheit geführt.*
- *Der Familienzerfall bringt dem Kind Einsamkeit.*
- *Die unzeitgemäße Schule überläßt die Bildung des Kindes den Medien, vor allem den Bildschirmen.*
- *Die Schule ist vor allem ein Ort des Sozialen Lernens.*
- *Eltern müssen wissen, daß Kinder außerhalb der Schule mehr lernen als innerhalb. Sie müssen daher heutzutage alle auch eine lehrerähnliche Bildungsverantwortung wahrnehmen.*

Wenn man an diese Altersstufen denkt, fällt einem zunächst ein: Spielalter. Kinder wollen und müssen spielen, für sie ist Spiel Ernst, denn sie erproben damit Erwachsensein. Aber viele Kinder haben das Spielen verlernt, sie gleichen sich allzu früh an die Tagesabläufe der Erwachsenen an:

Sie sitzen stundenlang auf Stühlen, vor allem in der Schule, sie sitzen lange auf Autositzen, wenn sie von den Eltern zum Sport, Musikunterricht, Kindergeburtstag oder zu Spielkameraden hin- und herkutschiert werden oder mit ihnen auf Wochenendtrip sind, sie sitzen in verkabelten Haushalten im Schnitt eine Stunde pro Tag vor dem Bildschirm und in Extremfällen bis zu neun Stunden. Vor allem aber messen sie selbst ihren Wert daran, in welchem Grad sie schon wie Erwachsene sich kleiden, Musik hören, in Restaurants essen und Freizeitrituale pflegen.

Und dabei sind sie nachmittags vielfach allein mit sich und in der Wohnung, wo das mitmenschliche Leben erst abends beginnt. Immer mehr Kinder leben vor dem Hintergrund zunehmenden Familienzerfalls allein mit ihrer Mutter, die tagsüber häufig berufstätig ist. Das einsame, am Nachmittag sich selbst überlassene Kind ist mittlerweile die Regel, und das ist historisch und international gesehen in seiner Massenhaftigkeit ein relativ neues Phänomen.

Für nur 4,4 % aller Kinder zwischen sechs und zehn Jahren stehen laut »Kinder-Report« von Andrea Ernst und Sabine Stampfel nachmittägliche Betreuungseinrichtungen zur Verfügung.

Die »Kids betuchter Eltern« sind dagegen gerade am Nachmittag völlig verplant. Sie haben einen vollen Terminkalender mit Klavierunterricht, Hockey, Tennis, Kindergeburtstag, Ballett, Reiten und Besuch bei der Oma sowie Nachilfeunterricht. Sie pendeln bis zur Erschöpfung zwischen vielen kleinen Inseln der Freizeit, gelegen zwischen verkehrsreichen Straßen und zugeparkten Randflächen, so daß Spielen in der Großstadt außerhalb der Wohnung Risiko, Schmutz, Giftbelastung und gleichmäßig verteiltes und alles ausfüllendes Autoblech bedeutet, innerhalb der meist zu kleinen Wohnung aber Video, Computer und Fernsehschirm.

Der Ordnungs-, Gestaltungs- und Profitsinn der Erwachsenen hat zur Reduktion von Kindheit geführt. Stadtplaner sehen pro Kind einen Quadratmeter Spielfläche, pro Auto aber sieben Quadratmeter vor.

Dabei ist die Phase vom vierten bis zum elften Lebensjahr die Hauptlernphase des Menschen, der etwa mit zehn Jahren seine größte Vollkommenheit erreicht. Mit zehn ist die Hirnentwicklung auf einem Höhepunkt angelangt. In keinem Alter hat der Mensch so viele graue Hirnzellen, deren Zahl von da ab stetig abnimmt. Mit 10 sind die Augen noch klar und heil, die körperlichen Proportionen stimmen mehr denn je, der junge Mensch kommt dem ästhetischen Ideal sehr nahe, und er ist schon und noch in einer relativ großen Harmonie zwischen Körper, Seele und Geist. Danach wird alles mit dem Beginn der Vorpubertät schwieriger, zerrissener und kaputter, vom elften Lebensjahr an zeichnet das Leben die ersten harten Spuren im Gesicht und pädagogische Einflüsse versuchen den Abstieg zu minimalisieren.

Von vier bis elf lernt das Kind besonders gut, nicht aber nur Lesen, Rechnen und Schreiben, sondern auch Fremdsprachen. Die kaum noch zeitgemäße Schule hat ihren gewollten Wert eigentlich nur effektiv im Erwerb der Kulturtechniken, ihre vorwiegende Reduktion auf das Wort schafft allenfalls den Aufbau von Kompetenzen des Lesens, Schreibens und Rechnens, alles andere Lernen gelingt ergiebiger außerhalb der Schule – und in der Schule als funktionales Lernen, als mehr ungewollt über die Interaktion sich ereignendes Lernen in der Gleichaltrigkeit. Nur moderne Schulen mit Offenem Unterricht und Sozialem Lernen nehmen die wichtigen und guten Einflüsse zwischen den Kindern in ihr intentionales Programm auf. Kinder lernen zwischen vier und elf besonders viel voneinander, allerdings ist das nur schwierig von Erwachsenen zu steuern und zu kontrollieren.

Die zunehmende Isolation und Einsamkeit des modernen Kindes wird häufig nur durch die Ballung von Grundschülern am Vormittag unterbrochen, insofern besteht der Wert der Schule vor allem in ihrer Funktion als Kontakthof für die Gleichaltrigkeit.

Inzwischen sehen Eltern das offenbar auch schon so, denn den Lehrern trauen sie nicht unbedingt, aber sie wählen gezielt, wenn sie können, die »bessere« soziale Situation der Mitschüler, wenn sie Waldorfschulen, Freie Schulen, Konfessionsschulen und andere Privatschulen bevorzugen oder den weiteren Wert zu einer staatlichen Grundschule für »edlere Kreise« in einer günstigeren Wohngegend, die relativ frei von »Schmuddelkindern« ist, in Kauf nehmen.

Kinder brauchen für ihr gesundes Aufwachsen neben den Eltern auch gleichaltrige Bezugspersonen, und deren Auswahl wollen und sollen Eltern mitbestimmen. Übergeordnet haben Kinder dabei allerdings in der Regel die »höhere Moral«, denn sie sind in diesem Alter durchweg vorurteilsarm, sie sind von »Natur aus« in wesentlich geringerer Weise rassistisch oder fremdenfeindlich als ihre Eltern; rein pädagogisch gesehen ist es wertvoller, wenn sie mit Kindern anderer Nationen, Religionen und Kulturbereiche, aber auch mit Kindern fremder sozialer Schichten und Milieus zusammenleben, denn diese bereichern die Möglichkeiten auf dem Weg zu sozialen Lernzielen wie Kommunikations- und Konfliktfähigkeit, Toleranz und Solidarität. Sind sie nur mit ähnlichen Kindern, also mit Ihresgleichen zusammen, lernen sie weniger. Aber das Andere, das sie in multikultureller Gesellschaft lernen könnten, macht leider vielen Eltern Angst. Alle Versuche des gemeinsamen Lernens von behinderten und nichtbehinderten Kindern in Integrationsklassen, in Gesamtschulen und in Schulen mit einem höheren Ausländeranteil belegen aber die größere soziale Reife, die früher einsetzende Sozialkompetenz und politische Mündigkeit und ein Mehr an Lebenstüchtigkeit bei allen beteiligten Schülern.

Da Kinder mittlerweile außerhalb der Schule mehr lernen als innerhalb der Schule, kommt den Eltern und gerade den alleinerziehenden berufstätigen Müttern eine größere außerschulische Bildungsverantwortung zu, als sie vermuten. Und diese müssen heutzutage alle Eltern lehrerähnlich wahrhaben und annehmen.

Das zwingt sie zum Nachdenken über die Tagesgestaltung ihrer Kinder, zu Spielanregungen, zum Steuern gegen exzessiven Bildschirmkonsum, zum gemeinsamen Fernsehen mit den Kindern nebst anschließendem klärenden, vertiefenden, relativierenden und gegensteuernden Gespräch, zum gemeinsamen Umgang mit dem Computer, zum Animieren in Richtung Naturerlebnis, Bücher, Bewegung, Sport und Umgang mit

Freunden sowie zu einer kindgemäßen Wochenend-, Urlaubs- und Reisegestaltung. Auf die Schule dürfen sich Eltern dabei heute keineswegs verlassen, denn ein deutsches Kind verbringt in der Schule etwa 15 000 Stunden, vor dem Bildschirm aber ungefähr 18 000.

Die geringen erzieherischen Chancen zwischen dem 12. und 18. Lebensjahr

- *Für Jugendliche spielen die Anerkennung und die Rangordnung in Gruppen Gleichaltriger eine große Rolle. Tüchtigkeit oder Beliebtheit sind ihre Kriterien.*
- *Vieles, was junge Menschen tun, geschieht mit dem Bemühen, weltbildaufbauende Grenzerfahrungen zu machen, Strafen gehören dazu.*
- *Jugendkulturelle Nischen sind überschaubar, geben familienersetzende Geborgenheit, schaffen über Feindbilder Familiensinn und bieten eine Orientierung gebende Wertewelt.*
- *Staatliche Jugendpolitik ist vor allem verwaltend, hoffnungslos unmodern und voller pädagogischer Kunstfehler.*
- *Da verhaltensschwierige Kinder meist nach Zuwendung, Anerkennung und Lebenssinn schreien, muß die pädagogische Prognose für sie nicht schlecht sein.*

Mit Beginn der Vorpubertät wird das Leben für die Kinder schwieriger. Erstmals betrachten sie sich auch von außen, sie legen mehr Wert auf ihre Kleidung, ihre Frisur und auf die Anerkennung durch Gleichaltrige. Plötzlich spielen wie im Sport auch Rangordnungspositionen in der sozialen Gruppe eine größere Rolle. Als Kriterien stehen dafür Beliebtheit oder Tüchtigkeit eine Rolle. Wer nicht tüchtig ist, will zumindest über sein Aussehen, über Spielzeug oder über Geschenke beliebt werden; und wer nicht beliebt ist, will wenigstens tüchtig durch schulische oder sportliche Leistungen oder durch den in der Gruppe anerkannten Einsatz von Stärke und Gewalt sein.

Da gleichzeitig der junge Mensch auf der Suche nach einem stimmigen Weltbild ist, bemüht er sich um Orientierungsfindung durch Grenzerfahrung. Vieles, was Kinder und Jugendliche als Teenies tun, dient daher dem Ausprobieren der eigenen Möglichkeiten und Grenzen. Wenn die in der Schule und in der Familie nicht so erfolgreich sichtbar werden, dann werden sie in den jugendkulturellen Nischen außerhalb erprobt, in Jugendbanden, politischen Gruppierungen, bei den Hooligans, den Skinheads, bei den S-Bahn- und Fahrstuhl-Surfern, in Jugendsekten, bei den Grufties, in Motorradgruppen oder überhaupt in der Stadtteil- bzw. Regionalszene mit Sportverein, Jugendfeuerwehr, Schützenverein oder Diskothek.

Jugendliche, die Opfer einer geringen sprachlichen Zuwendung sind und deshalb Verbaldefizite haben, setzen deshalb zur Bewährung gern non-verbale Kommunikationsformen ein, wozu Schlagen, Treten, der Einsatz von Waffen oder eine schlimme Fäkaliensprache gehören.

Wer es schwer hat, sich zu behaupten, neigt dann auch dazu, sich erfolgversprechende Kampftechniken in Judo-, Kung-Fu-, Taekwondo-, Karate- oder Kick-Box-Vereinen anzueignen, Kraftsportzentren aufzusuchen oder mit 100 zerschlagenen S-Bahn-Scheiben, mit Graffiti-Bildern auf Mauern, mit persönlichen Tag-Schriftzüge auf Parkbänken oder Telefonzellen oder mit dem »Abziehen« von teuren Lederjacken oder Turnschuhen auf sich aufmerksam zu machen. Besonders nützlich erscheint dabei, in den Schlagzeilen der Presse zu stehen, für Fotos des angerichteten Schadens zu sorgen oder gar Honorare für Interviews nach spektakulären Ereignissen der Szene zu bekommen. Die Autoknacker-Kinder der Crash-Kid-Szene haben damit besonderen Erfolg gehabt, vor allem wenn sie auf mehr als 100 Autoaufbrüche gekommen sind, wenn sie sich über viele Nächte hinweg Rennen mit den sie verfolgenden Polizisten geliefert haben und wenn sie mehrere Autos ohne körperlichen Schaden zu Schrott gefahren haben.

Alle diese gewaltreichen Aktivitäten, zu denen auch Schulhof- und Schulweggewalt mit dem »Abpressen« von Geld und Schulbrot gehört, werden fast immer gemeinsam mit anderen Gleichaltrigen ausgeübt, damit es Zeugen für den Mut und den Erfolg gibt, damit man in der geborgenheitgebenden, solidaritätsverheißenden und zu einem Mehr an Anerkennung führenden Szene der jeweiligen Nische ein paar Punkte nach oben kommt.

Solche gewaltreichen Nischen haben für viele junge Menschen aus kaputten Familien, aus Heimen und mit einer sehr schweren, häufig schulisch erfolglosen Biographie eine familienersetzende Funktion. Sie finden dort Bewährung, Zuwendung, ein zusammenschmiedendes Feindbild und Rituale, die ihnen Freizeit- und Lebenssinn geben und ihnen die Fragen beantworten, wie man sich zu kleiden hat, mit welchen nur dieser Szene eigenen Codes man zu sprechen hat, auf wen man sauer zu sein hat

(Polizei, gegnerische Fans, Ausländer...), welchen Musikgeschmack man zu haben hat und wie man mit Freundinnen und Freunden umzugehen hat.

Jede sub- bzw. jugendkulturelle Nische ist im Kontrast zur jeweils anderen, aber auch in Opposition zu den Werten der Erwachsenenwelt gestaltet. Und wer in dieser Nische erstmals in seinem Leben Geborgenheit, Anerkennung und Lebenssinn gefunden hat, läßt sich nur noch ungern von erzieherischen Strategien der Politiker, Lehrer, Sozialarbeiter und Eltern erreichen. Wer sich mit schnellen Autos, hübschen Mädchen, Schlagzeilen und der meist ohnmächtigen Zuwendung der Staatsgewalt – vertreten durch Polizisten, Jugendrichter und Heimerzieher – mit dem Wissen kleiden kann, daß ihm wegen seiner Strafunmündigkeit oder wegen weicher pädagogischer Ideologien ohne das vorgesehene Element der deutlichen und präventiven Grenzerfahrung ohnehin nichts passieren wird, fühlt sich in einer gewaltreichen und menschenverachtenden Nische möglicherweise wohl, weil er noch nie zuvor soviel bewirkt hat und noch nie zuvor soviel Aufmerksamkeit und Anerkennung gewonnen hat.

Die meisten staatlichen Konzepte sind daher im Umgang mit schwierigen Jugendlichen hoffnungslos unmodern, blauäugig und wirkungslos. Sie gehen von einem guten Menschenbild aus, wie man es nur 1968 mit dem Auswuchs der »antiautoritären« Erziehungsvorstellungen A. S. Neills hatte, sie halten alle Kinder und Jugendlichen für etwa gleich in ihren Reaktionen auf staatliche Angebote, und sie neigen zur Verwaltung solcher Kinder zwischen verschiedenen Behörden wie Jugendamt, Polizei und Justiz mit dem stetigen Umtopfen in immer andere Heime, Jugendwohnungen, Psychiatrien, reise- bzw. erlebnispädagogische Maßnahmen, Jugendarrest und Inobhutnahme bei immer wieder anderen Erziehern. Erstens machen die Kinder dabei meist nicht die von ihnen selbst gewollten Grenzerfahrungen, zweitens gehen sie dabei meist nicht mehr zur Schule, und drittens ist es ein pädagogischer Kunstfehler, immer wieder neue Erzieher und andere »Experten« mit Arbeitszeitregelungen und im Schichtdienst auf diese jungen Menschen anzusetzen; sie lernen dadurch nur, daß es sich nicht lohnt, zu irgend einem Menschen eine Bindung aufzubauen, weil der sowieso bald wieder weg ist. Sie werden erst bindungsarm, dann bindungslos, und sie lernen, Alleingelassensein als Selbständigkeit verstehen zu sollen.

Was alle jungen Menschen zwischen 12 und 18 brauchen, ist, neben der Gleichaltrigkeit wenigstens eine erwachsene Bezugsperson zu haben, die kontinuierlich rund um die Uhr und langfristig zu ihnen steht, von der sie geliebt werden und die sie selbst auch lieben, die auch in schwierigsten Phasen bedingungslos zu ihnen steht, die sie da abholt, wo sie sich befinden, und die sie am Beginn so akzeptiert, wie sie sind.

Erzieherischer Einfluß ist vom 12. Lebensjahr an nur aufzubauen und beizubehalten über eine geschickte Kombination von Liebe, Akzeptanz und hohen Anforderungen, wozu auch der sichtbare Aufbau deutlicher Grenzen gehört, also auch Strafe. Ohne Strafe ist Erziehung nicht möglich, aber die Strafe muß selten, dem Delikt angemessen und mit einem hohen Grad an Verstehen und Verzeihen und nur dann, wenn sie vom Kind angenommen wird, eingesetzt werden. Nur wer hohe Forderungen an einen Menschen stellt, zeigt auch, daß er ihn achtet, ihm etwas zutraut.

Jeder Mensch möchte so gern tüchtig sein. Er kann es aber nur sein, wenn man ihm diese Tüchtigkeit auch zutraut. Kritik muß daher im Jugendalter immer mit gleichzeitig geäußerter Anerkennung bzw. Wertschätzung verbunden sein, wenn sie Positives und nicht etwa Schlimmeres erreichen soll.

Der Umgang mit Jugendlichen ist nicht leicht und auch nicht immer leicht zu ertragen. Er setzt den höchsten Grad an menschenführender Kunst voraus. Der Aufwand muß dabei um so größer sein, je schwieriger das bisherige Leben des jungen Menschen war.

Schwierig kann ein Leben aber auch gewesen sein, wenn es in wohlstandsversorgtem Milieu mit ständigen Über- und Unterforderungen, mit mehr Kritik als Lob, mit reichlicher materieller Versorgung, aber mit wenig Liebe, einfühlsamer Zuwendung und Zeit der Eltern stattfand.

Späte Einsicht der Eltern und ihre Bereitschaft zur Korrektur benötigen dann allerdings mindestens den vierfachen Aufwand, um die Sozialisation noch in geordnete Bahnen geraten zu lassen. Vorbeugende, also präventive Pädagogik ist immer wesentlich effektiver als später nachgereichte, die dann mit dem Sich-Kümmern beginnt, wenn »das Kind bereits in den Brunnen gefallen ist«.

Was die Persönlichkeit, also den Charakter des Kindes anbelangt, so bestehen ja nach dem 10. Lebensjahr ohnehin nur noch etwa 10 % Einflußmöglichkeiten. Wer also mit schwierigen Kindern vom 12. Lebensjahr an zu arbeiten beginnt, muß sich auf äußerst geringe Korrekturchancen gefaßt machen. Dennoch besteht kein Anlaß zu pädagogischem Pessimismus, weil durchaus Bestandteil eines auffälligen Kindes mit einem hohen Potential an Grenzüberschreitungen sein kann, daß es alles Unerwünschte nur deshalb tut, weil es mehr Zuwendung, mehr Anerkennung, mehr Geborgenheit, mehr Weltbild und Lebenssinn und mehr deutliche Forderungen erleben möchte. Weil dieses aber für die meisten verhaltensschwierigen und straffälligen Kinder gilt, haben die meisten von ihnen eine gute Prognose, wenn sie nur auf die richtigen Menschen oder auf die richtige Wandlung der Einstellung ihrer Eltern treffen.

Die Chancen für erfolgreiches Lernen sind ohnehin bei jedem Jugendlichen gut, denn seine intellektuelle Kapazität wird stets sowieso nur zu einem geringen Teil ausgenutzt. Jeder kann fast alles lernen, wenn nur die richtige Methode gefunden und die nötige Motivation aufgebaut wird. Schüler stoßen eigentlich nie auf Grenzen ihres Leistungsprofils oder ihrer Lernkapazität, allerdings – weil die meisten Lehrer schlecht sind – reichlich auf unzureichende Methoden, mangelhafte Lernmilieus und fehlende motivierende Animation.

Das sinnesgeschwächte moderne Kind

- *Vor allem in Großstädten und Ballungsgebieten gibt es ein Schwinden an Kindheit.*
- *Heutige Kinder haben Defizite an Koordinierungsfähigkeit, sie können nur schwer zuhören, rückwärtsgehen, balancieren und zählen.*
- *Haltungsschäden werden immer häufiger durch Sinnesschwächen ergänzt.*

Schon immer ist es so gewesen, daß Lehrer, die eine 10. Klasse abgaben und dann eine 5. Klasse übernahmen, eine ganz neue Generation mit verändertem Freizeit- und Bekleidungsverhalten, mit einer anderen Sprache, einem neuen Musikgeschmack sowie ungewohnten subkulturellen Nischen vorfanden. Doch mit der Zunahme des Phänomens Schnellebigkeit und der immer kürzeren Dauer von modischen Trends hat die Wandlung der Kinder so dramatische Formen angenommen, daß sie vielen Erwachsenen gänzlich fremd geworden sind.

Die Zunahme von Autos und Straßenverkehr, der gleichzeitige Verlust an Spiel- und Bewegungsräumen, die gewachsene Bedeutung von Fast-Food-Ernährung, Fernsehen, Video, Materialismus, Werbung und Konsum und die Entwicklung zur Kleinstfamilie, die zunehmend nur noch aus Mutter und Kind besteht, beschert Lehrern, die schon lange im Schuldienst sind, heute völlig andere Schwierigkeiten als vor 25 Jahren:

- Immer mehr Kinder zeigen einen Mangel an Sprachkompetenz, sie können nicht mehr in ganzen Sätzen sprechen; sie neigen zu Ein-Wort-Äußerungen, angereichert mit Wörtern aus der Comic-Szenerie, die es im Duden gar nicht gibt, und ergänzt durch eine Körpersprache voller Mimik, Gestik und Gewalt.
- Immer mehr Kinder sitzen immer länger vorm Fernseh- und Videogerät, schon im Grundschulalter zum Teil mehr als 9 Stunden täglich. Sie können das Gesehene kaum noch verarbeiten, so daß der Montag

in vielen Kindergärten und Schulen vor allem der Entlastung von der »Videotisierung« des Wochenendes sowie ihrer Verarbeitung dient. Da die Kinder die Kombination von Wort und Bild gewohnt sind, ist ihre Wahrnehmungs-Reizschwelle allein mit dem Wort nur schwierig zu überwinden, sie können schlecht zuhören.

- Während früher auch einige Einzelkinder in Schulklassen saßen, gibt es heute überwiegend Einzelkinder, und jedes zweite 13jährige Kind in Großstädten ist Scheidungsopfer, bundesweit jedes dritte.
- Immer mehr Kinder leiden unter Einsamkeit und fehlender Zuwendung, aber auch unter Überforderung, immer mehr sind falsch ernährt, haben Allergien, Ekzeme, Asthma, Neurodermitis und Warzen, sind Bettnässer, kauen Nägel, sind motorisch gestört und können sich weder konzentrieren noch lange einer Forderung gegenüber durchhalten. 30 % der 12- bis 15jährigen nehmen regelmäßig Medikamente.
- Vor 30 Jahren kannte man als wesentlichen Ausfall bzw. als Teilleistungsschwäche eigentlich nur die Lese-Rechtschreibschwäche und schuf eigens den Begriff der Legasthenie dafür. Die Zahl der Legastheniker hat in den letzten Jahren zugenommen, aber das früher kaum bekannte Phänomen Rechenschwäche spielt mittlerweile eine noch größere Rolle als die Lese-Rechtschreibschwäche und hat auch einen eigenen Namen bekommen: Dyskalkulie oder Arithmasthenie. In manchen Regionen wie z. B. in Hamburg-Horn beklagen die Lehrer bei 25 bis 50 % der Schüler bis zum 10. und 11. Lebensjahr gravierende Schwächen beim Umgang mit Zahlen, im Zeitverständnis oder in der Links-Rechts-Unterscheidung.
- Solche Kinder können dann nicht nur nicht rückwärts zählen, sie können auch nicht ohne die Hilfe der Augen rückwärts gehen, weil sie ein Defizit an körperlicher Umwelterfahrung bzw. an Koordination von körperlichen, seelischen und intellektuellen Erfahrungen haben. Wegen fehlender Anregungen, wegen einer übertriebenen Sauberkeit trainierenden und Gefahren vermeidenden Erziehung, wegen beengter Wohnbedingungen und wegen des Mangels an Spiel- und Bewegungserfahrungen in einer für sie steril gestalteten »perfekten« Umwelt können sie kaum Balancieren, Schaukeln oder Klettern.
- Bereits im Kindergartenalter haben nach einer Frankfurter Versicherungsstudie 60 % der Mädchen und Jungen Haltungsschäden und -schwächen, 30 % Übergewicht, 30 % ein schwaches Herz-Kreislauf-System und 30 bis 40 % motorische Auffälligkeiten bzw. Koordinationsschwächen; dazu kommen eine schwache Muskulatur und Fußdeformationen.

- Während Kinder um die Jahrhundertwende noch etwa 100 Spiele beherrschten, kennen sie heute im Schnitt nur noch 5 Spiele wie Marmeln, Kippel-Kappel, Verstecken oder Fangen.

Die normale Kindheit, wie sie auf dem Lande vielfach noch möglich ist, scheint also in Großstädten und Ballungsgebieten langsam zu schwinden, wegen der »unausgewogenen Sinneskost«, wie Klaus Hurrelmann sagt, einerseits und der Tendenz zum Ideal des »Kind-Erwachsenen«, wie Reinhard Kahl es nennt, andererseits. Kinder wollen heute nicht mehr ihre Lebensstufe ausleben, sondern so früh wie möglich Jugendliche sein, während Erwachsene so lange wie möglich jugendlich bleiben wollen, indem sie sich dementsprechend kleiden und verhalten; das Ideal des Jugendlichen wird von beiden Altersstufen her angestrebt und führt auf beiden Seiten jenseits des Jugendlichseins zu Verhaltensstörungen, die eine enorme pädagogische Herausforderung darstellen.

Heutigen Kindern fehlt es vor allem an motorischer, emotionaler und sozialer Erziehung, und den katastrophalen Folgen kann eigentlich nur mit täglichen Sportstunden, vielfältigem Materialumgang, dem häufigen Gang aus der Schule heraus, der Organisation phantasievollen Gemeinschaftserlebnisses, dem verstärkten Angebot an Ganztags- und Gesamtschulen, einer sozialpädagogischeren und psychologischeren Lehrerbildung und der Umgestaltung der Stadtteile zu mehr autofreien Zonen sowie Spiel und Bewegung begünstigten Straßen und Innen- und Hinterhöfen begegnet werden. Das Funktionieren und die Leistungsfähigkeit unserer Gesellschaft sind langfristig gefährdet, wenn Kinder nicht die ihrem Alter entsprechenden Erfahrungen mit ihrer Körperlichkeit und ihren Sinnen machen können. Dazu gehört unabdingbar, daß sie aus den Fehlern ihrer Spiele lernen können. Nur dann entwickeln sich Koordinationsfähigkeit und Vorstellungskraft richtig.

Das Kind muß gewagt werden, um lebenstüchtig zu werden. Eltern, Erzieher und Politiker, die den Umgang mit Matsch und das Risiko des Kletterns, Balancierens, Schaukelns, Werfens, Hämmerns, Feuermachens, Balgens und des konfliktreichen Umgangs mit Gleichaltrigen minimalisieren, erhöhen damit nur die Gefahren des großen Risikos sinnesgeschwächter Kinder, die ja insbesondere nur das Konsumieren von Fernsehen, Video, Telespiel und Computer als einem passiven Erleben per Bildschirm anstelle des wirklichen Lebens kennen und deren einziges Ventil aus ihrer psychosomatischen Enge dann das Zerstören ist.

Psychosomatische Störungen durch Erziehungsfehler

- *Spannungen im Kind durch ständige Überforderungen, Ablehnungen und unangemessen starke Reaktionen können durch häufige Wiederholung in körperliche Beschwerden verdrängt werden.*
- *Jungen und Mädchen neigen zu unterschiedlichen psychosomatischen Störungen.*
- *Unstetige Erziehung kann körperliche Reaktionsweisen bei Kindern durchbrechen, älteren Jugendlichen muß der Zusammenhang dagegen therapeutisch bewußt gemacht werden.*

Man könnte allein mit dem, was ein Kind in einer Minute wahrnimmt und empfindet, ein Buch füllen. Kein Wunder, daß die Fülle der Reize, die auf das Kind wirken, auch rasch das geistig-seelisch-körperliche Gleichgewicht zu stören vermag. Die Reizüberforderung kann zu Spannungen im Kind führen, deren häufige Wiederholung Ängste aufbaut, die sich dann in Bettnässen, Nägelkauen, Allergien, Asthma, Neurodermitis oder nervösen Tics offenbaren. Die psychosomatische Störung ist der nach außen gezeigte »Blitzableiter« für inneres Unwohlsein, das Symptom also auch für Erziehungsfehler.

Die dabei gezeigte Störung steht immer in engem Zusammenhang mit der Ursache:

- Asthmatikern wird es durch Übererwartungen, die sie sich selbst auferlegen oder die von ihrer Umwelt kommen, zu eng, ihnen bleibt die Luft weg. Ihre inneren Verspannungen führen zu bronchialen Spasmen.
- Nägelkauer projizieren die gespürte Ablehnung auf sich selbst, sie wollen an sich ihre schlechten Eigenschaften annagen oder auffressen.
- Allergiker und an Neurodermitis Erkrankte fühlen sich in ihrer eigenen Haut nicht wohl.

- Bettnässer genießen die warme Zuwendung ihres Harnes an der Innenseite ihrer Schenkel und die negative Zuwendung des Schimpfens der Mutter oder des häufigen zeitaufwendigen Waschens des Bettzeugs.
- Magersüchtige Mädchen wollen nicht erwachsen werden, nicht die weiblichen Körperformen bekommen oder sich von ihrer Familie, in der sich alles nur ums Essen dreht, abgrenzen.
- Nervöse Tics signalisieren den Versuch der nervlichen Ableitung der inneren Spannungen nach außen.

Da die Umwelt immer komplizierter wird und Leistungserwartungen gegenüber leistungsschwachen Kindern stetig zunehmen, leiden auch immer mehr Kinder unter körperlichen Beschwerden.

Jeder vierte Schüler leidet mittlerweile unter Kopf-, Rücken- und Magenschmerzen, Schwindelgefühl und motorischer Unruhe. Die meisten Beschwerden treten zwischen 14 und 15 Jahren auf. Immer mehr Kinder nehmen Schmerz- und Beruhigungsmittel, jeder dritte 15jährige konsumiert regelmäßig Medikamente, und deren von den eigentlichen Problemen ablenkende Funktion wird dann auch bei diesen jungen Menschen rascher als sonst durch Nikotin, Alkohol und illegale Drogen ersetzt.

Allen diesen Jugendlichen ist gemeinsam, daß sie schon früh und lange erlebt haben, daß ihre Anforderungsbewältigungen mehr oder weniger untauglich waren. Es hängt auch damit zusammen, daß verschiedene Kinder gleiche Lebenssituation als unterschiedlich belastend empfinden; einige leiden unter schlechten Noten mehr als andere, weil auch die Eltern unterschiedlich auf schlechte Zeugnisse reagieren. Die schlechte Laune des Vaters nach Familienkonflikten oder das Schimpfen der Mutter nach einer hinuntergefallenen Tasse beim Abwaschen stecken sie unterschiedlich gut weg. Bei Mädchen richten sich Lebensfrustration eher nach innen in Form von Kopf- und Bauchschmerzen, Bulimie (Eß-Brech-Sucht), Mager- oder Freßsucht, bei Jungen eher nach außen als höhere Gewaltbereitschaft, motorische Unruhe, Bettnässen oder Nägelkauen. Da die Haut halb innen, halb draußen liegt, sind Jungen und Mädchen in gleicher Weise von Allergien und Neurodermitis betroffen.

Eltern müssen wissen, daß besonders in der Wiederholung besonders mißlicher Erlebnisse eine große Gefahr besteht. Wenn Kinder immer wieder etwas umwerfen und Eltern immer gleich negativ reagieren, wenn die Eltern immer wieder in Gegenwart der Kinder mit Scheidung drohen und wenn Eltern bei schlechten Zeugnissen immer wieder mit verschärftem Freizeitentzug und wochenlangr Wortlosigkeit gegenüber dem Kind reagieren, dann überwiegt im Kind die Angst vor den Folgen bei weitem gegenüber dem eigentlichen Problem. Nicht die Spannungsursachen werden dann die Auslöser der körperlichen Beschwerden, sondern die Folgen der Spannungen. Schließlich wird die immer wieder ähnliche Reaktion der Umwelt auf ähnliche Ursachen zu einer so eintrainierten Bahn, daß der junge Mensch schon auf ganz kleine auslösende Umweltfaktoren ganz stark psychosomatisch reagiert:

Die Enge, die ein Vater im Familienleben bewirkt, überträgt das Kind dann ohne weiteres auf die Enge im Fahrstuhl oder in einer Menschenansammlung, und die Trennungsgefahr der Ehe überträgt es automatisch auf alles, was kaputtgeht, also wenn sich der Absatz vom Schuh trennt oder wenn sich der Buchrücken von den Seiten trennt. Jedesmal kann es dann zu einem asthmatischen Anfall oder zu exzessivem Nägelkauen kommen.

Wenn Eltern so etwas vermeiden wollen, müssen sie bei aller geplanten erzieherischen Konsequenz dennoch versuchen, auf ähnliche Vorfälle jeweils anders zu reagieren. Denn Erziehung ist sowieso nur wirkungsvoll, wenn man vor allem das Unerwartete tut, weil nur das zu einer neubeginnenden Auseinandersetzung des Kindes mit seinen Fehlern führt. Immer gleiche Reaktionen führen zu Abstumpfungen, Verdrängungen oder zu psychosomatischen Störungen, die letztlich auch ein Verdrängen von der eigentlich gemeinten Problemlösung weg auf Nebenkriegsschauplätze sind.

Stetige Erziehung ist sehr wichtig, weil sie dem Kind hilft, sich zu orientieren und feste Gewohnheiten aufzubauen. Sie kommt auch dem Bedürfnis des jungen Menschen nach Grenzerfahrungen und nach Wertebindung entgegen. Das darf aber nur im Hinblick auf die Kontinuität der Erziehungsziele gelten und nicht für die Methoden auf dem Weg dahin. Effektiver ist die unstetige Erziehung. Wenn die 15jährige Tochter ständig nach dem Disco-Besuch eine Stunde zu spät nach Hause kommt, dürfen Eltern durchaus immer wieder deutlich machen, daß ihnen das nicht gefällt, sie sollten es aber jedesmal anders tun, immer der geringen Schwere des Delikts angemessen, immer mit deutlichen Begründungen für die gesetzte Grenze.

Wenn Führungsstile und Erziehungsweisen bei kleinen Kindern geändert werden, schafft man die Überwindung der psychosomatischen Störungen häufig ohne Therapie. Bei älteren Jugendlichen hat sich dagegen über die Jahre hinweg die körperliche Reaktion auf bestimmte Auslöser schon so verfestigt und verselbständigt, daß nur über eine längere therapeutische Zuwendung, die vor allem den biographischen Zusammenhang zwischen den ursächlichen Faktoren und den körperlichen Reaktionsmustern den betroffenen Personen, also dem jungen Menschen und auch seinen Eltern, bewußt macht, eine Heilung zu erwarten ist. Neue Reaktionsmuster des Kindes und Jugendlichen müssen danach trainiert werden, indem ihnen gleichzeitig Bewährungsfehler für ihr erfolgreiches Handeln, Sich-Wehren und Problemlösen eröffnet werden.

Man ist, was man ißt

- *Der kindliche Organismus wird immer mehr mit Schadstoffen belastet, die viel mehr Zeit als bei Erwachsenen haben, sich schlimm auszuwirken.*
- *Der Ernährungs- und Schadstoffbelastungszustand spiegelt sich im Äußeren des Kindes wider.*
- *Der Stoffwechsel eines Kindes ist dreimal so aktiv wie bei einem Erwachsenen, also auch dreimal so störanfällig.*
- *Die Ernährung beeinflußt das kindliche Verhalten; der Ernährungszustand kann Erziehung erleichtern oder erschweren.*
- *Der kindliche Körper reguliert Ernährungsschwankungen besser als der erwachsene.*

Was Kinder zu sich nehmen, stammt vielfach aus einer kaputten Umwelt. Auch wenn Lebensmittelbestimmungen und hygienische Kontrollen immer besser werden, nimmt dennoch die Giftbelastung in einigen Nahrungsstoffen zu. Kinder nehmen aber nicht nur Nahrung auf, sondern auch Luft, Strahlung und reichlich Stoffe über die Haut. Schon vor der Geburt haben sie Gifte mit dem Blut der Mutter bekommen, nach der Geburt mit der Muttermilch.

Viele Kinder atmen viel zu viel in der Höhe der Auspuffgase von Autos, sie nehmen deren Gifte in dreifacher Konzentration im Vergleich zu Erwachsenen, die in höheren Luftschichten atmen, auf, und das bei einem bis zu 27 mal kleineren Körpervolumen im Vergleich zu einem Erwachsenen. Kein Wunder also, daß gerade in Ballungsgebieten ein enormer Anstieg von Asthmaerkrankungen bei Kindern festgestellt wird, deren Lungenbläschenoberfläche der Tapetenfläche einer 3-Zimmer-Wohnung entspricht. Beinahe jeder zehnte Viertkläßler Münchens hat mittlerweile Asthma. Aber auch sonst sind die Alarmmeldungen besorgniserregend, weil es immer nur um Anstieg statt um Linderungen geht:

- Dioxinspuren beeinträchtigen die Immunabwehr.
- Gifte, die Kleidungsstücke knitterfrei halten sollen, werden durch die Haut aufgenommen.
- 1,5 Millionen Kinder leiden in Deutschland an chronischen Hautreizungen (Neurodermitis).
- Es gibt immer mehr hyperaktive Kinder durch Schadstoffe, falsche Ernährung und Streß.
- Zigarettenrauch, Fabrikabgase und Chemiegifte fördern Allergien, Heuschnupfen und Bronchitis.
- Autoabgase fördern lebensbedrohende Ozonbildung, die medizinischen Schwellenwerte werden in manchen Regionen fast täglich überschritten, wenn auch nicht die politisch festgelegten.
- In Westdeutschland enthält Milch mehr Dioxine, in Ostdeutschland mehr DDT. Was ist erträglicher?
- Mit Nahrung und Getränken wird Blei aufgenommen, das statt Kalzium in die Knochen eingebaut wird und die Blutbildung stört.
- Kupfer aus Wasserleitungen lagert sich in der Leber ab, Cadmium in den Nieren, Benzol schädigt die Nerven, radioaktive Strahlung kann Leukämie auslösen, und Nitrate im Trinkwasser und im Gemüse können bei Säuglingen zu Blausucht führen.
- Chlorwasser in Badeanstalten kann krebsauslösend sein.

So wie sich der Klang des Rufnamens im Gesicht des Kindes widerspiegelt, stellt sich dort auch der Ernährungszustand dar. In der DDR wurden Menschen ganz anders ernährt als in der alten Bundesrepublik. Gerade bei Kindern und Frauen konnte man das direkt nach der Wende deutlich an den Gesichtern ausmachen, wie sich überhaupt jeder Überschuß und jeder Mangel an Spurenelementen und Vitaminen in bestimmten Gesichtszonen durch Färbung, Blässe, Schuppung, Pickeligkeit oder Feuchtigkeit in bestimmten Gesichtspartien oder auch im Äußeren des ganzen Körpers darstellt. Bitterfelder Kinder, in einem maroden Chemierevier aufgewachsen, sind im Schnitt 4 cm kleiner als ihre Alterskameraden im Westen, und die McDonald's-Ernährung der USA-Kinder führt bei völlig unterschiedlicher rassischer Herkunft zu recht ähnlichen Gesichtszügen.

Die zunehmende Umweltbelastung wirkt sich auf Kinder stärker aus als auf Erwachsene, und da sie sich häufig erst Jahrzehnte später in konkreten Krankheiten manifestiert, ist es um die zukünftige Volksgesundheit katastrophal bestellt. Spielen auf dioxinhaltigem »Kieselrot« und in bequarelverseuchten Sandkisten, Nitrat im Kindertee, Pestizide im Pausenobst, Weichmacher im Plastik-Spielzeug und Schadstoffe im knitterfreien

T-Shirt, Bleiluft auf dem Schulweg und Ozon im Sommerurlaub sorgen in einer Gesellschaft, in der der Wert des Autos über dem des Kindes liegt, für ein stetig größer werdendes Krankheitspotential. Kein Wunder, daß auch das noch weitgehend ungeklärte Phänomen des »plötzlichen Kindtodes« im 1. Lebensjahr immer größere Ausmaße annimmt.

Der Stoffwechsel eines kleinen Kindes ist dreimal so aktiv wie der seines Vaters, also auch dreimal so störanfällig. Was auf Kinder einwirkt, hat auch viel mehr Zeit, sich schädlich auszuwirken.

Die Folge von alledem müßte eigentlich sein, daß verantwortungsbewußte Eltern mit ihren Kindern auf eine industrie- und autolose Insel wie Corvo auf den Azoren ziehen und dort ohne chemischen Hilfsmittel von dem leben, was die Natur ihnen bietet. Massenhaft ist das aber nicht praktikabel. Natürlich kann sich jeder auch alternativ für die politische Veränderung von Umweltbedingungen engagieren. Der einzige vorschlagbare Weg ist jedoch für die einzelne Familie, sich für das Wohnen und Spielen der Kinder keine Großstadt, kein Industriegebiet und keine autoreiche Gegend auszusuchen, sich Informationen über richtige Ernährung und die Auswirkung von Über- und Unterdosierung lebenswichtiger Nahrungsbestandteile sowie giftiger Stoffe zu beschaffen und die in eine bewußte Ernährungsgestaltung umzusetzen.

Daß sich Ernährung nicht nur auf das Leben zwischen Krankheit und Gesundheit auswirkt, sondern auch auf das Verhalten des Kindes, und daß sie Erziehung erleichtern oder erschweren kann, hat man Jahrzehnte vernachlässigt. Es gibt viel zu wenige Eltern, Lehrer und Erzieher, die um ihre Bedeutung und die Wirksamkeit ihrer Elemente wissen. Aber selbst das Zusammenspiel von Spurenelementen und Vitaminen ist dabei wichtig. Wenn ein Kind in seinem Gesicht Vitamin-D-Mangel offenbart, reicht es nicht, ihm mehr Fisch zu geben; auch der Gegenspieler Vitamin A muß dann verstärkt angeboten werden (Tomate, rote Paprika), weil nur die Balance beider nicht zu einer ganz anderen Störung im Gesicht führt. Wer mehr darüber wissen will, sollte sich deshalb einmal an das »Kinderernährungswerk«, Universität Hamburg, Sedanstr. 19 in 2 Hamburg 13 (Tel. 040/4123-3744) wenden.

Gewarnt sei aber andererseits auch vor Übertreibungen, denn gerade Kinder stellen sich sehr flexibel auf unterschiedlichste Nahrungskonstellationen ein. Ihr Organismus wird besser mit einseitiger Ernährung fertig, als manche Experten vorgeben. Die beste Ernährung für Kinder ist, ihnen eine Vielfalt an gesunden Nahrungsmitteln anzubieten und sie dann essen zu lassen, was sie wollen. Unbewußt gleichen die meisten Kinder zu große oder zu geringe Mengen an Spurenelementen, Vitaminen und Kalorien bei späteren Mahlzeiten wieder aus. Ihr Organismus funktioniert noch besser als bei Erwachsenen, wenn z.B. Salz- oder Zuckerbedarf besteht, wenn zuviel oder zuwenig Flüssigkeit aufgenommen wurde. Weißbrot, Marmelade, Schokoladenmus oder das eher für Entspannung sorgende Müsli aus Haferflocken zum Frühstück wirken bei einmaliger Aufnahme nicht so das Konzentrations- und Durchhaltevermögen fördernd wie Schinken, Wurst, Schwarzbrot, Linsen oder Ei. Wenn sich der Organismus aber über Jahre an ein Müsli-Frühstück gewöhnt hat, kann er genauso leistungsfähig sein wie nach einem allmorgendlichen Schinkenfrühstück.

Bindungsbedürfnisse und Bindungsdefizite

- *Jeder junge Mensch braucht Bindungen an Personen, an Normen und Werte und an seine eigene Zukunft.*
- *Wenn die Erziehung es nicht schafft, diese Bindungen aufzubauen, driften die Kinder auch in unerwünschte Szenerien der Gleichaltrigkeit ab, in denen sie Familienersatz suchen.*
- *Grenzerfahrungen und Strafen unterstützen den Weltbildaufbau.*
- *Zu starke Bindungen überfordern, Bindungsarmut führt zur Verwahrlosung.*
- *Die Bindung ist kein Zustand, sondern ein dynamischer, arbeitsreicher Prozeß.*

Erziehung bedeutet vor allem, Bindungen des jungen Menschen an Personen, an Normen und Werte und an seine eigene Zukunft aufzubauen. Jedes Kind braucht zu seinem Glück Bezugspersonen, ein Weltbild und Perspektiven bzw. Motivationen. Wenn solche Bindungen nicht zustandekommen, ist das Kind partiell oder ganz verwahrlost, denn Verwahrlosung ist in der Sozialpädagogik als Bindungsmangel oder Bindungslosigkeit definiert.

Kinder suchen sich aber in jedem Fall, auch wenn sie allein gelassen werden, ersetzende Bezüge. Sie schließen sich dann gleichaltrigen Freunden an, sie tendieren zu subkulturellen Nischen, die sich ihnen anbieten, oder zu Ideologien, manchmal auch zu religiösen Ersatzgemeinschaften wie den Jugendsekten. Und wenn ihnen Motivationen fehlen, reicht ihnen auch ein Feindbild als zusammenschmiedende Aufgabe in der jugendkulturellen Szene.

Wenn Eltern wollen, daß die Sozialisation ihrer Kinder gelingt, müssen sie versuchen, ihnen als zuverlässige und kontinuierlich Geborgenheit ermöglichende Bezugspersonen zur Verfügung zu stehen, eine behutsame Werteerziehung zu leisten und erreichbare Perspektiven zum

Beispiel in Hinblick auf Versetzungszeugnis, Schulabschluß und beruflichen Werdegang aufzubauen.

Die Möglichkeiten und Grenzen des Kindes müssen dabei auch von seinem Entwicklungsstand her bedacht werden, wobei die Bindungsbedürfnisse gegenüber allen drei Aspekten in jedem Kind vorhanden sind. Am schwierigsten ist dabei der Weltbildaufbau, weil er nicht nur über Vor- und Leitbilder, Idole und modellhaftes Vorleben und schon gar nicht nur über den Glauben an das Gute im Kind gelingt.

Vieles, was Kinder und Jugendliche tun, dient der Suche nach dem Kennenlernen der gesellschaftlichen Spielregeln des Zusammenlebens. Eigene Kräfte werden erprobt und mit Grenzüberschreitungen wird experimentiert, um die Reaktionen der Umwelt auf die eigenen Aktionen zu erfahren; denn erst diese ermöglichen Orientierung in der Welt, schaffen Klarheit über die Außenwirkung und damit über den eigenen Stellenwert. Was an einem selbst gut und böse ist, erfährt das Kind viel schlechter durch Moralpredigten oder durch Erzählungen als durch die Rückwirkungen des eigenen Handelns. Deutlichkeit ist dabei vonnöten, und die wird nicht geschaffen, wenn die Erwachsenen aus Liebe zum Kind oder aus einseitigen, d.h. ideologischen Welt- und Menschenbildern heraus beim Austesten von Grenzen zurückweichen.

Mit dem Verzicht auf angemessene Strafen werden viele Kinder genauso überfordert wie mit unangemessen scharfen Strafen, die keinen Bezug mehr zum angerichteten Schaden haben. Strafen müssen eben immer Probleme lösen, sie dürfen nicht neue schaffen.

Wenn 12- bis 14jährige Crash-Kids auch nach über 100 Autoaufbrüchen, Wettfahrten mit der Polizei und Unfällen nur ihr Heim, ihre Jugendwohnung und ihre Erzieher wechseln und ansonsten straffrei bleiben, dann lernen sie das Falsche; sie erleben dabei vor allem die Ohnmacht der Gesellschaft gegenüber ihren Anerkennungs-, Orientierungs- und Geborgenheitsbedürfnissen, sie erfahren, wie hilflos und lächerlich die sie verwaltenden Organe Polizei, Justiz und Jugendamt reagieren, und sie fühlen sich bestärkt in ihrer familienersetzenden und Rangordnungserfolge ermöglichenden Nische, die ihnen auch eine von ihnen noch nie erlebte öffentliche Aufmerksamkeit über Schlagzeilen, Fotos, Honorare und Interviews gewährt.

Jugendpolitiker machen den Fehler, daß sie alle Kinder für gleichartig in bezug auf ihre Reaktionen halten, daß sie deren vielfach dramatische Vorgeschichte vernachlässigen, daß sie nur selten präventiv mit frühzeitig bindenden Konzepten vorgehen, statt dessen jedoch immer erst reagieren, wenn es schon zu spät ist, und daß sie abseits von jeder pädagogischen Kunstfertigkeit glauben, alle Erzieher seien in etwa gleich und ließen sich in permanentem Wechsel und über Schichtdienste zu Rund-um-die-Uhr-Betreuungen addieren. Pädagogik funktioniert nicht, wenn das Kind seine Bezugspersonen nicht mitbestimmen kann und wenn es über immer wieder neue Erzieher, Sozialpädagogen, Psychologen und andere »Experten« lernt, daß sich der Aufbau einer Bindung zu einem Menschen deshalb nicht lohnt, weil der sowieso bald wieder weg ist.

Wenn Erwachsene – und das gilt auch für Eltern – als kontinuierliche und vom Kind gewollte Bezugspersonen nicht ausreichend zur Verfügung stehen, beginnt das Kind, sich seine Geborgenheit und Orientierung gebenden Beziehungen unter Gleichaltrigen zu suchen, die nicht so anspruchsvoll, nicht so moralisierend, aber solidarischer und verständnisvoller sind. Überhaupt Freunde zu finden ist für Kinder und Jugendliche dabei wichtiger als hochproblematische, drogenabhängige, politisch-radikale, sich prostituierende, autoknackende, ausländerfeindliche oder kriminelle Bezugspersonen zu »gewinnen«; solche ungünstigen Eigenschaften und damit Einflüsse nehmen sie dann schon mal in Kauf.

Bindungen können aber auch überfordern, und zwar gerade Kinder. Beziehungen, in denen man alles geben muß, was überhaupt erwartet werden kann, sind eine Illusion, daran scheitert jede zweite Ehe, damit sind aber auch gerade kleine Jungen überstrapaziert, die allein mit ihrer Mutter leben und die deshalb zum Teil auch den Partner der Mutter ersetzen müssen. Der Anspruch, sich völlig zu verstehen, würde beim Erreichen dieses Ziels zu einer todlangweiligen Partnerschaft führen, jedenfalls für die meisten Menschen. Im Unvollkommenen und im Unvollendeten liegt ja gerade der gewisse Reiz. Funktionieren können Bindungen nur mit dem Gefühl der bloßen Zusammengehörigkeit, der Sicherheit von Geborgenheit, wenn es darauf ankommt, also im Grunde bei einer guten Symbiose zweier Egoisten. Genau das verspricht aber am ehesten eine Freundschaft zwischen Kindern oder Jugendlichen, und in der relativ großen Freiheit, die diese Unverbindlichkeit der Bindung gewährt, liegt der Seiltanz des Erfolges. Kinder und Jugendliche erwarten von Bindungen nur Behausung, Zuverlässigkeit und Solidarität, wenn es darauf ankommt. Totale Bindungen machen sie gefangen und wecken die Neugier auf andere, neue Bindungen, die etwas anderes verheißen. Am besten hat man es daher, wenn einem ein Netzwerk von Bindungen zur Verfügung steht, in dem jede Bezugsperson etwas anderes als die andere zu bieten hat. Reich sind Kinder, wenn sie die an der Vergangenheit orientierte Lebenserfahrung des Großvaters, die normative Kontinuität der Märchen und des Religiösen der Großmutter, das in die Zukunft Hineinführende des Vaters, die den

Leib und die Häuslichkeit pflegende Mutter, die Kompetenz der Fachleute für Sport und Informatik und die unbändige Freiheit der Gleichaltrigen haben.

Die Bindungen der Kinder zu ihren Eltern halten übrigens nur dann, wenn die Kinder es schaffen, ihre Abhängigkeit von den Eltern zu überwinden, und wenn die Eltern es schaffen, ihre Kinder nicht allzu lange als Abhängige zu sehen, sondern zunehmend als eigenständige Persönlichkeiten zu verstehen.

Bindungen ergeben sich nicht von selbst, und sie sind nicht für immer da. Sie sind eine soziale Leistung, sie müssen aufgebaut oder sogar erkämpft werden, und sie müssen mit Mühe erhalten und gewandelt werden. Der Grund für das Scheitern so vieler Ehen und anderer Bindungen besteht vor allem darin, daß sie – einmal aufgebaut – als selbstverständlich und statisch hingenommen werden, daß sie nicht als arbeitsreicher Wandlungsprozeß, also als dynamisch verstanden werden.

Übermütter und Rabenmütter

- *Vernachlässigte Kinder lernen früh, ihre Interessen auch ohne ein stimmiges Weltbild und mit Grenzübertritten durchzusetzen.*
- *Die mütterliche Überversorgung des Kindes führt ebenso zu einem schlechten Sozialisationsresultat wie »Underprotection«.*
- *»Overprotected Children« und verplante Kinder neigen entweder zur lebenslangen Unterwürfigkeit und zu frühem »Ausrasten« und Doppelleben; sie geraten halb pflegeleicht, halb unbändig.*

Zuviel Zuwendung kann für Kinder genauso nachteilig sein wie zuwenig. Einerseits gibt es da die »Rabenmütter«, die ihre unerwünschten oder sie störenden Kinder immer wieder vernachlässigen, sie sorgen für ganz viele Sozialisationsdefizite im Sprachlichen, in der leiblichen Versorgung und vor allem in bezug auf Geborgenheits-, Anerkennungs- und Selbstwertbedürfnisse. Sie sind in ihrem erzieherischen Vorgehen unstetig, diskontinuierlich und widersprüchlich und verhindern damit den Aufbau eines stimmigen Weltbildes mit deutlichen Normen und Werten und dem Wissen um Grenzen und Möglichkeiten gesellschaftlicher Spielregeln. So zwingen sie ihre »Schlüsselkinder« zu Formen verfrühter Lebenstüchtigkeit mit nicht überall anerkannten Strategien der Durchsetzung von Interessen. Sie begünstigen das Abdriften in unerwünschte gesellschaftliche bzw. subkulturelle Nischen, in denen z.B. Gewalt ein hochangesehenes Kommunikationsmittel ist, in denen Feindbilder wertvoll sind und in denen es nicht so sehr auf Werte wie Wahrhaftigkeit, Pünktlichkeit, Zuverlässigkeit, Sauberkeit, soziales Verhalten und politische Mündigkeit ankommt. Mit solchen Kindern haben es in der Folge nicht nur die Eltern schwer, sondern auch alle übrigen Menschen, die mit ihnen leben müssen, also Lehrer, Erzieher und späterhin Ausbilder. »Schlüsselkinder« von »Rabenmüttern« kommen einerseits immer irgendwie klar, sie sind meist recht egoistisch und willensstark, sie sind eher als andere zu Aktionen »außerhalb der Legalität« bereit, sie sind stets auf der Suche nach Anerkennung, neigen deshalb zum Angeben oder Lügen, sie sind distanzarm, um möglichst rasch Aufmerksamkeit zu gewinnen, und sie sind in der Regel im non-verbalen Kommunikationsbereich aktiver als im verbalen.

So schwierig wie vernachlässigte Kinder im Vergleich zu anderen auch sind, so sind sie doch dankbare Objekte für pädagogische Zuwendung. Mit ihnen läßt sich leicht Freundschaft schließen und eine Bindung aufbauen, wenn sie diesbezüglich noch nicht allzuhäufig enttäuscht worden sind, was allerdings höchstwahrscheinlich ist. Denn gerade unangepaßte Kinder haben meist eine Biographie mit häufigem »Umtopfen« hinter sich; bei jeder größeren Schwierigkeit wurden sie in die nächste Institution geschickt, sie haben häufiger ihre Lehrer und ihre Erzieher gewechselt, so daß sie spätestens dem fünften Bindungsangebot gegenüber mißtrauisch werden.

Alle Kinder vergleichen ihr Leben mit dem in »normalen«, »heilen« Familien und ihre Bindungs-, Geborgenheits- und Anerkennungsbedürfnisse orientieren sich daher bis zu einem Alter von etwa 12 Jahren an deren Idealkonstellation und Idealatmosphäre. Ab 13 etwa »pfeifen« sie aber darauf, weil ihnen dieses ständige Schielen auf eine übliche Sozialisation nichts gebracht hat, und sie suchen dann nach familienersetzenden Alternativen, meist in den Nischen der gleichaltrigen Szenerie. Ihr bisheriges Alleingelassensein hat sie an die Freiheit des Unbändigen gewöhnt, so daß sie sich ebenso ungern einfangen, also binden lassen wie ein wildes Tier.

Je älter vernachlässigte Kinder werden, desto schwerer fällt es ihnen, sich an die Engmaschigkeit allgemein anerkannter gesellschaftlicher Spielregeln zu gewöhnen, deshalb ist eine erst mit 13- bis 14jährigen verwahrlosten Kindern und Jugendlichen beginnende Arbeit so unglaublich viel schwerer als eine früh einsetzende präventive Zuwendung, die auch von Ersatzmüttern oder von Männern kommen darf. Mütter aus intakten Familien vollbringen deshalb ein großartiges gesellschaftlich-investives Werk, wenn sie sich neben ihren eigenen Kindern auch um vernachlässigte Nachbarskinder kümmern.

Andererseits gibt es aber auch »Übermütter« wie in Loriots Film »Ödipussi«, die ihre Kinder auch noch als Erwachsene wie Kinder behandeln. Mütter sorgen sich ja im Rahmen von erzieherischer Rollenverteilung besonders um das Leibliche und das Häusliche des Kindes, sie sind mehr als Väter an der Vergangenheit des Kindes orientiert, behandeln es daher meist jünger, als es ist, und versuchen vor allem, es unter dem Obhutsaspekt zu schützen. Hierbei können aber Übertreibungen verheerend wirken. Übermütter, die mit Überfürsorge – die Amerikaner nennen das Overprotection – alle Risiken von ihrem Kind fernhalten und die ihm »jeden Stein aus dem Weg räumen«, müssen sich auf ein äußerst schlechtes Sozialisationsresultat gefaßt machen. Denn ihr Kind wird sehr weich, empfindlich und wenig belastbar geraten, es ist nicht besonders konfliktfähig und insofern nicht genügend lebenstüchtig.

In diese Richtung geht auch die totale Verplanung der Kinder durch die Mütter, die schon verfrüht einen Schwimmkursus vor dem Laufenlernen für ihre Kinder organisieren, sie dann vom Kindergeburtstag zum Hockeytraining chauffieren, ihnen Klavierunterricht angedeihen lassen, ihnen bereits vor der Einschulung Lesen, Rechnen und Schreiben beibringen und ab Klasse 1 das Abitur auf dem altsprachlichen Gymnasium planen, ganz zu schweigen vom Tennisunterricht, dem Ski-Camp in den Alpen und dem Sprachenaufenthalt in den Sommerferien in den USA...

Diese Kinder stehen unter einer derart hohen Spannung, daß sie schon früh nach Ausflüchten suchen, und da das bei der starken Kontrolle der Mutter kaum möglich ist, nutzen sie jede sich bietende Chance bei Vertretungslehrern, auf dem Schulweg und später auf Partys Gleichaltriger, um »auszurasten«. Sie sind stärker als andere für Nichtstun, Alkohol und Drogen anfällig, sie neigen zur Ableitung von Aggressionen in Sachbeschädigungen, Graffiti und zu anderen grenzüberschreitenden Ventilfunktionen außerhalb der Reichweite der Mutter. Solche Kinder haben häufig ein Doppelleben, sie passen sich, so gut es geht, den Übererwartungen der Mutter in ihrem Nahraum an, reagieren aber völlig anders, wenn sie allein in ihrem Zimmer sind und erst recht außerhalb des Hauses; sie kompensieren die mütterlichen Erwartungen in ihrer Nähe durch gegenteiliges Handeln außerhalb der mütterlichen Reichweite.

Overprotected Children werden entweder Muttersöhnchen, die es nie schaffen, sich von der Mutter zu lösen, oder sie verlassen früher als üblich das Elternhaus, meist schlagartig mit einem totalen Bruch, häufig mit einer Freundin, die zwar ein der Mutter ähnliches Wesen hat, die man aber wegen der Altersgleichheit eher beherrschen kann. Solche Beziehungen sind dann als eher therapeutische Phase bis zum »Freischwimmen« zu sehen, sie halten in der Regel nicht lange.

Am besten erzogen sind also Kinder, die ein normales Mittelmaß an Zuwendung, Liebe und Anerkennung, aber auch an Forderungen in Richtung Eigenständigkeit und Grenzerfahrungen erhalten. Kinder darf man eben nur halb anbinden, halb muß man sie freilassen; es ist wichtig, daß sie über Fehler lernen können, ihre Kräfte zu entwickeln, daß sie aus schlechten Erfahrungen Einsichten gewinnen. Natürlich muß man kleinere Kinder mehr anbinden und Jugendliche mehr freilassen. Eltern sollten ihre Kinder stets mit der Einstellung erziehen, daß sie sich bezogen auf Persönlichkeitsanteile des Kindes so früh wie vom Kind signalisiert überflüssig machen müssen; Priorität muß die selbständige Zukunft des jungen Menschen haben, stets untergeordnet hat das Gefühl zu bleiben: »Dieses ist mein Kind«. Am besten ist also eine Kreuzung aus Über- und Rabenmutter, oder?

Über den Mangel an Väterlichkeit

> - *Das Fehlen des Vaters und anderer männlicher Bezugspersonen kann zu Verhaltensschwierigkeiten führen.*
> - *Mütter und Lehrerinnen können die väterlichen Rollenanteile durchaus mitübernehmen.*
> - *Ein Mangel an Väterlichkeit kann zu unerwünschten Kompensationsversuchen in einer Szene der Gleichaltrigkeit, aber auch zu homosexuellen Kontakten führen.*
> - *Nachgereichte Väterlichkeit durch Lehrer und neue Partner der Mutter kann Wunder bewirken.*

Es gibt viele Jungen, die mit einer Mutter, einer Schwester und nacheinander mit mehreren Klassenlehrerinnen, manchmal auch mit einer Großmutter aufwachsen. Oder sie haben einen Vater, der nie da ist, der vor allem weit weg an seinem Arbeitsplatz lebt und der im Hause alles, was Erziehung, Zuwendung und Gespräch betrifft, der Mutter überläßt.

Trotz aller emanzipatorischen Rollenangleichung zwischen Mann und Frau wachsen viele Kinder mit einem Defizit an Väterlichkeit auf. Auch Mädchen benötigen in vielen Lebensphasen die Orientierung an Vaterfiguren; und wenn sie zickige Phasen haben, können Väter häufig besser damit umgehen als Mütter, die viel dichter an ihren Töchtern dran sind. Jungen sind auf der Suche nach Männlichkeit, wenn sie ihre Lebensrolle aufbauen. Sie sehen sich recht genau Väter von Freunden an, sie erleben optimale und schreckliche Vaterrollen in Filmen, sie vergleichen ihre Möglichkeiten und Grenzen mit anderen Jungen und Männern; Mädchen finden ihre gesellschaftliche Rolle auch im Kontrast zu Brüdern und zu ihrem Vater, sowie in Rivalität zu Schwestern, Freundinnen und der Mutter. Sie probieren ihre Wirkung auf Jungen und Männer schon von klein auf an unter dem Motto »Früh übt sich, was ein Meister werden will« aus.

Manchen Vätern ist es immer noch peinlich, wenn sie herkömmliche

Mutterfunktionen ausüben, wenn sie also den Kinderwagen schieben, wenn sie ein Baby vor den Augen anderer wickeln, wenn sie allein mit ihren kleinen Kindern in Bahn und Bus fahren oder wenn sie zum Elternabend in der Grundschule gehen. Sie wirken dann merkwürdig verkrampft, weil sie in Rollenunsicherheiten geraten: »Was denken die anderen, wenn ich mich so wie eine Mutter gebe?« Dabei haben Studien gezeigt, daß Väter, die sich in der Öffentlichkeit in die Mutterrolle begeben, durchweg freundlicher behandelt werden als Mütter und als kinderlose Männer.

Eigentlich müßte es keinen großen Unterschied zwischen Vätern und Müttern geben, wenn man mal von den Geschlechtsunterschieden, die naturgegeben sind, absieht. Kinder wachsen weniger defizitär auf, wenn ihre weiblichen Bezugspersonen auch die Verhaltenselemente mitübernehmen, die traditionellerweise von Vätern gezeigt werden, nämlich das in die weite Welt und die Zukunft Führende, das auf die Arbeitswelt Vorbereitende und die in manchen Situationen erforderliche Strenge. Defizite an Väterlichkeit entstehen im Kind eben immer nur dann, wenn es ausschließlich weibliche Bezugspersonen mit klassisch fraulichen Verhaltensmustern hat, zu denen nicht Balgen, nicht Steinwerfen auf das Wasser, nicht technisches Spiel und nicht weiterführende Forderungen gehören.

Kinder mit einem Mangel an Väterlichkeit in ihrer Umgebung versuchen, diese in der Gleichaltrigkeit zu kompensieren. Sie tendieren dann zu besonders männlich sich gebährdenden Jugendgruppen bis hin zu Stadtteilbanden, Hooligans, Crash-Kids, Skinheads, Motorradfreaks oder sonstigen Machos. Ihr emotionales Bedürfnis nach männlicher Zuwendung macht einige von ihnen auch bereit zu homoerotischen Beziehungen und läßt sie Gefahr laufen, Opfer von Päderasten zu werden, wenn sie nicht ohnehin zur Schwulen-Szene neigen. Ein Überschuß an Mütterlichkeit bei gleichzeitigem Mangel an Väterlichkeit, der sich auch bei einem an sich vorhandenen, aber äußerst schwachen Vater ergeben kann, führt eben automatisch zur Sehnsucht nach einem Mehr an maskuliner Zuwendung.

Manche Jungen, die ihren Grundschullehrerinnen erhebliche Verhaltensprobleme beschert haben, leben einfach nur deshalb auf und werden ganz und gar unauffällig und »pflegeleicht«, weil sie plötzlich einen jungen, dynamischen und zu allen Schandtaten bereiten Klassenlehrer bekommen. Die gleiche Wandlung kann man bei Kindern alleinerziehender Mütter beobachten, wenn die Mutter einen Freund findet, der nicht nur sie meint, sondern auch ihre Kinder liebt; Stiefväter müssen also nicht durchweg etwas Schlimmes sein, und Mütter lieben manchmal

Männer besonders, weil diese ihre Kinder so gern haben. Wenn sich daraus dann eine neue Lebensgemeinschaft mit allseitigen Sympathien ergibt, bewirkt die nachgereichte Väterlichkeit auch bei schwierigen Kindern oft Wunder und damit beste Prognosen für ihre weitere Entwicklung.

Streit in der Familie

- *Scheidungskinder leiden meist mehr unter der Situation direkt* **vor** als **nach** der Scheidung.
- *Eltern müssen vor der Trennung prüfen, ob ihre Kinder beide Elternteile noch brauchen.*
- *In der Regel ist ein gemeinsames Sorgerecht der Eltern besser als ein alleiniges.*
- *Eltern dürfen sich nie in Gegenwart der Kinder schlecht machen, schon gar nicht nach Trennung und Scheidung.*
- *Besuchsregelungen müssen sich ausschließlich an den Kinderwünschen orientieren.*

Zunächst sind es nur Zahlen: 230 000 Ehen gingen 1991 in Deutschland kaputt, bei 80 % der Scheidungen ist die Frau die treibende Kraft, die Zahl der unverheiratet Zusammenlebenden hat sich nach Berechnungen des Bundesinstituts für Bevölkerungsforschung in Wiesbaden von 1972 bis heute etwa verachtfacht; das Statistische Bundesamt ermittelt sieben Jahre als durchschnittliche Dauer einer deutschen Ehe und stellt fest, daß in Großstädten jedes zweite Kind Scheidungsopfer wird und bundesweit jedes dritte. Jeder fünfte deutsche Erwachsene lebt als Single, das ist ein Anstieg von 60 % in den letzten 18 Jahren, und die Mehrheit aller deutschen Kinder sind Einzelkinder (1,7 Kinder pro Familie).

Trennung und Wechsel des Partners sind also mittlerweile wesentlich »normaler« als eine eheliche Bindung getreu der Trauformel »bis daß der Tod euch scheidet«. Das Bundesjustizministerium hat das jüngst als »zunehmende Instabilität zwischenmenschlicher Beziehungen« zusammengefaßt.

Landläufig ist man der Meinung, daß Kinder aus geschiedenen Familien »Opfer« werden, daß sie mehr als die aus »heilen« Familien zu Verhaltensstörungen, Sucht, Schulversagen und Kriminalität neigen. Aber was ist schon eine »heile« Familie? Leider gibt es die nur äußerst selten.

Es gibt Kinder, die sehr glücklich nach der Trennung ihrer Eltern mit einer alleinerziehenden Mutter, die auch die Vaterrolle zu übernehmen vermag, leben; und es gibt Kinder, die grausam unter den Spannungen einer zusammenbleibenden Familie in der Idealkonstellation mit Vater, Mutter, Sohn und Tochter leiden.

Jedes Kind reagiert anders auf ähnliche Proleme der Familie, und ob die Mutter alleinerziehend ist, ob die Eltern sich scheiden lassen oder ohne Liebe zusammenbleiben, ist nicht so entscheidend für das Wohlergehen ihres Nachwuchses wie die atmosphärische Gestaltung von Zusammenleben und Trennung.

Der Wunsch, zu heiraten und Kinder zu haben, trägt eine Familie heutzutage ebensowenig über Jahrzehnte wie die Liebe der Partner bei der Familiengründung; dann hilft schon eher das Bewußtsein von der Ehe als einer Gemeinschaft auf Zeit. »Dauerhafte Beziehungen allein auf der Basis von Emotionen aufzubauen«, sagt der Schweizer Soziologe Hans-Joachim Hoffmann-Nowotny, »das hat es nie in der Geschichte der Menschheit gegeben«. Wenn Eltern und Familien zusammenbleiben, dann ist es in der Regel das Resultat von harter rationaler Beziehungsarbeit, wenn es nicht wirtschaftliche Zwänge, traditionelle normative Erwartungen oder bloße Rücksichten gegenüber den Kindern sind. Aber Lebenssinn allein durch Kinder zu finden, gelingt immer seltener.

Die Funktionen von Familie sind vor allem Geborgenheit, Schutz, selbstlose Hilfe, Liebesreservoir, Wirtschaftsgemeinschaft und Rückversicherung, Wappnung gegen Einsamkeit und Kindererziehung. Funktionieren kann das arbeitsteilig, indem der Vater außerhalb der Wohnung den Unterhalt erwirbt und die Mutter innerhalb des Hauses alle übrigen Aufgaben erledigt, wozu dann auch Verzicht und selbstlose Unterordnung gehören. Der Bestand der Familie ist aber bedroht, wenn der Vater an seiner klassischen Rolle als berufstätiger Gast in der Familie festhält und seine Ehefrau mit den drei Rollen Beruf, Mutter und Hausfrau überfordert ist und gleichzeitig bei allen Familienmitgliedern Eigenliebe und Ansprüche aneinander zunehmen.

Die Vereinzelungtendenzen (»Singualisierung«) in Lebensgemeinschaften sind besonders bei Städtern, Höhergebildeten und Wohlhabenden ein Zug der Zeit. Sie erklären die Zunahme an Alleinlebenden und an Geschiedenen, die keine Lust auf eine Wiederheirat haben; so sind allein in München von den insgesamt 650000 Wohnungen mehr als die Hälfte, nämlich 330000, Einpersonenhaushalte. Singualisierung ist aber auch ein Trend bei Jugendlichen, die aus ihrer Not eine Tugend machen: Sowieso immer seltener in ihrer Nähe lebende Bezugspersonen wie Großeltern, Onkel, Tanten, Geschwister, aber auch ihre Eltern, bedeuten ihnen ständig weniger.

Nicht bei Kindern, aber bei Jugendlichen ist die Bedeutung von Mutter- und Vaterrolle vielfach überschätzt worden; sie finden die ihnen Geborgenheit und Orientierung gebenden Bezugspersonen immer häufiger in der Gleichaltrigkeit, so wie das Deutsche Jugendinstitut in München überhaupt feststellt, daß immer mehr Menschen nach »außerfamiliären Lebensformen« suchen. Freundinnen und Freunde können schon früh wichtiger werden als Eltern voller Mängel. Da mögen zwar Jugendbanden und -sekten – oder weniger dramatisch – Sportmannschaften und Schulklassen aus der Sicht der Erwachsenen weniger wertvoll sein als Eltern, für die betroffenen jungen Menschen sind sie aber nicht nur Familienersatz, sondern auch die bessere Alternative zur sowieso nicht »heilen« Familie.

Der Weg von den Familienbanden zu Jugendbanden, in denen Gewalt ein akzeptierter Wert ist, wird von Eltern mit Entsetzen verfolgt; für junge Menschen ist er aber vielfach ein durchaus ersatzbefriedigender Trost, wie Dieter Schnack und Rainer Neutzling in ihrem Buch »Kleine Helden in Not« für Kinder und wie Klaus Farin und Eberhard Seidel-Pielen in ihrem Buch »Krieg in den Städten« für Jugendliche nachweisen.

Zu große, zu kleine, zu dicke und zu dünne, häßliche und hübsche Kinder zwischen Ablehnung und Liebe

- *Wenn Kinder fassungslos vorm Spiegel ihre vermeintliche Häßlichkeit wahrnehmen und von grausamen Mitschülern ob ihres Aussehens gehänselt werden, zweifeln sie an ihrem Wert.*
- *Häßliche Kinder sind auf der Suche nach anderen Werten in sich; wenn sie die nicht finden, werden sie verhaltensgestört.*
- *Eltern und Pädagogen müssen bei solchen Kindern ihre innere Schönheit stärken und sichtbar machen; dazu müssen sie ihnen alternative Bewährungsfelder eröffnen, die sie gegen Anfeindungen wegen ihres Äußeren stärken.*

Das äußere Erscheinungsbild eines Menschen kann ein schlimmes Schicksal sein. Es fällt auf, daß viele verhaltensgestörte Kinder nicht in ihrem Körperbau und Wuchs den Idealvorstellungen entsprechen; sie werden wegen ihrer Hakennase, ihrer Sommersprossen, ihrer roten Haare, ihres Lispelns oder Stotterns oder weil sie größer, kleiner, dicker oder dünner sind, gehänselt. Die spitzen Bemerkungen und die Ablehnung wegen ihres Aussehens gehen unter die Haut, sie nagen am Selbstwertgefühl und zwingen so manches Kind zur Kompensation im Verhalten. Klassenkasper, Aufschneider, Raufbolde oder ängstlich in sich zurückgezogene Kinder haben ihre geringe Beliebtheit wegen ihres Erscheinungsbildes in der Gleichaltrigkeit bitter erlebt, so daß sie durch Geschenke, durch Lügengeschichten, durch Witze und durch auffälliges Verhalten zeigen wollen, daß sie auch tüchtig sein können und zu etwas wert sind.

Eltern, Lehrer und Erzieher tun solchen Kindern keinen Gefallen, wenn sie es taktvoll vermeiden, auf die Ursachen der Außenseiterrolle einzugehen. Man muß dem Kind auf den Kopf zusagen, worunter es selbst leidet, und man muß dann das Kind wie bei Behinderten in die Lage versetzen, daß es besser damit umgehen kann.

Der bedeutende Hamburger Verhaltensgestörtenpädagoge Ingo Würtl sagt dem ihm von der Klassenlehrerin wegen ständigen Störens und notorischer Unruhe zur »Reparatur« geschickten Schüler sofort bei der ersten Begegnung: »Du leidest so, weil du so dick bist und weil deine Mitschüler immer ›Fette Sau‹ zu dir sagen.« Meist bricht so ein junger Mensch dann erst einmal weinend zusammen und antwortet: »Ja, das ist mein Problem.« Danach fühlt er sich in der Regel erleichtert und entspannt, und auf dieser gemeinsamen Grundlage für die folgende pädagogische Arbeit ist dann die Relativierung der auffälligen äußeren Eigenschaft mit ihrer auf das ganze Leben gesehen eher geringere Bedeutung nicht mehr so schwierig.

Kinder müssen lernen, mit ihrem Äußeren zu leben, am besten geht das, wenn sie selbst darüber lachen können, wenn sie so stark durch andere Werte werden, die sie in sich tragen, daß ihnen das Lästern nicht mehr so viel ausmacht. Am besten gelingt das, wenn Eltern und Pädagogen solchen Kindern möglichst häufig Bewährungsfelder anbieten, über die sie dann auch von den zur Grausamkeit neigenden Gleichaltrigen akzeptiert werden; das kann im sozialen Verhalten, im Sprachlichen, im Schauspielerischen, im Naturwissenschaftlichen, im Technischen oder sogar auch im Sport sein. Kinder, die nicht so anfassig aussehen, sind nämlich ohnehin auf der Suche nach Talenten in sich, mit denen sie besser sind als andere.

Lehrer, die ganz neu eine Klasse übernehmen, sind manchmal am ersten Tag ganz enttäuscht, daß da auch ein so fetter, ein viel zu kleiner oder ein außergewöhnlicher riesiger junger Mensch sitzt; gleichzeitig freuen sie sich über recht viele niedliche oder hübsche Kinder, die an ihrem pädagogischen Eros kitzeln. Nach nicht einmal einem Jahr ist das Bild jedoch vielfach seitenverkehrt: Gerade die nicht so nett aussehenden Kinder entpuppen sich dann häufig für die Klassengemeinschaft als besonders wichtig und sind zu »geheimen Miterziehern« des Lehrers geworden, während die niedlichen Kinder sich nicht als so angenehm wie anfangs vermutet erweisen.

Die elterlichen Erwartungen und die kindlichen Bedürfnisse

- *Fehlende Rücksicht der Eltern auf die lebensstufentypischen Bedürfnisse des Kindes führen zu Überforderungen, Spannungen im Kind, Schulversagen, Lügen, Ausweichen, Verdrängen, Ersatzbefriedigungen und Todessehnsucht.*
- *Elterliche Erwartungen müssen dem Kind begründet und von ihm mit Einsicht akzeptiert werden.*
- *Kinder leiden auch dann, wenn sie ihren Bedürfnissen entsprechend leben, die Eltern aber damit enttäuschen.*

»Hier sitze ich, forme Menschen nach meinem Bilde«, formuliert der junge Goethe in seinem Dramenfragment Prometheus 1773. Schon immer hatten Eltern und Pädagogen ein Erziehungsziel für ihre Kinder vor Augen, das sie so gern erreicht sehen wollten. Je stärker dieses Ziel wirkt, um so größer sind die Erwartungen gegenüber dem Kind. Aber die kindlichen Bedürfnisse lassen sich nicht immer gut mit diesem Ziel in Einklang bringen, vor allem wenn der Eigenwert der einzelnen kindlichen Lebensstufen vernachlässigt wird und die Kinder allzu früh erwachsen werden sollen, wenn ihr Spielbedürfnis dem Lernen geopfert werden soll, wenn die Kinder artiger, sauberer, disziplinierter zu sein haben, als ihren Kräften entspricht.

Elterliche Erwartungen können zu Überforderungen und damit zu Spannungen im Kind führen. Kinder dürfen eben nicht dressiert werden, ihre Bedürfnisse nach Führen und Wachsenlassen, nach Ordnung und Ausprobieren von Chaos müssen durch verständnisvolle Einstellungen, die dem Kind viel Freiraum gewähren, und angemessene Erziehungsmethoden, die das Kind auch in seine Zukunft hinein fordern, in ein Gleichgewicht, in eine Balance gebracht werden.

Kindlichen Spiel-, Muße-, Rückzugs- und Gleichaltrigkeitsbedürfnissen müssen Eltern Rechnung tragen, wenn sie nicht harte, ausweichende, taktische und verdrängende Verhaltensmuster fördern wollen.

Wer die Gegenwart des Kindes einer ungewissen Zukunft aufopfert, versündigt sich an ihm. Eltern, die ihre leistungsschwachen Kinder gegen die Haupt- oder Gesamtschulempfehlung der Grundschule auf ein altsprachliches Elitegymnasium zwingen, von ihnen verlangen, daß sie gegen ihren deutlichen Widerstand Klavier- oder Tennisunterricht bekommen, und ihnen ständig wegen der vielen Schularbeiten und der schlechten Noten das Spielen mit Freunden verbieten, müssen mit einer besonders schwierigen Pubertät, mit Schulversagensängsten, mit psychosomatischen Störungen, mit Depressionen, häufigem Lügen, mit fehlender Offenheit und sogar mit Todessehnsucht und Ersatzbefriedigung durch Drogen rechnen. Vor allem begünstigen sie aber ein Scheitern in der Schule mit Sitzenbleiben, Rücklaufen zur weniger anspruchsvollen Schulform und vorzeitigem Schulabgang, das sich sehr ungünstig auf das Selbstkonzept des jungen Menschen und auf das Zutrauen gegenüber späteren Anforderungen des Lebens auswirkt. Schulversagen ist häufig auf elterliche Übererwartungen zurückzuführen. Dabei ist dann nicht nur das Problem des Scheiterns zu verkraften, sondern auch, daß der Schüler gelernt hat, daß er nichts kann. Häufig kommen auch noch Schuldgefühle den Eltern gegenüber hinzu, die man erstens enttäuscht hat und die zweitens eventuell viel Geld vergeblich in Nachhilfeunterricht investiert haben.

Wenn junge Menschen den Erwartungen ihrer Eltern und Lehrer nicht haben entsprechen können, ist es daher das Verkehrteste, ihnen das auch noch vorzuwerfen. Die Strafe wäre dann doppelt. Ein Scheitern muß immer unter den Devisen »Das macht nichts«, »Es gibt auch noch andere gute Lebensmöglichkeiten« und »Wir wissen ja, daß du etwas kannst« aufgefangen werden.

Es gibt aber auch noch weitere Erwartungskonflikte: Die Kinder haben einen abweichenden Musik- und Bekleidungsgeschmack, sie bevorzugen Freunde, die von den Eltern nicht gemocht werden, sie verbringen die Freizeit anders und provozieren mit ihrer Wortwahl, sie mögen andere Sportarten, als die Eltern wünschen, das Kind möchte mit einer Pistole so wie sein Freund spielen, die Eltern sind aber dagegen, usw.

Wenn die Eltern auf ihren festen Erziehungszielen bestehen, was manchmal wie beim Thema Kriegsspielzeug gut ist und manchmal wie beim Thema erwünschte und unerwünschte Freundschaften nicht klug ist, dann müssen sie zumindest ihre Erwartungen irgendwie mit den kindlichen Bedürfnissen in Einklang bringen; dazu gehört, den Kindern zu erklären, warum sie von ihrem jeweiligen Bedürfnis ablassen sollen, und um Verständnis für die eigene Position zu werben. Ohne lange und wiederholte Gespräche und ohne Kompromißbereitschaft auf beiden

Seiten gehen solche Konflikte allerdings nur selten ohne Schäden aus, so daß dann wieder neue Konflikte entstehen können.

Für oder gegen geschlechtsspezifische Rollenerziehung?

- *Moderne Erziehung muß die herkömmliche Rolle des Mannes um die Rollenanteile der Frau erweitern und umgekehrt.*
- *Vor allem Väter nehmen zu wenig mütterliche Funktionen wahr.*
- *Türkische Kinder zeigen uns noch vielfach im Kontrast, was wir nicht mehr wollen: die Erziehung zu gebärenden, Kinder versorgenden und Männer dienenden Haustieren einerseits und zu nur außerhalb des Hauses agierenden Machos andererseits.*
- *Koedukation hat sich bewährt, auch wenn Mädchen manchmal in nur für sie bestimmten Sport- und Computerkursen bessere Lernfortschritte machen.*

Wenn Vater und Mutter aus herkömmlichen Rollen erwachsene unterschiedliche Funktionen wahrnehmen, die sich ergänzen, dann ist das aus kindlicher Sicht gar nicht mal so schlecht, weil diese Rollen in der Addition der Breite seiner Bedürfnisse entsprechen.

Von der Lebenssinnverwirklichung einer Frau her betrachtet, die sich auf die Funktionen Mutter und Hausfrau einengt, aber auch aus der lediglich berufsbezogenen Rolle des Vaters heraus ist eine solche Reduktion kaum akzeptabel.

Die Emanzipationsbewegung wollte beider Rollen erweitern. Bei vielen Müttern hat das in der Dreifachfunktion Kindererziehung, Haushaltsführung und Berufstätigkeit ganz gut geklappt, bei den Männern meist jedoch nicht, weil sie allzu häufig nach wie vor insbesondere außerhalb der Familie wirken und zu Hause eine sich entspannende Nebenrolle spielen.

Die Emanzipation des Mannes im Sinne von Rollenerweiterung hat bislang nur selten stattgefunden. Wenn beide Eltern im wesentlichen mit einem eingeschränkten Verhaltensspektrum leben, der Vater also auf die leibliche Zuwendung zum Kind verzichtet und die Mutter keinen Arbeitsweltbezug außerhalb ihrer Wohnung hat, dann neigen sie dazu, auch ihre Kinder in diese unterschiedlichen Rollen hinein zu erziehen. Mädchen müssen dann schon früher und länger in der Küche helfen und dürfen sich nicht schmutzig machen, Jungen spielen draußen im Matsch und kommen nur zum Essen und Schlafen nach Hause, ohne je einen Handschlag in der Wohnung machen zu müssen.

So findet man denn noch heute in einem deutschen Lesebuch für die Sekundarstufe I die Empfehlung an eine junge Frau: »Ich rate dir, ganz brav nach Hause zu gehen, Kochen zu lernen und einen Mann zu suchen. Das ist besser für dich und für alle anderen auch.«

In einem von der saarländischen Frauenministerin Christiane Krajewski gemeinsam mit der Bildungsministerin Marianne Granz vorgestellten Gutachten wird festgestellt, daß Schülerinnen in Lesebüchern andere Identifikationsmöglichkeiten geboten werden als Schülern. In der Regel stehen Männer und Jungen im Mittelpunkt der Darstellungen, sie üben interessante Berufe aus, haben Abenteuer, leben sich aus, schließen Freundschaften und übernehmen fast nie häusliche Aufgaben, während Frauen und Mädchen meist in Randpositionen helfende Berufe haben und als Mütter in Erscheinung treten.

Nun muß das ja nicht immer schlimm sein, denn helfende Berufe und Muttersein sind etwas sehr Schönes, und Frauen, die sowohl Hausfrau und Mutter als auch berufstätig sind, haben abgesehen vom Aspekt der Dreifachbelastung, die bei einem wie eine Drohne lebenden Ehemann auch zur Vierfachbelastung werden kann, doch ein sehr reichhaltiges Leben.

Moderne Erziehung muß aber versuchen, Abschied von der Rollenreduktion der Geschlechter zu nehmen. Sie sollte die Rollenvielfalt in der Persönlichkeit des jungen Menschen zum Erziehungsziel machen; dazu gehören dann soziale Jungen, die abwaschen, einkaufen und babysitten, ebenso wie computerspielende Mädchen, die Fußball spielen, einen Technikbaukasten bekommen, eine Tischlerlehre anstreben und politisch interessiert sind.

Zum Glück ist Koedukation an den meisten deutschen Schulen zur Selbstverständlichkeit geworden; sie hat zu einer deutlichen Erweiterung des alten Rollenverhaltens und damit zu einer größeren Lebendigkeit und Bereicherung des gesellschaftlichen Lebens geführt. Es ist gut, daß Jungen auch am Hauswirtschaftsunterricht und am Fach Textiles Werken teilnehmen und Mädchen Physik- und Chemieunterricht bekommen, in Computerkursen sitzen und Technikunterricht haben. Wie schrecklich die frühere Rollenfixierung ist, kann man leider heute noch anschaulich und im Kontrast zum allgemeinen Fortschritt am trostlosen Dasein kopftuchbedeckter, nicht am Schwimmunterricht teilnehmender und auf Veranlassung ihrer Väter von Klassenreisen ausgeschlossener türkischer Mädchen sehen. Aber auch die türkischen Jungen mit ihrem Macho-Gehabe sind abschreckende Sozialisationsbeispiele.

Nur begrenzt darf man die gemeinsame Erziehung von Jungen und Mädchen in Frage stellen, und zwar wenn es um den unterschiedlichen Körperbau im Sportunterricht geht und die Mädchen lieber unter sich Gymnastik, Geräteturnen und Ballspiele machen wollen, und wenn sie nicht so gern mit Jungen zusammen in Physik- oder Informatikkursen sitzen mögen, weil diese durch häusliche Begünstigungen schon wesentlich umfangreichere Computererfahrungen und technische Kenntnisse haben, mit denen sie die Mädchen permanent »unterbuttern«.

Aus der Sicht von Jungen spricht eigentlich nichts gegen die Koedukation; Mädchen können sich aber gelegentlich in nur für sie bestimmten Kursen besser entwickeln, weil sie dann vorsichtiger sowie stetiger im Sinne eines nicht durch die Schule bedingten Nachholbedarfs gefördert werden können und häufiger ihr Selbstwertgefühl stärkende Erfolgserlebnisse haben, die sich dann auch wegen der größeren Chancen der mündlichen Beteiligung positiv auf ihre Noten und Zeugnisse auswirken.

Das einsame Kind

> - *Die Gesellschaft hat dem Kind nur wenig Platz für seine angemessene Entfaltung gelassen.*
> - *Die Wohnbedingungen der Kleinstfamilie und die Spielmöglichkeiten zwischen Autoblech sind nicht kindgemäß, Interaktions- und Bewegungsdefizite sind die Folge.*
> - *Die kindlichen Bedürfnisse sind nicht wahlkampfrelevant.*
> - *Politik für Kinder wird nicht als gesellschaftliche Zukunftsinvestition verstanden.*

Am 21. 9. 1990 konnte man in der Wochenzeitung DIE ZEIT lesen: »In der Bundesrepublik scheinen die Menschen den Kindern so entfremdet, daß man sie ihnen mittels einer Reklamekampagne näherzubringen versucht. Die Kinder der Ersten Welt sterben nicht in Massen, aber ihre Umwelt ist so gestaltet, als gäbe es sie nicht.« Kein Wunder, daß man einen Weltkindertag schaffen muß, daß man zur Einschulung rund um die Grundschulen Schilder aufstellen muß, auf denen steht: »Autofahrer, achtet auf Schulkinder!« Tierschutzvereine haben wohl mehr Mitglieder als Kinderschutzverbände, und auch von der Zahl her sind Kinder in manchen Wohngebieten und auch in der Gesellschaft an sich so selten geworden, daß Politiker bei Wahlen nicht mehr mit ihren Problemen kalkulieren.

Kinder leben in Nischen, die mehr oder weniger lieblos gestaltet sind, ihre Biotope sind von großen Straßen zerschnitten oder eingegrenzt, sie müssen außerhalb der Wohnung zwischen stehendem und rasendem Autoblech spielen, so daß so manche Mutter sie selbst zum Spielen mit dem Auto hin- und herfahren muß.

Während Kinder früher in Großfamilien, die auch großräumiger wohnten, eine ganze Menge von Ansprechpartnern hatten, leben sie heute vielfach in Kleinstfamilien mit nur einer Mutter unter den beengten Bedingungen einer 2-Zimmer-Wohnung im 4. Stock. Ihre Welt ist nur noch selten kindgemäß, der Bildschirm hat teilweise die Funktion der sozialen Kontakte ersetzt, und wenn sie von der Halbtagsschule nach Hause kommen, ist es häufig so, daß sie niemand empfängt und daß sie den Nachmittag ganz allein verbringen müssen.

Das moderne Kind ist einsam und auf der Suche nach Ersatz für fehlende Mitmenschlichkeit; es beschäftigt sich mehr mit sich selbst, mit Sachen und mit Medien, es muß mit sich alleine sprechen, es kompensiert sein Auf-sich-allein-Geworfensein mit psychosomatischen Störungen, und es kanalisiert seine Zuwendungsbedürfnisse eher in Richtung unerwünschte Freunde, unangepaßtes Verhalten und Geborgenheitssehnsucht auch in kriminellen Nischen der gleichaltrigen Szene (Jugendbanden, Crash-Kids, Jugendsekten, Drogenmilieu, S-Bahn-Surf- und Graffiti-Szene...)

Auf der Suche nach Freunden und Ansprache ist dem einsamen Kind jeder noch so fragwürdige, sich als Bezugsperson anbietende Mensch recht, auf den es dann rasch distanzlos reinfällt, oder das Kind zieht sich total ins Privatisieren, in Neurosen und Psychosen und in autistisch anmutende Verhaltensweisen zurück, so daß es völlig weltfremd als »Stubenhocker« nur noch mit seinem Computer, seinem Hobby, seinen Tieren, seinem Briefmarkensammeln oder seinem Spielzeug lebt, ausgestattet mit Krankheiten, nervösen Tics, einem völlig unangemessenen Weltbild, utopischen Phantasien oder religiösen Wahnvorstellungen, oft auch mit einem Übermaß an Ängsten, ganz zu schweigen von seiner unterentwickelten Muskulatur und defizitären Bewegungskoordination sowie seiner Sinnesschwäche aus Mangel an Umwelterfahrungen.

Solche Kinder müssen dann von ihren Eltern, Lehrern und Erziehern mit Druck und Deutlichkeit zu sozialen Kontakten, Umwelterfahrungen und Mobilität animiert werden, sie müssen auf Wanderungen geschleppt, in Freizeitparks gezerrt und auf Reisen ins Ausland geführt werden, man muß ihnen Freunde vermitteln, mit denen sie zusammen spielen und Schularbeiten machen können, und man sollte sie gegen ihren Widerstand an die frische Luft, in Sportvereine, zu den Pfadfindern und auf Bauspielplätze schicken, denn meistens finden sie das hinterher alles recht gut.

Vor allem sind aber die Politiker gefragt, durch ein Mehr an autofreien Spielstraßen, Ganztagsschulen, Horten, Kindergärten und Kindertagesheimen, durch soziale Folgeeinrichtungen in Neubaugebieten, durch humaneren Wohnungsbau und durch bessere Schulen mit einem Mehr an Schulsozialarbeit stärker in Kinder als Elemente einer zukünftigen Gesellschaft zu investieren.

Eltern, die lediglich darauf warten, versündigen sich aber an ihren

Kindern, denn vor allem sie selbst sind gefordert, wenn es darum geht, kindliche Einsamkeit gar nicht erst aufkommen zu lassen. Viel Spielzeug und viel Geld reicht nämlich nicht, wenn es den Kindern besonders um körperliche Zuwendung und viel Zeit für Gespräche, gemeinsames Spiel sowie überhaupt um ein intensives Zusammenleben der Familie geht, denn sie sehnen sich vor allem immer nach dem »Paradies«, nach der »heilen Welt« des Miteinanders mit Vater, Mutter, Geschwistern und Freunden.

Wie hart Politiker und Gesellschaft, die Kinder allein lassen, geworden sind, wird jedem sofort deutlich, der in die klaren, zukunftsträchtigen Augen eines noch schutzbedürftigen, aber einsamen Kindes sieht...

Hautkontakt und die Ablehnung von Nähe

- *Häufiger Körperkontakt ist für das Kind lebensnotwendig, er fördert die Entwicklung der Haut als Sinnesorgan.*
- *Eltern, Lehrer und Erzieher sollten dem Wunsch des Kindes nach Hautkontakt entsprechen, wenn sie mißliche Sozialisationsfolgen vermeiden wollen.*
- *Schmusepädagogik verhindert Verfrühungen und sexuelle Fehlentwicklungen.*
- *Daß junge Menschen phasenweise Nähe ablehnen, dient ihrer Selbstfindung.*

In manchen Familien werden Hunde mehr gestreichelt als Kinder. Kinder brauchen viel Körperkontakt, ihre Haut ist ein ganz wichtiges Sinnesorgan; wird sie berührt, meint man ihre Seele und den ganzen Menschen. Die Haut ist die Grenze zwischen dem Innen und dem Außen, sie nimmt unendlich viel wahr. Als Sinnesorgan ist sie aber bei vielen Kindern unterentwickelt, weil sie zu wenig Kontakte mit der Umwelt hatten.

Kleine Kinder suchen die Hautberührung, weil sie nur dadurch Erfahrungen über heiß, warm und kalt, über naß und trocken, über hart und weich, über Liebe und Ablehnung, über Angst und beruhigende Geborgenheit machen. Sie erfahren die Emotionen der Eltern direkt, wenn sie am Körper der Eltern schlafen und wenn sie an ihm getragen werden. Sie brauchen nicht die Distanz von Kinderwagen, Kinderbett und eigenem Schlafzimmer.

Die Haut ist neben der Stimme, den Augen und den Ohren ein wichtiges Interaktions- und Kommunikationsorgan, über sie läßt sich rascher sprechen und hören als über Stimme und Ohr. Vor allem erweitert und bereichert sie aber die Kommunikationsmöglichkeit von Kind und Bezugsperson auf non-verbaler Schiene.

Kinder, die sich ihrer Bindung zur Mutter ganz sicher sind, suchen nach der Rückkehr der Mutter sofort engen Körperkontakt; ebenso reagieren Mütter, wenn sie das Kind in oder auf den Arm nehmen. »Hier bin ich, wo bist du« bedeutet die Geste des Handauflegens nach längerer Abwesenheit von Mutter oder Kind.

Kinder, die sich unsicher gebunden fühlen, wollen hingegen die zurückkommende Mutter nicht unbedingt ansehen, sie weichen lieber aus, weil sie auf diese Weise am wenigsten riskieren, von der Mutter zurückgewiesen zu werden, so daß ihnen mit dem Vermeiden von Haut- und Blickkontakt am ehesten die Hoffnung auf die Mutterbindung erhalten bleibt; sie können nicht enttäuscht, sondern allenfalls durch die Zuwendung der Mutter angenehm überrascht werden.

Etwa zwei Drittel aller Kinder schmiegen sich nach der Rückkehr der Mutter sofort eng an ihren Körper, nur sie fühlen sich also sicher gebunden. Lediglich in Norddeutschland ist das Verhältnis umgekehrt, zwei Drittel aller Kinder reagieren unsicher, weil norddeutsche Eltern sehr zurückhaltend mit Körperkontakt umgehen, das gilt ganz besonders für Väter und ganz besonders gegenüber Jungen. Hier schlägt eine historische bedingte Körperfeindlichkeit durch, die einerseits auf preußisch-soldatische Askeseideale, andererseits auf körperfeindliche kirchliche Normen zurückgeführt werden muß. Es spielt aber auch die sexuelle Bedenklichkeit in bezug auf Körperlichkeit unbewußt eine Rolle: Könnte nicht körperliche Zuwendung als sexuelle Abartigkeit mißverstanden werden? In diese Gefahr der Fehlinterpretation möchte man sich nicht begeben, deshalb und wegen der zur Zeit diesbezüglich auszumachenden Hysterie verzichten Eltern, aber auch Lehrer und Erzieher lieber auf den natürlicherweise vom Kind gewünschten Hautkontakt.

Die unselige Verquickung von Körper- mit Sexualkontakten, die Unfähigkeit, ihre Botschaften zu trennen, führt zum tragischen Verzicht auf das eigentlich von beiden Seiten gewünschte Kommunikationsmittel. Der kühle norddeutsche Mensch versucht daher in verkrampfter Weise eher, seine Liebe zum Kind verbal auszudrücken, mit der Teufelskreisfolge, daß dann auch die Kinder Körperkontakt für bedenklich zu halten lernen und ihren eigenen Kindern auch wieder die nötige Portion an Schmusepädagogik vorenthalten...

Richtig schlimm wird es dann, wenn Lehrer und Erzieher Vor- und Grundschüler in ihrem Wunsch nach beruhigendem, ängstenehmendem Körperkontakt aus Furcht, in die falsche Schublade zu geraten, zurückweisen und sie so mit ihren Nöten alleinlassen.

Erwachsene neigen manchmal dazu, Erziehungsziele wie Selbständigkeit, Gehorsam, Genügsamkeit und Disziplin mit einem Mangel an

Emotionalität durchsetzen zu wollen, dabei hat beides überhaupt nichts miteinander zu tun!

Eltern, die eher autoritär sein wollen, glauben, Intellektualität, Rationalität, Kritikfähigkeit und politische Mündigkeit ließen sich besser mit Distanz, Sachlichkeit und Gefühlsarmut erreichen. Was sie damit schaffen, ist aber eher Ablehnung, frühere Loslösung der Kinder, Suche nach Zuwendung bei anderen, auch unerfreulicheren Menschen und ihre eigene Einsamkeit, wenn die Kinder nicht mehr viel von den Eltern wissen wollen. Mit einem Mangel an emotionaler Zuwendung erzogene Kinder neigen zu frühen Partnerschaften, zur frühen Heirat und zum frühen Verlassen des Elternhauses, weil sie das, was ihnen an Körperlichkeit zu Hause gefehlt hat, dann um so stärker bei anderen Menschen nachzuholen trachten.

Der Mangel an Hautkontakt und emotionaler Ansprache in der Kinderzeit rächt sich also fast immer in Form eines hohen familiären Belastungsgrades über das ganze Leben aller Beteiligten hinweg. Geht man in die Biographie erwachsener Sexualstraftäter zurück, findet man neben anderen Ursachen auch immer einen Mangel an Körperkontakt zumindest zu einem Elternteil. Körperliche Askese ist also meist eine mißliche Sozialisationsinvestition.

Wenn dieses also grundsätzlich gilt, dann besagt das jedoch noch lange nicht, daß der junge Mensch auch im Detail in jeder Entwicklungsphase mit körperlicher Zuwendung bedrängt werden darf.

Schon kleine Kinder brauchen es, sich gelegentlich zurückziehen zu können, erst recht gilt das für die Vorpubertät und Pubertät. Jeder junge Mensch benötigt auch viel Zeit für sich allein, um in Ruhe seinen Gedanken, seinen Phantasien, seinen Spielen nachgehen zu können. Er will auch mal »muksch« bzw. trotzig sein, sich mit sich selbst ganz allein auseinandersetzen und seine Launen auch in ihrer Wirkung auf das Umfeld ausprobieren. In solchen Phasen darf der Erwachsene sich nicht aufdrängen, er muß dann warten, bis das Kind oder der Jugendliche von selbst wiederkommt, meist zunächst mit dem Signal der alles glättenden, wortlosen körperlichen Zuwendung.

Jugendliche wollen auch einmal ungestört in ihrem Zimmer sein, sich darin einschließen wie in einem Schneckenhaus. Eltern müssen wissen, daß das gut tut und daß das – wenn es sich nicht allzu häufig wiederholt – noch kein Alarmsignal ist, sondern allenfalls ein Entwicklungsschritt in die erwünschte Richtung, sich selbst auch einmal von außen betrachten zu können. Daher geht diese Neigung zum Separieren gelegentlich einher mit dem langen Betrachten des Körpers vorm Spiegel, ein Symbol für die Auseinandersetzung mit dem Ich und seiner Außenwirkung auf andere Menschen.

Ganz normal ist, daß einige Kinder mehr Körperkontakt brauchen als andere, daß sie die Nähe bestimmter Menschen ablehnen, die ihnen unangenehm oder unheimlich sind, und daß solche Kinder, die zu Hause eine ausreichende emotionale Zuwendung haben, diese im Kindergarten oder in der Schule weder brauchen noch haben wollen. Alle diese Unterschiede müssen von Pädagogen akzeptiert werden, denn das Aufdrängen von unerwünschter Nähe richtet Schäden an. Am Ende muß nur die Bilanz der Addition von Zuwendungsanteilen verschiedener Menschen zum Kind oder Jugendlichen stimmen; Maßstab dafür ist jeweils, was der junge Mensch an Hautkontaktbedürfnissen an verschiedenen Orten signalisiert. Kinder mit einem gewaltigen Defizit an leiblicher Zuwendung geraten schon mal so distanzlos, daß sie von jedem erstbesten daherkommenden Menschen Körperkontakt erwarten; klar, daß sie das gefährdet, wenn sie an den falschen geraten...

Es gibt aber auch Kinder, die, obwohl sie nur selten körperliche Ansprache fanden, schließlich jede Berührung mit entsetztem Zurückzukken ablehnen, weil sie längst gelernt haben, daß sie es nicht wert sind, sie anzufassen.

Sie sind dann einfach allzu überrascht, wenn es plötzlich doch jemand versucht; sie glauben nicht an die Ernsthaftigkeit der Zuwendung, sie können aus Mangel an Erfahrung damit nicht mehr umgehen, oder sie wittern bloß sexuelle Motive. Erst nach einer langen Zeit vorsichtigen Vertrauensaufbaus kann es – wenn überhaupt – dann noch gelingen, sie an unverdächtige körperliche Kommunikation zu gewöhnen, aber nur, wenn sie spüren, daß sie ihnen gut tut.

Nichtelterliche Bezugspersonen

- *Bezugspersonendefizite der Familie versucht das Kind außerhalb zu kompensieren.*
- *Wenn das Kind keine guten Freunde findet, gibt es sich auch zur Not mit schlechten zufrieden.*
- *Kinder verfallen nicht von heute auf morgen ungünstigen Bezugspersonen, deren Normen und Werte sie auf Dauer übernehmen.*
- *Der Hang zu schlechten Einflüssen wird über viele Jahre hinweg aufgebaut und deutet sich stets so früh an, daß Eltern und Pädagogen rechtzeitig Besseres anbieten können.*

In dem Maße wie Vater und Mutter als Bezugspersonen ausfallen, sucht das Kind andere Bindungen, beispielsweise zu Geschwistern, zu Großeltern, zu Tieren, zu gleichaltrigen Freunden, zu Lehrern, Erziehern, Nachbarn, Freunden der Eltern oder irgendwelchen sich anbietenden Erwachsenen, die teilweise auch fragwürdig sind, oder gar zu Sachen wie Computern, Fernsehgeräten, Büchern, Briefmarken, Modelleisenbahnen und -flugzeugen, Puppen, Teddys usw. So manches Hobby hat seinen Ursprung in ersatzbefriedigenden Aktivitäten, weil die Eltern zu wenig präsent sind.

Auf der anderen Seite brauchen Kinder aber selbst dann noch andere Bezugspersonen, wenn sie gute Eltern mit viel Zeit für sie haben. Sie benötigen zum Orientieren und objektiven Ausprobieren ihrer Möglichkeiten und Grenzen sowie ihrer Wirkung auf andere und zum Ausloten ihrer Wertschätzung in den Rangordnungskriterien junger Menschen gleichaltrige Freunde oder Freundinnen.

Eltern können nicht das ganze Spektrum von Bezugspersonenbedürfnissen abdecken; sie sind nicht »in«, wenn es um Musikgeschmack, Bekleidungsaktualitäten, Jugendsprache, Partnerschaftsverhalten, Sport und modische Freizeitgewohnheiten geht.

Klassenkameraden und Freunde aus der Nachbarschaft und aus dem Sportverein ergänzen das elterliche Angebot. Allerdings besteht dieses Bedürfnis nicht immer in gleichbleibender Intensität. Bei einem normalen Kind treten wellenförmig bestimmte Rollenbevorzugungen auf, die sich dann wieder rasch ändern können, allerdings nehmen diese Rhythmen mit steigendem Alter deutlich ab und münden dann in den Wunsch nach kontinuierlicher Bindung an eine Hauptbezugsperson ein, die meist die Freundin oder der Freund ist; alle anderen Rollen treten sukzessiv in ihrer Bedeutung zurück.

Bei allen Kindern ist sehr gut als »normal« zu beobachten, daß sie mal ein paar Wochen Mutterkinder sind, dann wieder Vaterkinder, daß sie eine Phase des starken Hingezogenseins zur Großmutter und zu einer anderen Zeit zum Großvater haben, so es diese Personen denn in ihrer Umgebung überhaupt gibt; daß sie danach wieder am liebsten mit ihren Klassenkameraden zusammen sind und plötzlich ganz stark für einen neuen jungen Lehrer schwärmen, den sie eigentlich täglich besuchen möchten. Von jeder Art Bezugsperson holen sie sich etwas anderes ab, mal ist es das Historische und Handwerkliche, das Erzählen über die beiden Weltkriege (Großvater), mal sind es Märchen, Sagen und Bibelgeschichten (Großmutter), mal ist es Fachkompetenz (Trainer, Lehrer) und dann wieder die Musik-, Comic- und Spielzeugwelt sowie erotisches Flair (Freundinnen oder Freunde).

Akzentuiert werden kann das alles aber erheblich durch das Fehlen einzelner oder fast aller der genannten Bezugspersonen. Wenn dem Kind Vater, Brüder, Großväter und Freunde ganz fehlen, kann es sein, daß es sämtliche mit diesen Rollen verbundenen Bedürfnisse bei einer einzigen Person zu befriedigen sucht. So ein Kind kann also schließlich in seiner Einsamkeit total auf die Mutter geworfen sein oder auf einen Erzieher, und diese Person muß dann alles als Allrounder abdecken, von der Legende über den Stabilbaukasten, den Hufschmied, die Französische Revolution und Gruselgeschichten bis zum Fußballspiel, die Computerbeherrschung, Elvis Presley, Beckenbauer, Skateboardfahren, Hausaufgaben, Basteln, Jeansmode, Rap-Musik, Mountain-Bike-Reparieren und Zärtlichkeit. Einige Menschen können so etwas, bei anderen geht das nur eine Zeitlang gut. Andere vermögen das alles aber überhaupt nicht zu bieten, oder sie haben schlichtweg keine Lust dazu.

Immer dann tendieren gesunde Kinder dazu, sich ihre Bezugspersonen woanders zu suchen. Je schwieriger das ist, desto mehr Altersstufen vom Kleinkind bis zum alten Menschen kommen in Frage, und wenn die Sehnsucht nach guten Freunden nicht erfüllbar ist, geben sich junge Menschen auch mit schlechten Freunden zufrieden; am Ende finden sie sich dann in einer Jugendbande, bei den autoknackenden Crash-Kids, bei den Friedhofskult betreibenden Grufties, bei S-Bahn-Surfern, Hooligans, rechtsradikalen Gruppierungen wie den Skinheads oder gar in Schwarze Messen betreibenden Zirkeln, auf dem Strich oder in der Drogen-Szene wieder. Meist gelangt man in diese subkulturellen Nischen durch zufällige Freunde auf der Suche nach familienersetzender Geborgenheit und Anerkennung und in dem Bedürfnis nach Langeweile vertreibenden Freunden. Auf Dauer färben die Freunde dann ab, man übernimmt ihr Welt- und Feindbild, ihre Ideologien sowie Verhaltens-, Bekleidungs- und Sprechweisen, und schließlich gilt das Motto: »Sag mir, wer deine Freunde sind, und ich sage dir, wer du bist!«

Solche Karrieren – beispielsweise auch in Kriminalität hinein – deuten sich immer schon frühzeitig an; sie beginnen immer mit der Sehnsucht nach Familie, Geborgenheit, Zuwendung, Anerkennung und Werteorientierung, und wenn sie in Straffälligkeit, Sucht, Radikalismus oder Gewalt enden, haben viele Menschen und Institutionen schon sehr lange untätig zugeguckt; das gilt häufig für Heimkinder, für Schlüsselkinder, für Flüchtlingskinder und für Kinder gewalttätiger Mütter und Väter sowie von »Rabeneltern«. Auffällig ist, daß es dem Staat mit seiner »Öffentlichen Erziehung« eigentlich am wenigsten gelingt, gefährdeten Kindern angemessene Bezugspersonen zu verschaffen. Das liegt wohl daran, daß er mehr auf Verwaltungswege, auf geringe Bezahlung, auf Arbeitszeitregelungen und auf ein kostengünstiges Netzwerk unterschiedlich intensiver Zuwendungsstrategien, in dem jedes Kind immer etwas weniger Liebe und Ansprache erhält, setzt, als es eigentlich bedarf. Würde man alle Kinder sogleich in die umfassendste Konzeption geben, wie sie z.B. die Kinderdörfer haben, wäre es den Jugendbehörden zu teuer.

Wenn Eltern also rechtzeitig dafür sorgen, daß die sozialen Kontaktwünsche ihrer Kinder in der gesamten Bandbreite befriedigt werden, ist die Gefahr des unerwünschten Abgleitens in ungute Szenen relativ gering. Allerdings gibt es auch effektive Verführer, auf die das Kind deshalb reinfällt, weil sie sich zunächst anders darstellen, als sie wirklich sind, oder weil sie eine Bezugspersonlücke abdecken, die beispielsweise eine alleinerziehende Mutter auch bei allerbester präventiver Obhut gegenüber dem Hingezogensein ihres Sohnes nach Männlichkeit bzw. Väterlichkeit nicht zu bieten vermag. Eine diesbezüglich vorbeugende Überfürsorge kann allerdings das Kind derart nerven, daß »der Schuß nach hinten losgeht«, und das Kind nun erst recht dahinstrebt, wo die Eltern auf keinen Fall Bezugspersonen wünschen. Total verplante, restlos abgeschirmte und mit hohen Disziplinerwartungen erzogene Kinder sehnen sich infolge bisher erlebter Überdosierung mit »guten« Bezugspersonen gelegentlich geradezu nach sie entlastender Anarchie.

Regression

- *In sich zurückgezogene Kinder sind meist Mädchen, die die von der Gesellschaft angebotenen Handlungsspielräume nicht auszuschöpfen wagen.*
- *Regressiv gestörte Menschen machen sich die negativen Fremdurteile zu eigen, sie halten nicht viel von sich und schimpfen daher häufig mit sich.*
- *Der Maßstab für den Grad der Störung ist leider nicht so sehr das Leiden des Kindes selbst, sondern das Sich-gestört-Fühlen des Umfeldes.*
- *Zur Regression neigende Kinder müssen langsam lernen, daß sie etwas können und etwas wert sind, sie brauchen Erfolgserlebnisse und Lob.*

Man denkt immer, daß diejenigen Kinder mehr gestört sind, die besonders aggressiv und motorisch unruhig sind. In Wirklichkeit haben es aber die schwerer, die alles Belastende in sich hineinfressen, die still leiden und rot werden, wenn man sie anspricht. Frustrationen können sich entlastend nach außen entladen, sie können sich aber auch nach innen gegen das Selbst richten. Jungen reagieren auf Enttäuschungen und Überforderungen – von vielen Ausnahmen abgesehen – eher aggressiv, während Mädchen zur Regression neigen.

Die beiden Hamburger Schulen für verhaltensgestörte Kinder betreuen fast nur Jungen, während die problematischen Mädchen in Regelschulen verbleiben und dort mit ihrem Schweigen die Klassenfrequenzen de facto reduzieren. Schwer gestörte in sich gekehrte Mädchen erfüllen mit ihrem höheren Angstpotential meist die Fleißerwartungen ihrer Lehrer, so daß sie immer ihre Bücher und Hefte bei sich haben, die Hausaufgaben erledigen, für die Klassenarbeit lernen und mit dem Hinweis »sie bemüht sich ja, auch wenn sie keine Leuchte ist« auf den Klassenkonferenzen versetzt werden, und daß obwohl sie sich fast nie melden und von sich aus nicht bereit sind, sich an Unterrichtsgesprächen zu beteiligen. Aggressive Jungen dagegen zeigen in der Regel ein geringeres Angstpotential, vergessen daher ihre Unterlagen, lernen nicht für Klausuren und sind gleichgültig in bezug auf Hausaufgaben, sie scheitern deshalb eher.

Maßstab für schulisches Scheitern wird also nicht der Leidensgrad des Kindes, sondern vor allem derjenigen der Lehrerschaft. Es geht letztlich darum, ob sich Pädagogen und Mitschüler vom Verhalten eines jungen Menschen gestört fühlen, und nicht so sehr darum, wie stark der Schüler selbst gestört ist, wenn man andere schulische Maßnahmen wie Sitzenlassen, Rücklaufen, Schulpsychologie, Präventionspädagogik und die Schule für Verhaltensgestörte in Erwägung zieht.

Regressiv gestörte Menschen neigen zu Depressionen, Neurosen, Psychosen, Nägelkauen, Bettnässen, Stottern, Allergien, Asthma, Bulimie, Freß- oder Magersucht, Neurodermitis, Tabletten- oder Drogensucht und Suizid, wenn sie nicht anerkannt oder wenn sie überfordert sind. Sie fühlen sich ungeliebt und haben kein Selbstvertrauen, sie sind kontaktgestört und neigen dazu, gespürte Ablehnung zum Selbstbild zu machen, so daß sie gegen sich erlebte Aggressionen an ihr Selbst weiterreichen. Sie übernehmen das negative Fremdurteil und halten nichts von sich.

Sie brauchen daher dringend Bewährungsfelder, in denen sie erfahren, daß sie etwas können, daß sie etwas wert sind, daß auch sie gebraucht werden. Die Therapie regressiv gestörter Kinder beginnt daher immer mit Zuwendung, Körperkontakt, Mutmachen und positiven Erwartungen; sie organisiert das kindliche Handeln so, daß Mißerfolge vermieden werden und daß Schritt für Schritt größere Erfolgserlebnisse, stets verbunden mit Lob auch durch Gleichaltrige möglich werden. Dabei müssen Überforderungen durch die Atmosphäre großer sozialer Gruppen verhindert werden, so daß am besten in Form von Einzelunterricht, Partner- und Kleingruppenarbeit Fortschritte erzielt werden können. Ganz wichtig ist für regressive Kinder die Anerkennung durch Gleichaltrige, so daß ihnen am meisten hilft, wenigstens eine gute Freundin oder einen die ganze Persönlichkeit akzeptierenden Freund zu haben. Kritik ist für sie Gift, weil sie schon allzu reichlich sich selbst kritisieren.

Die sich in ihr Inneres zurückziehenden Mädchen werden vielfach von einer überstarken Mutter erdrückt, die pausenlos wie ein Wasserfall redet, deren hohe Erwartungen kaum erfüllbar sind, die schon allzufrüh Sauberkeit und Ordnung verlangt hat, Kritik über- und Lob unterdosiert. Sie sind gelegentlich daran zu erkennen, daß sie den Erwartungsüberdruck ihrer Umwelt immer dann, wenn sie allein sind, durch Selbstgespräche, in denen sie mit sich schimpfen, freilassen, auch weil sie von sich selbst so wenig halten.

Die seltener vorkommenden regressiven Jungen haben dagegen oft einen anspruchsvollen Vater, der nur mit dem erzieherischen Spektrum zwischen Ignorieren und Tadeln reagiert, für den aber erwünschtes Verhalten so selbstverständlich ist, daß er kontinuierlich auf Anerkennung, Lob und Ermutigung verzichtet.

Aggression

- *Jeder Gewalt gegen Sachen, Personen oder sich selbst gehen meist viele Enttäuschungen voraus.*
- *Aggressive Kinder lernen etwas Falsches und werden zur Wiederholung animiert, wenn sie mit ihrem Verhalten Erfolge oder Teilerfolge haben.*
- *Aufgestaute Aggressionen können, sinnvoll kanalisiert, legal entladen werden, ihr Potential wird durch Verständnis für den Frust halbiert.*

Im Vergleich zur regressiven Störung ist die aggressive viel häufiger. Nach der Frustrations-Aggressions-Hypothese geht der nach außen gezeigten verbalen oder non-verbalen Gewalttätigkeit und Hyperaktivität eine Summe von Enttäuschungen voraus. Aufgestauter Unmut über fehlende Erfolge in Leistungsbereichen und in Sachen Anerkennung und Wertschätzung entlädt sich durch das Verletzen von Spielregeln und das Übertreten von im kleinen und großen anerkannten Grenzen. Der von Familien, von der Schule oder von der Gesellschaft, aber auch der in einer Partnerschaft zugestandene Verhaltensfreiraum wird vom aggressiven Kind so ausgeweitet, daß das Wohlbefinden anderer Menschen beeinträchtigt wird.

Solche Aggressionen richten sich dann entweder gegen Sachen oder gegen Menschen oder auch gegen sich selbst; Sachbeschädigung, Beleidigung und Körperverletzung sowie Sucht, ungesunde Lebensweise und Todessehnsucht sind die Folge. Voraus geht häufig das Gefühl, ungerecht behandelt worden zu sein, und das passiert leicht in einer Welt voller Oben und Unten, voller Ellbogengewalt im Konkurrenzkampf von Karrieren und voller sichtbarer Gewalt in der Umwelt und in den dazugehörigen Medien. Die Akzeptanz von Aggressionen und Gewalt ist in vielen subkulturellen Nischen reichlich hoch, manchmal geraten sie zum wichtigsten Erfolg garantierenden Interaktionsmittel und verschaffen in der jeweiligen Szene einen besonders hohen Anerkennungsgrad.

Und wenn junge Menschen erst einmal gelernt haben, daß es einen Zusammenhang zwischen Aggression und Erfolg gibt, dann verlieren althergebrachte Normen und Werte, die noch irgendwo in ihnen als sinnvolle Regularien mitmenschlichen Zusammenlebens schlummern, immer mehr an Bedeutung; stattdessen wird aggressives Sich-Wehren trainiert und durch andere Menschen, die ebenso vorgehen, gerechtfertigt.

Deshalb ist es besonders fatal, aggressiven Kindern keine Grenzen zu zeigen und statt dessen aus falsch verstandener Liebe zum Kind immer weiter zurückzuweichen. Gerade den Anfängen muß gewehrt werden, damit sich gar nicht erst Erfolg durch Gewalt einstellt, der dann zur Wiederholung ermuntert.

Nun kann das Kind ja nichts dafür, wenn sich in ihm Aggressives aufbaut; es muß also kanalisiert über legale Ventile herausgelassen werden, sei es über Sport, Krafttraining, Spiel, wozu auch Rollen- und Darstellendes Spiel gehört, sei es über Schlagzeug oder Werkzeuge, mit denen auf gebrauchte Kanister oder Schrottautos eingeschlagen werden darf.

»Blitzableiter« für aufgestaute Aggressionen sind ja meist die nächsten Bezugspersonen, die als Stellvertreter für eigentlich gemeinte andere Menschen eine Menge wegstecken müssen. Sie tun gut daran, nicht ihrerseits aggressiv zu reagieren, weil sich dann meist im Wechselspiel Aggressionen weiter aufbauen, sondern mit Verständnis für den Ärger des Aufgebrachten seinen Frust zu teilen und damit zu reduzieren. Da aggressive Kinder »aus ihrer Haut« und aus den zugestandenen Grenzen für menschliches Verhalten »fahren«, müssen sie mit Bedacht in ihr Revier zurückgeführt werden, ohne daß sie dann nägelkauend und selbstverletzend die Aggressionen auf sich selbst umleiten.

Der beste Weg ist dabei, daß Eltern und Pädagogen die seelische Verletzung des Kindes erstens früh wahrnehmen, zweitens verstehen und dem Kind dieses Verständnis zu seiner Entlastung signalisieren und drittens im Sinne einer »Flucht nach vorn« das Kind in die Lage versetzen, sinnvoll und nicht neue Probleme schaffend dem Verursacher der Verletzung gegenüber zu handeln, d.h. ihn zur Rede zu stellen, ihm das Unrecht zu verdeutlichen oder mit angemessenen Reaktionen seine Tat zu ahnden. In jedem Fall muß aber die aggressive Spielregelverletzung des Kindes zu seiner Enttäuschung ignoriert, deutlich zurückgewiesen oder so bestraft werden, daß es die Sanktionen späterhin akzeptiert, damit es nicht durch Teilerfolge zur Wiederholung animiert wird.

Kinder in gewaltreicher Umwelt

- *Immer jüngere und immer mehr Kinder neigen zur Gewalt, und die Gewalt wird qualitativ immer schlimmer, die Zahl der 8- bis 14jährigen, die mit dem Gesetz in Konflikt geraten sind, ist von 1990 bis 1992 um 20 % gestiegen.*
- *Gewalttätigkeit wird gelernt.*
- *Körperliche Gewalt muß mit moralischer Gewalt beantwortet werden.*

Jedes Jahr werden in Deutschland mehr als 100 Kinder so geprügelt, daß sie sterben; über 300 000 überstehen Schläge nur mit körperlichen Folgen, und eine Untersuchung des Deutschen Kinderschutzbundes hat ergeben, daß etwa 70 % aller Eltern einer Erziehung mit Prügeln zustimmen. Nach einer Frankfurter Schulamtstudie trägt jeder fünfte Schüler eine Waffe bei sich, im Berliner Abgeordnetenhaus wurde das sogar jedem dritten Schüler unterstellt, wobei die Bandbreite des Begriffs »Waffe« vom Taschenmesser über Schlagringe, Gaspistolen, Spring-, Klapp- und Butterflymesser, Wurfsterne bis zu Knüppeln, Baseballschlägern, Elektroschockgeräten und Sprühdosen mit Reizgas reicht.

Viele Schüler haben solche Geräte nur bei sich, um sich im Notfall verteidigen zu können, aber in Fällen von Streit und emotionalen Erregungen werden sie dann auch schon mal eher eingesetzt. Die Spirale der Gewalt schraubt sich in mancher Großstadt erschreckend hoch, so daß viele schon amerikanische Verhältnisse nahen sehen, in denen Schüler bereits mit kugelsicheren Westen und Lehrer mit Pistolen in die Schule kommen.

Gewalt ist zu einem Bestandteil der Umwelt geworden, nicht nur in Bahnen und Bussen sowie nachts, sondern auch schon auf Schulwegen und Schulhöfen, sowieso in den Medien, aber auch in der Sprache.

Die Täter werden immer jünger und zahlreicher, die Formen der Gewalt immer brutaler. Während sich Jugendliche früher prügelten und aufhörten, wenn einer am Boden lag, tritt man ihn heute noch mehrfach mit Springerstiefeln ins Gesicht, gerechtfertigt mit dem Satz: »Der ist ja sowieso hin.« Diebstahl als Nervenkitzel, Überfälle aus Langeweile, Straßenbandenkriege aus Feindbildbedürfnis, Mißhandlungen aus Vergnügen und zur Selbstgefühlserhöhung sind zum Alltag ratloser Journalisten, Politiker und Pädagogen geworden.

Gewalt als Rangordnungskriterium verleitet Jugendliche auf die Frage nach ihrer Rechtfertigung zu Antworten wie: »Ich bin halt der beste in dem Fach«, »Wer einen Freund von mir anmacht, der kriegt eine rein«, »Ich hatte wirklich keine Ahnung, wie leicht Knochen brechen«, »Das kannst du als Deutscher nicht verstehen, wir Serben haben noch ein Ehrgefühl«, »Ich wollte auch so werden sie die – richtig kraß, also jeden fertigmachen, jeden zusammenschlagen, ohne jede Angst«, »Das ist wie ein Rausch, du denkst, daß du alles haben kannst, du mußt es dir nur nehmen, Lederjacken, Fliegerjacken, Uhren, Geld, sonst was« und »Wenn einer Turnschuhe für 300 Mark kaufen kann, kann der das bestimmt auch 'n zweites Mal machen«.

Ein Teil der Jugend war schon immer auffällig, nur ist dieser Teil heute extremer denn je. Konkurrenzsituationen sind schärfer geworden, Liebe zu Kindern findet seltener statt, soziale Aufmerksamkeit ist schon bei Nachbarn und Passanten extrem gering, und offizielle Pädagogik von Amts wegen ist so butterweich und zurückhaltend, daß viele Kinder nicht lebenstüchtig gemacht werden, sondern sich ihre Lebenstüchtigkeit selbst aufbauen müssen. Dafür bietet sich dann vor allem Gewalt an, weil sie müheloser und schneller einzusetzen ist als wortreiche Formulierungen. Und negative Verstärker von Gewalt finden sich allerorten, schon im Kindergarten, erst recht in der Schule, beim täglichen Bildschirmkonsum, im Kino, bei der Straßengang des Viertels und auch in der etablierten Ellenbogengesellschaft.

Manchmal hat man den Eindruck, daß Kinder nur die Wahl haben, entweder Opfer von Gewalt zu werden oder selbst Gewalt zur Durchsetzung ihrer Interessen einsetzen zu müssen, etwa so, wie sie ja auch täglich den Widerspruch im Fernsehen mitbekommen, daß die eine Hälfte der Menschheit über- und die andere unterernährt ist.

Von dort, wo die Gewaltszenerie schon bedeutsamer ist als bei uns, nämlich in Los Angeles, kann man einiges lernen: »Tabus gelten nur, wenn sie mir nützen, ansonsten gilt die doppelte Moral«, sagte unlängst ein 16jähriger in L.A. Weil die von »Crips« und »Bloods« kontrollierten Stadtteile als Wirtschaftszonen für Drogenhandel wegen der rückläufigen Erträge nicht mehr tauglich sind, kämpfen die »gangstas« mittlerweile in der Form jeder gegen jeden. Der solidarische Schutz der Bande ist dem Einzelkämpferdasein gewichen, persönlicher Profit ist wichtiger geworden als ein ideologieersetzendes Feindbild oder so etwas wie Gruppenehre. Deshalb laufen inzwischen auch schon kleine Kinder mit Gewehren durch die Gegend. Das große Geld ist höchstes Ziel für die vielen jungen Schwarzen, von denen jeder dritte nicht zur Schule geht, arbeitslos ist oder im Gefängnis sitzt. Ihre Idole sind »Magic« Johnson oder Michael Jordan, und zwar nicht als konkrete Persönlichkeiten im Sinne von Vorbildern, sondern als Sporthelden, die das materielle Ziel erreicht haben, zu dem man auch ganz gern kommen möchte.

Der Respekt vor dem Leben oder gar seiner Unversehrtheit zählt in solchen elendigen Kreisen nichts mehr, weil auch das eigene Leben keinen großen Wert mehr hat.

Ähnliche Lebensbedingungen wie die Schwarzen und Latinos in Kalifornien haben bei uns viele ausländische Jugendliche und Flüchtlingskinder. Was sie vereint, ist das Gefühl, eigentlich nur vorübergehend geduldet zu werden, sie können deshalb in einer Gesellschaft wie der unsrigen keine Heimatgefühle aufbauen. Sie fühlen sich benachteiligt und unter Wert eingestuft und vermögen daher auch nicht die Normen einer derartigen Gesellschaft zu akzeptieren, von der sie ihrerseits nicht akzeptiert werden. Kein Wunder, daß sie nichts dabei finden, einem Jugendlichen die teure Lederjacke oder die Sportschuhe »abzuziehen«, im Gegenteil, es ist für sie als ein Stück ausgleichende Gerechtigkeit geradezu legitim, im Sinne von Selbstjustiz.

Hinzu kommt das imitierende Verhalten, das Modellernen. Schon Zeichentrickfilme und Comics vermitteln ein Wertesystem, in dem der Rücksichtslose am Ende der Sieger ist, das gilt auch für die Film-Stars.

Eltern und Pädagogen, die immer noch von einem Bild des »allseits guten Kindes« – so wie 1968 gelehrt – ausgehen, versündigen sich an der Zukunft der jungen Menschen. Wenn Gewalt von Kindern hingenommen wird, lernen sie diese als erfolgreiches Interaktionsmedium zu akzeptieren. Eine pädagogische Haltung, die nur mit Verstehen und Gespräch erziehen will, bringt Kinder nicht unbedingt davon ab, auf Gewalt zu verzichten. Nur sofortige Grenzziehungen gegenüber Gewalt helfen weiter. Gewalteinsatz muß für Kinder zum Bumerang werden, über den sie lernen, daß sich so etwas nie und nimmer lohnt. Das funktioniert aber nur mit Deutlichkeit, Konsequenz und einer unmittelbaren Grenzerfahrung, die vom Kind auch akzeptiert wird. So etwas nennt man ja in der Pädagogik auch Strafe; dabei soll das Kind keineswegs seinerseits mit körperlicher Gewalt sanktioniert werden, sondern mit der moralischen Gewalt unverzichtbarer gesellschaftlicher Spielregeln.

Erziehung gegen Gewaltbereitschaft

- *Durch häufiges Sehen von Kriegsbildern wird die Hemmschwelle in bezug auf Gewaltbereitschaft gesenkt.*
- *Kinder neigen nicht zu Rassismus.*
- *Kinder erleben auch Systemgewalt der Erwachsenenwelt, z.B. in der Schule, im Straßenverkehr, in der Politik und in der Arbeitswelt.*
- *Politiker müssen etwas für, nicht gegen Problemgruppen tun.*
- *Man muß etwas für junge Menschen tun, nicht weil sie Probleme machen, sondern weil sie Probleme haben.*

Immer häufiger wird über die weltweite Zunahme von Gewalt geklagt. Der Golf-Krieg, die Nationalitätenkonflikte in der ehemaligen Sowjetunion und in der Region des alten Jugoslawiens, die Rassenkrawalle in Los Angeles, die sozialen Konflikte in den New Yorker Stadtteilen Bronx, Harlem und Brooklyn und die Straßenkindermorde in Lateinamerika erwecken ebenso den Eindruck, daß »die Welt langsam aus den Fugen gerät«, wie die wachsende Gewaltbereitschaft unter Kindern, Jugendlichen und auch Erwachsenen in Deutschland.

Die Hemmschwelle für den Einsatz von Gewalt ist in dem Maße gesunken, wie die normative bzw. religiöse Anbindung in immer pluralistischer werdenden Gesellschaften zugenommen hat. Die Zahl der Menschen, für die Gewalt ein akzeptabler Wert im Rahmen von Lebenstüchtigkeit ist, steigt leider stetig an. Und am Beispiel L.A. wird momentan diskutiert, ob man etwas für oder gegen diese Menschen tun muß.

Eher einfach denkende Gemüter fordern drastische staatliche Reaktionen; sie wollen die Gewalt mit Gegengewalt durch Gesetzgebung, Polizei und Strafvollzug sowie vor allem gegenüber Ausländern bekämpft sehen; differenziert denkende Menschen wissen aber, daß nur ein tiefgreifender und auf lange Sicht geplanter gesellschaftlicher Umbau mit sozialpolitischen und pädagogischen Konzepten helfen kann.

Gesellschaftliche Zukunftsinvestition funktioniert nur, wenn man bei den Kindern und deren Familien anfängt, wenn man eine Wertebindung über Soziales Lernen in der Familie, im Kindergarten, in der Schule und im Stadtteil schafft und wenn man junge Menschen zu Sozialkompetenz und politischer Mündigkeit führt, indem man präventiv arbeitet, statt politisch-kosmetisch immer erst dann zu reagieren, wenn es schon – wie in L.A. – längst zu spät ist.

Alle Studien zeigen, daß kleine Kinder nicht zu Rassismus neigen, daß sie sich in Spielgruppen nach kurzer Zeit ohne Vorurteile mit Kindern anderer Rassen und Nationen freundschaftlich zu verstehen vermögen. Kleine Kinder lassen sich auch relativ einfach gegen den Einsatz von Gewalt erziehen, wenn sie früh auf deutliche Grenzen stoßen. Und für größere Kinder stellen Zuverlässigkeit, Hilfsbereitschaft, Umweltschutz, Frieden und Tierliebe durchweg höhere Werte dar als für die Masse der Erwachsenen. Und wenn ausländische Jugendliche bei uns und Schwarze und Latinos in den USA gewalttätiger sind als andere Bevölkerungsgruppen, dann sind sie es nur, weil sie in diese Rolle gedrängt werden und weil man ihre höhere Kriminalitätsrate von ihnen erwartet; ihnen bleibt dann nur noch übrig, sich entsprechend der Theorie der Sich-selbst-erfüllenden-Prophezeihung zu verhalten.

Wenn Erwachsene beklagen, daß ein Teil der Jugendlichen immer gewalttätiger und fremdenfeindlicher wird, dann müssen sie wissen, daß junge Menschen die Akzeptanz von Gewalt und Rassismus erst durch die Lebensformen der Erwachsenenwelt lernen. Sie konsumieren über Filme und Videospiele Gewalt als ein erfolgreiches Durchsetzungsmittel und erproben sie hinterher in der Realität (Imitationslernen), sie erleben gewalttätige Eltern, Lehrer und Politiker, und sie lernen in subkulturellen Nischen wie bei den Skinheads, bei den Hooligans oder bei Stadtteilbanden, daß ein hoher Grad von Gewalt gegenüber Feindbildern mit einer hohen Rangordnungsposition belohnt wird. Sie erfahren täglich per Bildschirm die Legitimation von Waffenbesitz und Krieg, und sie hören permanent ausländerfeindliche Argumentationen – gerade auch von ihren Eltern –, gegen die selbst ein guter Geschichts- und Politikunterricht über die grausamen Folgen des Nationalsozialismus und des Zweiten Weltkrieges nur unzureichend schützen kann.

Jugendliche aus kaputten Familien und benachteiligenden Nachbarschaften, mit geringem Selbstwertgefühl, ohne Schulabschluß und ohne sie befriedigende berufliche Perspektiven haben Geborgenheitsdefizite und Orientierungsschwierigkeiten, die sie in Süchte oder in familienersetzende subkulturelle Nischen mit weltbildersetzenden Feindbildern zwingen. So haben sich 100 000 Bandenmitglieder (meist Schwarze und

Latinos) in L.A. jahrelang gegenseitig als blaugekleidete »Crips« und rotgekleidete »Bloods« bekämpft und reviermäßig abgegrenzt, was einen Teil ihrer Sinnerfüllung ausmachte. Als sich ihnen nun ein gemeinsames Feindbild in Form einer verständnislosen und brutal vorgehenden Polizei bot, haben sie sich sofort zusammengeschlossen, um mit Gegengewalt auf die Gewalt der amerikanischen Gesellschaft zu reagieren.

Gewalt hat also soziale und erzieherische Ursachen; Feindbilder haben ungeachtet ihres mehr oder weniger zufälligen konkreten Gehaltes eine formale Funktion, die Sinnerfüllung schafft und zu Wir-Bewußtsein zusammenschließt. Politiker müssen sich um ein Wahrnehmen und Verstehen der Wurzeln von Politikverdrossenheit, Gewaltbereitschaft und Feindbildsehnsucht in Kindheit und Gesellschaft bemühen. Das zwingt gerade die großen Volksparteien, ihre Realitätsferne in Richtung Bürgernähe und Stärkung der Familien zu überwinden und nicht nur wahlwirksam schlaglichtartig und in schlichter Schwarz-Weiß-Manier mit dem Wirkungsgrad einer Legislaturperiode zu reagieren, denn genau das ist das auf den dummen Wähler spekulierende Strickmuster der rechtsradikalen Parteien wie der DVU und der Republikaner.

Wenn Politiker nicht endlich anfangen, statt etwas gegen bestimmte Bevölkerungsgruppen zu tun, für Kinder und Jugendliche, für Schulen, für Arme, Arbeitslose, Migranten und Drogenabhängige, für Kinder, die auf den Strich gehen, für Aids-Infizierte, für Roma, Sinti und Flüchtlingskinder, für Heimkinder, Autoknacker, Hooligans und S-Bahn-Surfer, für die Bewohner von Kreuzberg und Trabantenstädten sowie für die Menschen in den neuen Bundesländern zu handeln, dann fördern sie Ghettoisierungsprozesse, die auch in jetzt noch ruhigen Regionen und Wohngegenden und in noch heilen Familien langsam »die Welt aus den Fugen geraten« lassen.

Suchtverhalten

- *Kinder werden schon während der Schwangerschaft und in den ersten Lebensjahren zur Sucht erzogen.*
- *Wenn Kinder Liebe, Ansprache und Zeit von ihren Eltern wollen, aber stattdessen Nahrung und Spielzeug bekommen, lernen sie, daß das eigentlich Gemeinte materiell ersatzbefriedigt werden kann.*
- *Nicht die Drogen sind das Problem, sondern die Beziehungskrisen, die der Sucht vorausgehen.*
- *Therapie ist hundertmal schwieriger als Prävention.*

Viele Erwachsene stehen fassunglos vor der plötzlichen Entdeckung, daß ein junger Mensch Vereisungs- oder Klebemittel schnüffelt, Drogen nimmt oder immer wieder zu Tabletten greift. »Er war doch früher nicht so«, heißt es dann. Dabei wird Suchtverhalten schon sehr früh und meist durch die Eltern angelegt.

Wenn Mütter während der Schwangerschaft rauchen und Alkohol trinken oder gar Drogen nehmen, dann wird schon der Embryo wegen des gemeinsamen Blutkreislaufs zur Sucht erzogen.

Und wenn das kleine Kind in den ersten Lebensjahren Liebe und Ansprache sowie viel Zeit von den Eltern will, statt dessen aber Spielzeug und Nahrung bekommt, dann lernt es viel zu früh, daß das eigentlich Gemeinte ersatzbefriedigt werden kann. Die stoffliche Substitution emotionaler Zuwendung trainiert das Ausweichen, so daß dann auch später Probleme nicht direkt gelöst werden, sondern durch Spielsucht, exzessive Beschäftigung mit Computern und Steckenpferden, durch Nikotin, Alkohol, Hasch, Koks, Heroin oder Crack und manchmal auch durch Freß-, Kauf- und Klausucht oder einen überstarken Sexualdrang befriedigt werden. Schließlich werden Kinder nach Jahren gewalttätigen Zuwendungsentzugs geradezu unfähig, noch mit Liebe richtig umzugehen. Sie kennen sie nicht, und sie glauben sie nicht.

Die beste Hamburger Lehrerin, die ich kenne, die an einer Förderschule auf St. Pauli eine fast hoffnungslose Arbeit leistet, schrieb mir jüngst: »Ich muß immer an Cüneyt denken; je netter ich bin, desto weniger kann er es annehmen. Vielleicht wird er es schaffen, wenn es ihm mal ganz schlecht geht, meint der Psychologe. Der steht doch einen Schritt vor der Sucht! Alkohol? Spielsucht (da ist er schon drin!)?, Drogen? Selbstmord?« An anderer Stelle berichtet sie: »›Ich habe nicht geweint, fast nicht‹, darauf ist ein Junge stolz, gerade wenn er aus islamischen Regionen kommt. Ich wünschte, die Jungen lernten, daß man weinen darf, daß man sich bewußt machen kann, was zerbrochen ist! Er gibt den Eltern die Schuld an seinem Unglück, aber wie viele Kinder geben sich selbst die Schuld an dem Unglück, das ihre Eltern ihnen zugefügt haben! Die Eltern bleiben immer ungeschoren, wenn wir die Kinder irgendwie wieder hingebogen haben oder Schlimmeres verhindern konnten.«

Und Helga Löwe, so heißt diese engagierte Lehrerin, macht sich aus ihrer umfangreichen Praxiserfahrung am negativen Ende von Pädagogik auch folgende Gedanken: »Es sind meist Jungen mit großen ausdrucksvollen Augen, die wie unter Hypnose den Mädchen oder auch anderen, kleineren Jungen weh tun müssen, sie sind lauter kleine Opfer der Gewalt an ihrer Seele; sie müssen so sein, um überleben zu können. Jedes Schwachwerden und Kleinbleiben würde für sie unerträgliche Erinnerungen wachwerden lassen, und sie wachsen damit zu frustrierten Männern heran, die Kinder und Frauen Macht beweisen müssen, die ihre Töchter unterdrücken und ihre Jungen, die erst klein bleiben und dann Mann spielen müssen, seelisch belasten. Der arme Dragan, dem geht es ganz besonders schlecht, er ist wie alle meine Roma-Jungen mit noch nicht einmal 14 Jahren verlobt worden ...«

Was so unendlich viele Kinder mitmachen, kann man ausschnittsweise an den 13 Schülern der Klasse von Helga Löwe nachvollziehen: »Scheidung bei Dirk, Melanie, Frank, Bianca, John, Bora, Goran, Tod des Vater bei Sivia und Metin, kein Vater bei Jasmin und Dennis, der Heimkind ist, und dessen Erzieherinnen gar keine endgültige Besserung wollen; sie wollen sich nicht überflüssig machen, sie sind die typischen ›hilflosen Helfer‹, die ihre eigene Macht am besten spüren, wenn der ›Pflegling‹ klein, schwach und abhängig bleibt.«

Kinder lernen früh, daß in dieser Welt irgend etwas nicht stimmt, daß Bindungen etwas Verlogenes sein können, daß man sich auf Sachen, Drogen und Tabletten besser verlassen kann, daß der Rausch ein zuverlässiger »Freund« ist. Selbst 11jährige erzählen sich schon folgenden Witz: »Sagt der Mann zu seiner Freundin: ›Ich kann dich nicht heiraten, die Scheidung ist zu teuer.‹«

Aber zuviel Liebe und Verständnis kann auch falsch sein. Denn eine andere Lehrerin erklärt die Drogensucht ihres eigenen Sohnes so: »Es hat bei uns in der Erziehung total an Autorität gefehlt. Ich kam aus der 68er Zeit, ich war jung und wußte nicht, daß Patty ein Kind war, das klare Grenzen gebraucht hätte. Das einzige, was ich in meiner Ausbildung zur Lehrerin nicht gelernt hatte, ist, wie man seine Kinder erzieht.«

Die Sucht ist also nur ein Symptom, eine Folge früherer oder gegenwärtiger Versäumnisse. »Nicht die Drogen sind das Problem«, sagt daher die Aktion Jugenschutz, »sondern die gestörten Beziehungen in Familie, Freundeskreis und Gesellschaft«, also der Mangel an Erziehungskunst, zu der auch die Gestaltung des Umfeldes für das Aufwachsen von Kindern gehört. Prävention ist daher um ein Vielfaches erfolgreicher als Therapie; Prävention kann aber keineswegs nur Aufklärung bedeuten, denn fast jeder Suchtkranke war schon lange vor seiner Sucht bestens informiert, auch die mehr als 2000 Drogentoten des Jahres 1991 in Deutschland.

Erforscht man die Biographien suchtkranker Menschen, findet man immer überstarke Anspannungen und Konflikte in Familie, Schule und Freizeit, Eßstörungen und Sucht nach Süßem. Und da ist sie wieder, die Ersatzbefriedigung statt des eigentlich Gemeinten, die Kompensation der emotionalen Not.

Drogenabhängige hatten es meist schon im Grundschulalter schwer, mit anderen Kindern gute Beziehungen aufzubauen, sie kamen sich einerseits wertlos vor, andererseits waren sie selbst in der Folge auch nicht besonders zuverlässig, weil sie nicht nur zum Ausweichen vor Problemen, sondern auch vor verbindlichen Terminen neigten. Disziplin war für sie stets etwas besonders Hartes, sie hatten es daher schwer mit Kooperation, Konzentration und angemessenen Reaktionen. Normale sinnliche Erfahrungen können solche jungen Menschen kaum noch genießen, sie brauchen schon eine Überdosis an Sinnlichkeit, wie sie sich im Rausch ergibt.

Drei Strategien sollten Eltern verfolgen, die ihre Kinder vor späterer Drogenanfälligkeit schützen wollen:

- Ohne Tabu über alles reden.
- Die Erlebnisfähigkeit der Kinder fördern, damit sie direkt genießen können und nicht auf künstliche Glücksverheißungen ausweichen müssen.
- Im Kind muß das Gefühl geweckt und gestärkt werden: »Ich kann, und ich bin etwas wert.«

Aber auch die Lehrer sollten wissen, daß sie mitschuldig werden, wenn in der Schule nicht mehr Neugier, Entdeckertrieb und Leistungsfreude im Vordergrund stehen, sondern »nackte Angst«. Der Deutsche Kinderschutzbund jedenfalls spielt der Schule viel Verantwortung zu, wenn er anklagt: »Die Schule produziert bei ihren Verlierern die Bedingungen zum Drogenkonsum, wenn sie etwa 20 % der jungen Menschen zu schlechten Schülern erklärt und »fürs Leben fertig macht«. Leider empfinden immer noch viele Lehrer Zuwendung, Beziehungsarbeit sowie präventive und kompensatorische Klassenlehrerpädagogik als schwammige Gefühlsduselei, die ihre Rolle als kontrollierende Wissensvermittler lediglich störe. Schulreformen und eine andere Lehrerbildung werden aber noch lange auf sich warten lassen, so daß bis dahin allzu viele Kinder an der unzeitgemäßen Schule kaputtgehen werden. Also liegt es vor allem an den Eltern, früh alles richtig zu machen und ihre Kinder gegen Anfeindungen des Schullebens zu impfen.

Einflüsse der Gleichaltrigkeit

- *Kinder lernen von Gleichaltrigen mehr als von Eltern und Lehrern.*
- *Wer in der Rangordnung Gleichaltriger eher unten steht, lehnt sich mehr an Erwachsene an; wer sich unter seinesgleichen besser behaupten kann, schirmt sich mehr gegen die Einflüsse starker Erwachsener ab.*
- *Formale Werte der Gleichaltrigkeitszenerie sind für junge Menschen wichtiger als deren Inhalte.*
- *Eltern versuchen, gleichaltrige Einflüsse mitzubestimmen, indem sie Kinder zu Gymnasien schicken; sie begünstigen damit andere negative Effekte.*
- *Die Restkonzentration schwacher und problembeladener Schüler verstärkt ungünstige gesellschaftliche Einflüsse für alle.*

Für Kinder spielen die Einflüsse Gleichaltriger, aber auch deren Ausbleiben eine ganz wichtige sozialisationsbestimmende Rolle. Da heutzutage viele junge Menschen in ihrer Wohnumwelt einen Mangel an Gleichartigkeit haben – auch weil Kinder vorübergehend recht selten in unserer Gesellschaft geworden sind –, sehnen sie sich umso mehr danach; das gilt vor allem für Einzelkinder.

Kinder und Jugendliche befinden sich in besonders einflußbereiten Lebensstufen, so daß Impulse durch Freunde eine stark prägende Kraft haben, die Erwachsene nur schwierig zu kontrollieren und zu steuern vermögen.

Junge Menschen, die es nicht leicht haben, Anerkennung und Zuwendung von Gleichaltrigen zu finden, die also nach den Rangordnungskriterien Tüchtigkeit und Beliebtheit eher unten stehen, suchen meist mehr die Nähe von Erwachsenen und lehnen sich auch leichter an sie an. Wenn sie es aber unter Ihresgleichen zu hoher Anerkennung gebracht haben, ziehen sie sich dagegen lieber in die jugendkulturelle Szene zurück, weil sie dort leichter Erfolge haben als bei den stärkeren älteren Bezugspersonen; sie behaupten sich in der Gleichaltrigkeit müheloser als gegenüber Eltern, Lehrern und Erziehern, so daß sie auch von diesen Altersstufen intensiver beeinflußt werden. Sie mögen die relative Abgeschlossenheit der Kinder- und Jugendwelt in ihrer Unabhängigkeit und mit ihrer bewußten Abgrenzung zur Erwachsenenwelt, machen alle modischen Trends mit und empfinden es als Verrat, sich den Wertvorstellungen der Altvorderen in bezug auf Geschmack, Stil und Verhalten anzupassen.

Sie wollen »in« sein, und ihre Maßstäbe dafür entnehmen sie den Medien, der Werbung sowie dem nichtunterrichtlichen und nicht von Lehrern gesteuerten Schulleben. Sie lassen sich von den jungen Menschen derjenigen Nischen, in denen sie leben, die Entscheidungen abnehmen, ob sie ein Cap tragen müssen oder nicht, welche Szene-Sprachfloskeln sie zu verwenden haben, welche Musikrichtung sie bevorzugen, ob sie skateboarden, roller-skaten oder bahnsurfen und welche Feindbilder sie kultivieren. Sie übernehmen die Orientierungsmarken ihrer Freunde und erkennen dann an Äußerlichkeiten auch Gleichgesinnte; das gibt ihnen Sicherheit, Geborgenheit und Sinnerfüllung, aber auch eine partielle Überlegenheit gegenüber Erwachsenen, die in allen diesen Aspekten hoffnungslos »out« sind.

Die Lebens- und Umgangsformen der Gleichaltrigen sind ihr Bewährungsfeld, in dem sie Erfolge vorweisen können, wenn sie zu Hause nur kritisiert werden und in der Schule nur versagen. Dabei ist es dann leider nicht ganz so wichtig, welcher konkrete ideologische Gehalt sich mit einer bestimmten Jugendnische verbindet, wofür die Jugendbande steht, wogegen die Hooligangruppe agiert, in welcher historischen Belastung Skins stehen und wie abartig Schwarze Messen oder Grufties sind. Nichts kann extrem genug sein, als daß man nicht noch Beachtung und Aufgabe daraus ziehen könnte.

Die formalen Werte der Gleichaltrigkeitsszene wie Rangordnung, Wir-Bewußtsein, Selbstwert, Überschaubarkeit, familienersetzende Geborgenheit, Verhaltenssicherung und Sinnorientierung sind eben wichtiger als die konkreten politischen, religiösen oder ideologischen Ziele, die jeweils mehr oder weniger zufällig damit verbunden sind. Was man tut, wie man spricht, wie man aussieht, das geben die Freunde vor, und das verhindern die Eltern kaum. Die funktionalen Erziehungseinflüsse, die ja auch von der Werbung als einem Element der Marktwirtschaft zum Zwecke des Konsums geschickt mitgesteuert werden, haben bei vielen jungen Menschen im Sinne funktionaler Erziehung einen gewaltigeren Einfluß als die intentionalen Bemühungen von Elternhaus und Schule.

Weil Eltern um diese schwer kalkulierbaren und kontrollierbaren Einflüsse wissen, versuchen sie, diese zu minimalisieren und zu kanalisieren. Sie suchen sich bessere Wohngebiete zum Aufwachsen ihrer Kinder auf, verbieten ihnen den Umgang mit bestimmten Freunden und Familien, verwehren ihnen so manchen Kindergeburtstag und so manche Party, wählen bestimmte Grundschulen, von denen sie günstigere Einflüsse erwarten, aus, aber auch in gutem Ruf stehende Waldorfschulen, Internate, Landerziehungsheime und andere Privatschulen. Sie bevorzugen für ihren Nachwuchs Sportarten wie Hockey und Tennis und rümpfen die Nase bei Wünschen in Richtung Fußball- oder Motorsportvereinen, die sie für »unterschichtspezifisch« halten.

Die immer größer werdende Bedeutung des Gymnasiums bei der Schullaufbahnentscheidung der Eltern kann auch auf ihren Wunsch nach »gutem Umgang« für die eigenen Kids zurückgeführt werden, denn sie erwarten mit der gymnasialen Atmosphäre auch eine schmuddel- und problemkindfreiere Zone für das Lernen ihrer Kinder.

Aber erstens irren sie mit dieser Einschätzung, und zweitens ist sie auch nicht gut für die Gesamtgesellschaft. Denn die Konzentration guter Schüler aus anspruchsvollen Kreisen verschärft die Konkurrenz untereinander so, daß viele Mädchen und Jungen überfordert und innerlich verspannt werden; sie suchen nach Möglichkeiten und Auswegen, sich gelegentlich zu entlasten. Und dabei fällt auch ihnen so manches ein, was ihren Eltern nicht behagt und was zu negativen Einflüssen durch Gleichaltrigkeit führt: Ausrasten durch exzessiven Nikotin-, Alkohol- und Drogenkonsum, Neigung zu politischem Radikalismus, Entwicklung von intelligenten Strategien taktischen Verhaltens gegenüber Lehrern, um gute Noten zu erschwindeln oder zu erschleimen, Verächtlichmachen von Strebern usw. Außerdem führen die vielen außerschulischen Aktivitäten von Kindern aus »besseren Kreisen« zu dem steten Gefühl, man könnte etwas versäumen; es wird also eine ständige Unzufriedenheit und Mobilität geschürt, die mal zu ungerichteter Umtriebigkeit mit ständigem »Auf-der-Achse-Sein“, mal zu Resignation und Depression, mal zu Gewaltbereitschaft – insbesondere am Wochenende –, mal zu Todessehnsucht und Suizidplänen, besonders häufig aber durch Übererwartungen zu läppisch-verbogenen, verklemmten, neurotischen oder gar psychotischen Persönlichkeiten gerät.

Auf der anderen Seite schafft der Run zum Gymnasium Restkonzentrationsprobleme in Haupt-, Real- und Sonderschulen und neuerdings auch in Gesamtschulen. Wenn schwache Schüler unter sich bleiben, weil sie ihrer »Zugpferde« beraubt sind, fehlen ihnen die mitreißenden Effekte, wie sie aus Integrationsklassen, aus der Integrierten Haupt- und

Realschule sowie aus der Gesamtschule, ganz besonders aber auch aus der Grundschule bekannt sind. Wenn gute Schüler wegen der positiven wechselseitigen Einflüsse unter sich lernen sollen, vergrößert man auf der anderen Seite die Bedeutung der negativen Einflüsse auf problematische Schüler. Wenn sie unter sich bleiben, potenzieren sich schlechte Umgangsformen und Persönlichkeitsmerkmale, wie man aus den zum Glück nach und nach aussterbenden Schulen für Verhaltensgestörte weiß.

Mit einem Mehr an integrativen Schulformen und Lerngruppen verringert unsere Gesellschaft gleichzeitig die Bedeutung negativer Einflußherde unter Gleichaltrigen; denn die Integration verschiedener Bevölkerungsgruppen, Leistungsstärken und Motivationen wirkt präventiv und positiv mitreißend und gibt gerade auch guten Schülern wichtige Entlastungsfreiräume und Anlässe zu Sozialem Lernen. Durch das gemeinsame Lernen aller wird die mißliche Abkoppelung, Häufung und Verstärkung unerwünschten Verhaltens leichter vermieden; Eltern und Gesellschaft können die Einflüsse von Gleichaltrigkeit letztlich damit besser »im Griff behalten«.

Die von Konsumzwängen und Werbung gesteuerten Motivationen junger Menschen sind übrigens auch schuldig daran, daß die Kindheit langsam ausstirbt. Kinder wollen heute so früh wie möglich erwachsen sein, erwachsen leben und wie Erwachsene behandelt werden. Sie lehnen ihre von den Erwachsenen gewollte Kindheit ab, wenn sie die Autos der Erwachsenen zu Schrott fahren; sie treten mit ihren Provokationen pausenlos die Erwachsenenwelt, der sie möglichst früh angehören wollen, die sie aber gleichzeitig hassen, weil sie ihr noch nicht gleichberechtigt teilhaftig werden dürfen und weil sie ihrerseits von ihr ständig getreten werden.

Familie und Familienersatz

- *Jedes Kind verändert das Leben seiner Eltern.*
- *In dem Maße, wie es unerwünscht ist oder stört, sucht es sich familienersetzende Beziehungen.*
- *Jeder Mangel an familiärer Behausung führt zu Kommunikationsdefiziten, die auch familienersetzende Kontakte beeinträchtigen.*
- *Bezugspersonen statt Familie bergen alle Risiken von der Verschlimmerung der Lage des Kindes bis zur beglückenden Zukunftssicherung in sich.*

Vom positiv ausgegangenen Schwangerschaftstest an verändert das Kind das Leben seiner Eltern. Es wird nicht nur freudig erwartet und geliebt, es stört auch mehr oder weniger das Leben von Mutter und Vater. Und genau in dem Maße, in dem es unerwünscht ist, partielle Unerwünschtheit eintritt oder sein Lästigsein zunimmt, sucht es sich Familienersatz, damit am Ende immer seine Bilanz an Geborgenheit, Anerkennung, Zuwendung und Selbstwertgefühl stimmt.

Alles, was die Familie nicht bietet, wird stellvertretend über Sachen, Stoffe, Tiere, Freunde und andere Bezugspersonen angestrebt; ob das gelingt, ist allerdings mehr als fraglich.

Denn Kinder, die nicht ganz und gar in ihrer Familie behaust sind, zeigen sprachliche Defizite, psychosomatische Störungen und Verhaltensprobleme, die ihnen die substituierenden Kontakte erheblich erschweren. Sie werden oft nur von Menschen akzeptiert, die ähnliche Defizite haben, so daß sich mehr Not- als Liebesgemeinschaften entwikkeln, die eher grob geraten und das Aushalten härterer Umgangsweisen voraussetzen und letztendlich entwickeln.

Schließlich befriedigt deshalb gewöhnlich auch die familienersetzende Interaktion nicht ganz, so daß wieder andere neue Beziehungen gesucht werden, die dann ähnlich enden.

In dieser Teufelskreis-Automatik liegt begründet, warum die unzureichende Familiensituation, in der ein Kind aufwächst, bei ihm später wieder Familienunfähigkeit initiiert und warum junge Menschen aus kaputten Familienverhältnissen ihr Leben lang mit Beziehungskrisen und Bindungsproblemen zu kämpfen haben. Da die Zahl der »heilen« Familien seit Jahrzehnten abgenommen hat, hat auch die Zahl der jungen Menschen zugenommen, deren Ehen wieder auseinanderbrechen. Die Durchschnittsdauer einer deutschen Ehe von zur Zeit 7 Jahren wird also zwangsläufig noch weiter abnehmen.

Andersherum gilt daher auch, daß Familienersatz beglückender sein kann als eine problemreiche Familie, weil er gelegentlich besser funktioniert, konfliktärmer ist oder mehr Geborgenheit bietet. Für viele Kinder sind zuverlässige Freunde ein enormer Trost, und sie lernen über sie, daß Ehe- und Familienlosigkeit dennoch ein zufriedenes bindungsreiches Leben gestattet. Menschen mit derartigen biographischen Erfahrungen favorisieren häufig das Single-Dasein mit seinen Freiheiten; kein Wunder, da sie die Lebensgemeinschaft Familie als »Hölle« erlebt haben.

Sie sind entweder so abgeschreckt, daß sie keinesfalls je auf die Weise der Eltern mit jemandem zusammenleben wollen, oder sie versuchen unter dem Motto »ich kann und will es besser machen« erst recht eine frühe Familiengründung, die dann wegen des verkrampften Ansatzes scheitert oder wegen ihres besonders hohen Läuterungsgrades außergewöhnlich gut gelingt.

Familienersetzende Bedürfnisse treiben das Kind entweder in die Hände anderer unreifer Menschen mit einem Mangel an Lebenserfahrung und Klugheit, so daß es mit Peer-Groups und Jugendbanden und im Stricher-, Drogen- und Autoknacker-Milieu »vom Regen in die Traufe kommt«; aber selbst Gleichaltrige können noch besser sein als Vater oder Mutter! Oder es bindet sich an einen älteren Freund, der es besser mit ihm meint als die Eltern bzw. ein Elternteil; dann kann alles einen guten Ausgang nehmen, das Kind kompensiert seine Defizite, findet Anerkennung, Nestwärme, Förderung und Forderung, wird aufgrund guter Erfahrungen nach und nach bindungsfähiger und fühlt sich schließlich mit einer Fülle von Perspektiven rundum wohl. Natürlich gehört Fortune dazu, daß es auf einen wirklich positiven Menschen trifft, der nicht nur seine Sexualität meint. Aber so ist es ja mit allen menschlichen Beziehungen, sie funktionieren oder nicht, sie halten lange oder kurz, sie enttäuschen am Ende oder beglücken auf Dauer.

Die verheerenden Folgen von Lob- und Zuwendungsdefiziten

- *Kinder, die Lob nicht kennen, können später schlecht mit Zuwendung umgehen, oder sie akzeptieren nur perverse Anerkennungsformen, z. B. in Verknüpfung mit Schlagen und Strafen.*
- *Väter neigen zum Ignorieren und Sanktionieren kindlichen Verhaltens unter Ausklammerung von Lob, Ermutigen und Verstärken.*
- *Das Organisieren von Erfolgen, eingebettet in leibliche Zuwendung, ist die beste Therapie bei Schulversagen und Erziehungskonflikten.*
- *Am kindlichen Stottern sind oft Väter schuld, die Kinder von Anfang an am späteren Erziehungsziel messen und sie stets wie Erwachsene fordern.*

Seit 10 Jahren betreue ich in Hamburg mit meinen Lehrerstudenten Schüler, die unter Schulnot leiden oder zu Hause Erziehungsprobleme bereiten. Fast immer haben die Studenten Erfolg mit diesen Mädchen und Jungen, allein dadurch, daß sie regelmäßig mit ihnen arbeiten, für sie da sind, sie ermuntern und ihre Fortschritte anerkennen. Alle diese Kinder haben gemeinsam, daß sie etwas können, daß man es nur erkennen und entwickeln muß.

Sie haben aber wohl noch einen gemeinsamen Nenner: Fast immer handelt es sich um Jungen, die das Gymnasium besuchen und aus Familien kommen, die an sich »ganz gut drauf« sind, meist leben sie mit alleinerziehenden berufstätigen Müttern, und wenn ein Vater vorhanden ist, neigt er zur Erziehungsskala zwischen Ignorieren und Tadeln. Männer halten es oft für wichtig, gute Leistungen gerade ihrer Söhne für selbstverständlich hinzunehmen, schwache oder ausbleibende Leistungen aber mit heftigen Reaktionen zu sanktionieren, so daß Lern- und Verhaltensfortschritte nicht verstärkt werden, unerwünschtes Verhalten aber als totales Versagen beim Kind ankommt. Die Folgen sind fatal. Solche Kinder halten schließlich nichts mehr oder nur wenig von sich selbst. Sie verkümmern unter dem Mangel an Zuversicht, Lob und Zuwendung und werden am Ende wirklich Versager.

Die gegenteilige Strategie, die die Studenten anwenden, zeitigt dann meist unerwartete Erfolge, um so rascher, je jünger die Kinder sind, etwas später bei Jugendlichen.

Lob und Ermunterung, eingebettet in leibliche Zuwendung und organisiert mit Hilfe von schon kleinsten Erfolgen im Sinne von Lernfortschritten, lassen viele Kinder aufleben; sie geben ihnen das Gefühl, daß sie so akzeptiert werden, wie sie sind, und dort abgeholt werden, wo sie sich gerade befinden. Gute Erziehungskunst macht das Kind in seinem Sosein zum Ausgangspunkt und Maßstab für Fortschritte in bezug auf emotionale, soziale und kognitive Leistungen. Nimmt man das Erziehungsziel als Endpunkt aller Bemühungen zum Maßstab, wie das viele beruflich erfolgreiche oder auch insgesamt unzufriedene Väter tun, kann man allerdings stets nur das Unzulängliche, das Noch-nicht-Sosein konstatieren. Wenn Väter nicht ganz bewußt ihre Reaktionsskala vom Sanktionieren über das Ignorieren bis zum Verstärken, Loben, Anerkennen und Ermuntern erweitern, wenn sie nicht in der Lage sind, gerade im Unglück, beim Scheitern und bei Vergehen ihr Kind in den Arm zu nehmen, zu trösten und aufzubauen, dann müssen sie auf verheerende Sozialisationsfolgen gefaßt sein; das gilt natürlich auch für Mütter und ganz besonders für die alleinerziehenden unter ihnen.

Man kann einem Kind gar nicht häufig genug sagen, daß man es lieb hat, daß es etwas kann und daß es etwas anderes kann, wenn es bei dem einen versagt hat. Das Sagen reicht aber nicht, es muß dem Kind auch gezeigt werden. Tut man das nicht, muß man mit der Verfestigung eines ungünstigen Selbstkonzepts unter dem Motto »Keiner hat mich lieb, und ich bin zu nichts nutze« rechnen, aber auch mit ständigen inneren Spannungen und psychomatischen Auswirkungen wie Tics, Bettnässen, Nägelkauen, Allergien, Asthma, Mager- oder Fettsucht, Bulimie, Neurosen, Psychosen, Hyperaktivität und Drogenabhängigkeit bis hin zur Suizidgefahr. Kinder, die stottern, haben häufig nur kritisierende und Wohlverhalten sowie Fortschritte übergehende Väter, insbesondere dann, wenn sie nur in Gegenwart des Vaters, von Männern oder Lehrkräften stottern, nicht aber in der Nähe der Mutter. Die Ursachenforschung zum Thema Stottern tappt ja noch weitgehend im dunkeln, weil es ganz verschiedene Auslöser und Faktorenkonstellationen gibt. Die anspruchsvolle Härte eines das Kind schon viel zu reif nehmenden Vaters ist nur ein Grund, deshalb ist die Prognose von Stotterern so, daß ein Drittel geheilt werden kann, ein Drittel Fortschritte macht und ein Drittel unverändert weiterstottert.

Jedes Kind möchte von Anbeginn an so gern gut sein, und es will sein Wesen und sein Verhalten als Lob zurückgespiegelt sehen. Eltern, aber auch Lehrer und Erzieher – sollten sich angewöhnen, ihre Kinder tagtäglich mindestens einmal zu loben. Anderenfalls lernen sie auch nicht, angemessen mit Lob und Zuwendung umzugehen; sie reagieren dann später, wenn sie beides nicht ausreichend kennen, ganz merkwürdig abweisend und ausweichend, weil die Anerkennung im Widerspruch zu ihrer bisherigen Erfahrung und zu ihrem Selbstbild steht und deshalb schlichtweg für sie so unglaubwürdig ist, daß sie sich schämen.

Strafe und Grenzerfahrung

- *Kinder erproben Grenzüberschritte, um über die Reaktionen Orientierung zu gewinnen und ein stimmiges Weltbild aufbauen zu können.*
- *Junge Menschen haben auch deshalb ein Strafbedürfnis, weil sie für würdig befunden werden wollen, etwas wiedergutmachen zu können.*
- *Erziehung ohne Strafe und Grenzerfahrung erschwert Integration und gesellschaftliche Anerkennung, sie belastet das spätere Leben erheblich.*
- *Erwachsene, die auf Grenzerfahrungen verzichten, zeigen eine falsche Liebe zum Kind; sie fühlen sich in der Opferrolle; ihre Bilanz stimmt nicht, weil sie hilflose Helfer sind.*

Was pädagogische Fortschritte und die Rechte des Kindes anbelangt, hat die 2. pädagogische Bewegung dieses Jahrhunderts um 1968 herum eine ganze Menge an Positiven gebracht, man denke dabei an mehr Integration, an die Abschaffung der Noten in den beiden ersten Schuljahren, an die Projektmethode, an schülerzentrierten Unterricht, Soziales Lernen und offene Unterrichtsformen, auch an die Abschaffung geschlossener Heime und die Reduzierung überwiegend negativ sanktionierender Erziehungsweisen.

In einem Punkt hat diese Bewegung aber geirrt; sie hat die Strafe als Sozialisationsmittel der Erwachsenen ganz abgeschafft und durch Selbstregulierung der Kinder in der Gruppe ersetzen wollen. Die »antiautoritären« bzw. zwangsfreien Methoden und die Kinderläden standen beispielsweise dafür. Nun sind die damals ausgebildeten Pädagogen heute in Amt und Würden und mit ihnen die ideologische Vernachlässigung des Grenzerfahrungs- und Strafbedürfnisses der Kinder.

Kinder können nicht ein stimmiges Weltbild aufbauen, wenn sie nicht schon frühzeitig spüren, daß auch andere Menschen das Recht auf eigene

Bedürfnisse haben. Sie müssen die Spielregeln menschlichen Zusammenlebens mühselig lernen, und man tut ihnen keinen Gefallen, wenn man bei normativen Verletzungen durch sie einfach nur zurückweicht. Gerade Jugendliche tun vieles nur, um auszuprobieren, wie weit sie gehen können, bis etwas passiert, und sie lernen etwas Falsches, wenn ihr Handeln nie auf Grenzen stößt.

Wir brauchen also dringend die Wiederentdeckung der Grenze in der Pädagogik, wenn Gewaltphänomene in unserer Gesellschaft nicht eskalieren sollen. Leider wird dabei nur in Extremen diskutiert; der täglich brutal schlagende Vater wird dem Laissez-faire-Führungsstil gegenübergestellt. Daß es zwischen der schlimmen Willensbrechung des Kindes durch unangemessene Gewalt und dem Immer-Gewährenlassen eine reiche Palette von gemäßigten, aber notwendigen Nuancen gibt, wird dabei oft vernachlässigt. Politisch ist es aus Signalwirkungsgründen wichtig, den Eltern das Schlagen ihrer Kinder gesetzlich zu verbieten, aber ein kleiner Klaps auf den Po, der vom Kind nach einer Missetat voll und ganz akzeptiert wird, kann dennoch sehr sinnvoll sein, wenn er nur gelegentlich vorkommt, für Deutlichkeit sorgt und die Seele des Kindes nicht verletzt.

Erziehung ohne Strafe mißrät, genauso wie sie auch nicht ohne Autorität gelingt, wobei Autorität sich im Kind ereignet, also nicht durch Anmaßung der Erwachsenen entsteht, sondern durch freiwilliges Akzeptieren der Kompetenz des Erwachsenen auf dem Überzeugungsweg. Wer total auf jede Art von Strafe verzichtet, nährt im Kind den Eindruck, daß es so wenig wert ist, daß es nicht einmal strafwürdig ist. In den Kinderkolonien des ukrainischen Pädagogen A. S. Makarenko konnte man erst bestraft werden, wenn man schon länger Mitglied war, einen größeren Integrationsgrad erreicht hatte und die Spielregeln des Zusammenlebens im Kollektiv kannte; man mußte also per Beschluß der Vollversammlung als Mitglied der Kolonie anerkannt gewesen sein, um auch bestraft werden zu können. Vorher war man noch nicht reif dafür, und deshalb war so mach ein junger Mensch stolz darauf, mit der ersten Bestrafung auch die volle Wertschätzung der anderen zu erhalten.

Kinder fühlen sich manchmal schlecht und nichtsnutzig, wenn ihre Schandtaten trotz der Wahrnehmung durch die Umwelt nur ignoriert werden. Wohlgemerkt, ich plädiere damit keineswegs für juristische Strafen, sondern für angemessene pädagogische, die Probleme lösen, ohne neue zu schaffen. Das gelingt nur, wenn die Grenzerfahrungen, die gesellschaftlichen oder persönlichen Antworten auf ein verletzendes Tun des Kindes direkt mit der Tat in Verbindung stehen, was beim Schlagen oder Inhaftieren meist nicht der Fall ist. Strafen haben ja stets drei Funktionen; sie sollen ahnden, also für Wiedergutmachung sorgen, sie sollen abschrecken, damit man bestimmtes Handeln unterläßt bzw. nicht wiederholt, und sie sollen resozialisieren, also an den Normenkonsens des Umfeldes, in dem das Kind lebt, anbinden.

Erwachsene, die zum Nichtreagieren neigen und sich gleichzeitig als Opfer darstellen, vernachlässigen ihr eigenes Recht auf Persönlichkeitsentfaltung, auf das Ausleben ihrer Bedürfnisse im Rahmen des ihnen zustehenden Freiraums und erziehen ihre Kinder zu rücksichtslosen Egoisten, wenn sie nicht auf den Zufall vertrauen, daß das Kind das Respektieren von Grenzen durch andere, also beispielsweise von Gleichaltrigen oder über natürliche Strafen lernt.

Der gänzliche Verzicht auf jede Art von Strafe verschafft dem Kind ein schweres Leben mit Anpassungs- bzw. Integrationsproblemen. Was ist das für eine Liebe zum Kind, die ihm die Möglichkeit verwehrt, sich an Grenzen zu orientieren, die ihm erst Verhaltenssicherung geben? Man läßt Kinder aus der öffentlichen Erziehung in ihrem Elend allein und baut das Fundament für eine miese Zukunft, wenn sie auch nach dem 100. Autoaufbruch, Wettrennen mit der Polizei und Crash gegen Bäume, Zäune oder andere Autos mit dem Wissen um Straffreiheit lediglich zum Kinder- und Jugendnotdienst chauffiert und dort wieder laufen gelassen werden, so daß sie zwei Stunden später das 101. Auto knacken können? Sie erfahren dabei nicht einmal, daß sie irgend einem Bürger einen für ihn großen Schaden und eine Unzahl von folgenden Unannehmlichkeiten zugefügt haben, sie sollen aber ihr Alleingelassensein als Selbständigkeit, als stete Chance zum Neuanfang und als eine letztlich unrealistische Liebe zum Kind verstehen, die plötzlich ausbleibt, wenn sie strafmündig oder erwachsen sind. Sie können sich auf diese Weise überhaupt nicht an die sonst für normale Familien und Erwachsene geltenden Spielregeln gewöhnen, sie müssen eines Tages den Übergang ganz plötzlich schaffen, wenn sie nicht Opfer einer kriminellen Karriere werden wollen, und das fällt ja gerade ihnen mit ihrer unendlich trostlosen Biographie vielfach schwerer als aus geordneten Verhältnissen stammenden jungen Menschen. Aus Mangel an Grenzerfahrungen wurden sie Heimkinder, aus Mangel an Grenzerfahrungen Crash-Kids und aus Mangel an Grenzerfahrungen bleiben sie weiterhin hilflose Opfer einer Gesellschaft, die ihnen erlaubte Erfolge, akzeptierten gesellschaftlichen Aufstieg, also Geborgenheit, Orientierung, Integration und Selbstwertgefühl verwehrt, denn nicht einmal die Schulpflicht, der Schutz des eigenen Lebens und des Lebens anderer werden ihnen als sozialisationsfördernde Grenzerfahrungen zugestanden, offenbar auch deshalb nicht, damit ihre hilflosen Helfer ihre Macht über sie erhalten und ihre Funktion auch weiterhin rechtfertigen können. Immerhin war das Hamburger Crash-Kind René irgendwie froh, als es seinen 14. Geburtstag feierte; plötzlich war es strafmündig und mußte nicht mehr Autos knacken, weil ihm nun wenigstens eine Grenze sichtbar wurde.

Aber auch die freiwillig akzeptierte und für das eigene Leben für wichtig gehaltene Autorität einer geliebten Bezugsperson kann zur Grenze werden, wenn nämlich der junge Mensch befürchtet, sie wegen seines ständigen Fehlverhaltens zu verlieren. Kinder und Jugendliche verzichten auf so manche Missetat um eines Freundes willen, um ihn nicht zu enttäuschen, um sich seinen Erwartungen anzupassen. Erst danach lernen sie dann langsam, dessen Normen zu verstehen, teilweise – d.h. mit gewisser Modifikation durch allgemeinen Wertewandel – zu akzeptieren und in ihrem eigenen Verhalten wirksam werden zu lassen.

Der Reiz des Verbotenen

- *Jura und Pädagogik vertragen sich nicht gut.*
- *Das Kind muß gewagt werden, um lebenstüchtig zu werden.*
- *Im Wissen um Verbote probiert das Kind die Folgen von Grenzübertritten aus.*
- *Wer immer gleich deutlich auf Spielregelverletzungen reagiert, braucht später keine »Kanonenschläge« einzusetzen.*
- *Kinder, die schon früh keine oder unangemessene Reaktionen auf verbotenes Handeln erfahren haben, gewöhnen sich an ein unbändiges Leben.*

Als das 13-jährige Heim- und Crash-Kind Björn nach seinem 50. Autoaufbruch gefragt wurde, warum es das denn immer wieder täte, antwortete es schlichtweg: »Es ist der Reiz, etwas Verbotenes zu tun«. Schon kleinste Kinder probieren aus, was wohl geschieht, wenn sie erst ein bißchen und dann ein wenig mehr das machen, von dem sie wissen, daß es eigentlich verboten ist. Sie testen die Mutter, sie wollen wissen, was sie macht, ob sie weich oder hart reagiert; und sie freuen sich, wenn sie auf diese Weise etwas mehr an Aufmerksamkeit gewinnen, an Zuwendung bekommen als sonst.

Manchmal finden Kinder so wenig Beachtung, daß ihnen jede Art an elterlicher Reaktion lieber ist als gar keine. Besonders spannend ist es auch, etwas Verbotenes zu tun, und keiner merkt es, oder keiner bekommt heraus, wer es war. Klingelstreiche oder ein Apfel aus Nachbars Garten waren früher solche Reize; heute muß es schon gelegentlich etwas deftiger sein, also ein Warenhausdiebstahl, die telefonische Bestellung bei einem Pizza-Service für einen ungeliebten Lehrer oder gar ein geknacktes Auto und das Fahren mit ihm quer durch die Stadt, bis der Tank leer ist.

Wenn der folgende Schaden und der Ärger danach größer sind als vorher vermutet, wenn die Opfer tief betroffen sind oder eine vehemente

Strafe folgt, kehrt bei den meisten Kindern Reue ein oder der Vorsatz, nicht noch einmal in eine derart mißliche Lage zu geraten. Sie haben eine deutliche Grenze erlebt und wissen fortan, mit welcher Reaktion sie bei Wiederholung zu rechnen haben.

Vor allem aber haben sie erlebt, wie sie sich fühlen, wenn sie sehen, daß die Mutter weint, daß der Vater – was er vorher noch nie tat – ausrastet und daß der Geschädigte unsagbar traurig ist. Sie müssen es einfach selbst mitgemacht haben, Worte hätten ihnen diese Gefühlstiefe nach den Folgen der Normenverletzung nie vermitteln können; und darin liegt der entwicklungspsychologische Sinn der Grenzübertretung. Da Kinder sie immer erst sehr vorsichtig wagen, kann man auch mit einfachen Reaktionen unter dem Motto »Wehret den Anfängen« erreichen, daß es keine Wiederholung gibt.

Nur wenn die Reaktionen ausbleiben oder lächerlich im Vergleich zur Schwere des Delikts sind, muß das Kind nachhaken, nur dann wird es gezwungen, die Grenzen noch weiter und noch häufiger zu überschreiten, und irgendwann ist es so sehr an diese reaktionslose und reaktionsarme Freiheit gewöhnt, daß sich seine Unbändigkeit kaum noch oder nur noch mit der Explosionsmethode zähmen läßt.

Wenn kleinste Kinder also Verbotenes ausprobieren, genügt meist zärtliche Zurückweisung, wenn ältere Kinder Grenzen überschreiten, reichen gewöhnlich deutliche Verbote, bei Jugendlichen müßten eigentlich Begründungen genügen; da aber die meisten von ihnen an unangemessene oder gelegentlich keine Reaktionen gewöhnt sind, muß die üblicherweise sich langsam aufbauende Grenzerfahrung oft mit »Kanonenschlägen« nachgereicht werden.

Etwas ganz anderes ist der spielerische Umgang mit ganz kleinen Grenzübertritten, bei denen nur kurz ein Fuß in das Verbotene gesetzt wird, um jemanden zu necken, zu foppen oder zu uzen, um eine liebevolle oder ebenfalls tabuverletzende Antwort zu provozieren. Dieses Schäkern kennzeichnet zum Beispiel die Interaktion von sich liebenden Menschen oder von jemandem, der die Aufmerksamkeit eines anderen überhaupt erst gewinnen will. Heimlichkeiten und ein Hang »zum Irrsinn« machen das Leben prickelnder, sie bringen Würze in sonst graue Alltage, sie sorgen für Witz und Motivation und müssen insofern als lebenbereichernde Elemente immer auch bejaht werden. Gute Erzieher rechnen mit ihnen und nutzen sie, denn Jura und Pädagogik vertragen sich nur selten, wie wir von unglücklichen Folgen des Kletterns auf Bäume vor den Augen des Lehrers wissen. Kinder müssen gewagt werden, um lebenstüchtig zu werden; so lange alles gut geht, ist es eben in Ordnung, aber wehe wenn der spielerische Umgang mit den Reizen des

Verbotenen tragisch ausgeht, dann ist es für alle Beteiligten »dumm gelaufen«, wie Jugendliche neudeutsch zu sagen pflegen ...

Abenteuerlust

- *Abenteuer dienen der Entwicklung der kindlichen Kräfte, dem Erkennen ihrer Möglichkeiten und Grenzen und der Rückspiegelung ihrer Wirkung.*
- *Das stete Vermeiden der Risiken kleiner Abenteuer erhöht das große Unfallrisiko.*
- *Viele Mädchen müssen zu einem Mehr an Umwelterfahrung ermuntert werden, viele Jungen müssen eher gebremst werden.*
- *Letztlich kommt es auf die erzieherische Kanalisierung der Abenteuerlust an.*

Für viele Kinder ist es schon ein kleines Abenteuer, nachts mit einer Taschenlampe unter der Bettdecke ein Buch oder ein Comic zu lesen, weil die Eltern das nicht wissen dürfen.

Ansonsten versuchen sie, die Welt zu erobern, sich Hütten auf Bäumen zu bauen, ein Moor zu erkunden, Hintergärten fremder Leute durchzustöbern, in Dünen zu spielen und sich dabei in Bunkerresten aus dem Zweiten Weltkrieg zu verstecken, mit dem Mountain-Bike oder BMX-Rad schwieriges Terrain zu bewältigen, Höhlen zu graben oder Spannung bei Geländespielen aufzubauen. Dazu gehören auch elektrotechnische und chemische Experimente, Vogelbeobachtungen, Abenteuerspielplätze und selbst die Spielzeugeisenbahn. Wenn sie größer werden, kommt der Reiz der Clique, die rasch durch ein fingiertes Feindbild zur Straßenbande werden kann, hinzu. Auch das wöchentliche Bundesliga-Fußballmatch gewinnt spannungsreichen Charakter mit dem Reiz des Ungewissen der Ereignisse, wenn sich junge Menschen einem Fan-Club oder einer gewaltbereiten Hooligan-Gruppe anschließen.

Bei alledem begeben sie sich in die Rolle von Erwachsenen; Kinder spielen immer ernste Lebenssituationen nach, die sie aus Büchern, Filmen und Zeitungen kennen; sie versuchen, sich mit Helden oder Funktionen zu identifizieren, seien es nun Indianer, Bankräuber oder Rambo-

Typen, und sie rächen das Foul an einem geliebten Fußballstar am gegnerischen Hooligan mit körperlicher Gewalt. Die Skala ihrer Abenteuerlust reicht dabei von harmlosen Rollenspielen bis zu haßerfülltem und brutalem Vorgehen gegen Asylbewerber in Notunterkünften.

Das Prickeln »action«-reicher Mobilität hat dabei eine ähnliche Bedeutung wie das Tollen von Welpen; es dient dem Ausprobieren der eigenen Kräfte, wozu auch wie beim Bungee-Springen oder beim Erklimmen steiler Bergwände und großer Bäume das Ausloten der eigenen Ängste und der Fähigkeit des Umgangs mit ihnen gehört, und man will die Wirkung dieser Kräfte, Phantasien, Einfälle und Kreativitäten auf andere erfahren; Sieg und Niederlage, Erfolg und Mißerfolg werden ja als Reaktion so zurückgespiegelt, daß der junge Mensch eine ganze Menge über sich selbst erfährt; er sieht sich über die Rückwirkung seines Tuns von außen und vermag so für die Zukunft Selbstwertgefühl, Selbstvertrauen und Handlungssicherheit zu gewinnen.

Schon das Balancieren auf einem Zaun, das Hangeln an einem Ast, das Springen über einen Bach oder über ein Lagerfeuer ist in diesem Sinne Abenteuer, auch der Mut, von einem Drei-Meter-Sprungbrett ins Wasser zu springen; denn die meisten Kinder wundern sich hinterher, daß sie das geschafft haben, weil sie es sich nicht unbedingt zugetraut hatten.

Vieles, was Kinder in ihrer Abenteuerlust machen, ist höchst gefährlich und versetzt die Eltern in Angst und Schrecken, beispielsweise wenn Höhlen in Sandhügel gebaut werden, die ja einstürzen können. Sie müssen die Gesundheit und das Leben ihrer Kinder schützen und sich dabei auf eine Gratwanderung einlassen. Denn wenn das Kind sein Abenteuer gut übersteht, hat es etwas dazugelernt, was es wieder ein Stück lebenstüchtiger macht; nimmt es aber Schaden, wird es ängstlicher, und die Eltern machen sich schwere Vorwürfe. Verhindert man jedoch wegen der Gefahren nahezu jedes Abenteuer, nimmt das Kind auch Schaden, weil ihm viele Erlebnisse fehlen, die andere Kinder haben.

Das ständige Schützen der Kinder vor kleinen Gefahren erhöht das große Risiko später, weil das Kind sinnesschwächer, koordinationsschwächer und ängstlicher gerät und in der unvermuteten Ernstsituation aus Mangel an Erfahrung scheitert. Es kommt dann unter die Räder, fällt in den Fluß, stürzt vom Berg, weil es ihm an Vorformen angemessenen Reagierens mangelt. Kinder, die nie balanciert haben, nie am Reck oder Stufenbarren geturnt haben, nie mit dem Fahrrad gefahren sind und keine Erfahrungen mit rechtzeitigem Zurückweichen haben sammeln können, weil die Eltern stets Gefahren abwenden wollten, werden dann eher Opfer der ersten großen Gefahr, z. B. im Straßenverkehr.

Hier wirkt sich dann auch rollenspezifische Differenzierung im elterlichen Verhalten negativ aus: Wenn Mädchen sich nie schmutzig machen dürfen, nicht auf Baustämme klettern und an ihnen hangeln dürfen, wenn sie immer in der Nähe des Hauses bleiben müssen, Jungen aber reichliche Abenteuererfahrungen zugestanden werden, sind Mädchen letztendlich unfallgefährdeter als Jungen.

Abenteuerlust sollte also erzieherisch kanalisiert werden, um Risiken zu minimalisieren. Kinder, die ängstlich mutige Aktionen vermeiden, müssen ermuntert werden, andere sollten etwas zurückgenommen werden. Sportvereine, Pfadfinder, Fahrradfahrten abseits von Straßen, Klettergerüste, Bauspielplätze und Freizeitparks, aber auch manche Computerspiele, Ferienlager und Jugendfahrten tragen dazu bei, Abenteuer gleichzeitig entwicklungsfördernd und gefahrenmindernd werden zu lassen.

Feindbild- und Rangordnungsbedürfnisse

- *Feindbilder schaffen Wir-Bewußtsein und plötzlichen Lebenssinn.*
- *Hierarchien haben auch eine biologische Komponente.*
- *Gewalt gewinnt als Rangordnungskriterium im Sinne ausgleichender Gerechtigkeit in vielen Nischen eine hohe Akzeptanz.*
- *Geborgene und gebildete junge Menschen neigen weniger zur Rechtfertigung von Feindbildern.*

Vom Hühnerhof kennt man die Hack- und Pickordnung, andere Tiere haben eine Beißordnung. Rangordnungen haben also auch eine biologische Komponente, sie werden oft mit Gewalt erkämpft, um selektiv nur das Stärkste zur Vermehrung zu bringen. Menschliche soziale Gruppen neigen auch immer wieder dazu, wir kennen das aus den Hierarchien der Kirche, des Militärs und der Betriebsführung. Eine besondere Rolle spielen sie bei jungen Menschen, die noch auf der Suche nach ihrem Stellenwert, nach ihrer Wirkung auf andere sind. Kinder und Jugendliche wollen so gern tüchtig oder beliebt sein, und wenn sie bisher in der Familie, in der Schule und im Ansehen eher auf der Seite der Verlierer waren, dann suchen sie nach sozialen Nischen, in denen sie Hierarchieerfolge nachholen können. Funktioniert das mit dem Aussehen, mit Worten und in anerkannten Leistungsbereichen nicht so gut, dann müssen andere Kriterien wie Gewalt oder besonderer Erfolg gegenüber Feindbildern herhalten.

Gemeinsame Feindbilder schließen lockere Gruppen enger zusammen, sie schaffen Wir-Bewußtsein, Solidarität, aber auch familienersetzende Geborgenheit. Dabei ist dann häufig jedes Mittel recht, um nach oben zu kommen. In der aus den Fugen geratenen Welt ist überall so viel Gewalt sichtbar, daß sie über Medien, Politik und im Rahmen von Überlebensstrategien in einer benachteiligenden Nachbarschaft, also in sozialen Ghettos, eine immer größer werdende Akzeptanz gewinnt.

Haß, Gewalt und Feindbilder sind Rechtfertigungs-, Durchsetzungs-, Erfolgs- und Rangordnungsmittel geworden, die Anerkennung, Aufmerksamkeit und Selbstwertgefühl schaffen, und dabei gibt es dann auch keine moralischen Bedenken, wenn man einem S-Bahn-Zug über Nacht 100 Scheiben zerschlagen hat, wenn Autos aufgebrochen und an einen Baum gesetzt hat, gegenüber Menschen, denen man die Lederjacke, die teuren Sportschuhe oder das Portemonnaie »abgezogen« hat, gegenüber Polizisten, die krankenhausreif gesteinigt wurden, gegenüber Schwulen, die man »klatschen« will, und gegenüber Asylanten, deren Notunterkünfte man mit Molotow-Cocktails in Brand gesetzt hat; denn sie stehen für Werte einer Gesellschaft, von der sich die Täter im Stich gelassen fühlen. Schlechtes Gewissen stellt sich bei Skinheads, Hooligans und Jugendbanden nicht ein, wenn sie ihre am Boden liegenden Opfer durch Fußtritte ins Gesicht schwer verletzt haben, eher die Genugtuung einer aus ihrer Sicht »ausgleichenden« Gerechtigkeit.

Kinder sind von Natur aus nicht rassistisch; aber sie finden in einer pluralistischen Gesellschaft eine Fülle von Gruppen, die ihnen Argumente für Haß gegen Ausländer liefern. Da geht es dann um Wohnungsnot, Arbeitslosigkeit und Armut, um Verteilungskämpfe zwischen allen Gruppen, die unten stehen, um begehrte Mädchen, die von einem Ausländer mit Beschlag belegt werden, und um die Ablehnung anderer kultureller und religiöser Lebensformen, von denen man sich mit dem kleidenden Gefühl einer vermeintlichen Überlegenheit absetzen möchte.

Meist sind es eher dumme und relativ ungebildete Menschen, die in ihrem bisherigen Leben wenig Liebe gefunden haben, die zu übertriebenen Feindbild- und Rangordnungsbedürfnissen neigen. Sie nutzen jeden sich bietenden Gegner, um ihren Lebensfrust herauszulassen, sie brauchen die Polarisierung in Wir- und Die-Gruppen, um einen nachgereichten Lebenssinn zu bekommen.

Beruhigt es Eltern, wenn man ihnen sagt, daß Kinder, die ausreichend Zuwendung bekommen haben, die in der Schule viel über das Leiden der Juden in den KZs der Nationalsozialisten erfahren haben, die mit ausländischen Freunden gespielt haben und aufgewachsen sind, mit denen oft über die Funktion von diskriminierenden Vorurteilen gesprochen wurde und die auch über Soziales Lernen in der Schule gebildet sind, kaum Feindbild- und Rangordnungsbedürfnisse entwickeln? Sie wissen nämlich längst, daß nicht alle Roma, Serben und Slumbewohner schlechte Menschen sind.

Kind und Haß

- *Haß kann wesentlich stärker sein, als intelligente und mit viel Zuwendung und Erfolg aufwachsende Menschen sich vorstellen können.*
- *Haß wächst besonders bei Verteilungskämpfen zwischen gesellschaftlichen Verlierern, er richtet sich meist von irgendwo Untenstehenden gegen ebenfalls Untenstehende; Sozialneid ist sein Motor.*
- *Haßbereitschaft ist bei Kindern schwieriger aufzubauen als Vorurteilslosigkeit, ihm geht eine Kette von Enttäuschungen, Demütigungen und Verletzungen voraus.*
- *Liebe und Erfolg sind die besten Waffen neben Sozialem Lernen und politischer Bildung gegen Haß.*

»Erziehung zum Haß« stand ja in den Richtlinien und Lehrplänen der DDR-Schulen, und zwar nicht nur in bezug auf den leidigen »Wehrkundeunterricht«, mit dem schon Kinder »gegen den Klassenfeind« erzogen werden sollten. Wen wundert es da, wenn massenhaft 14- bis 18jährige gegen Asylbewerber in Hoyerswerda und Rostock vorgehen und gegen Polen in Frankfurt an der Oder und Görlitz? Solche Saat geht natürlich ganz anders auf als die einer Erziehung gegen Vorurteile und Diskriminierung in Westdeutschland. Aber auch in den alten Bundesländern wächst immer wieder reichlich Haß, weil allerorten in Familien und Schulen Erziehungsdefizite auszumachen sind.

So berichten im August 1992 die Zeitungen aus Koblenz: »Skinhead schießt aus Haß blindlings in Menschenmenge«, und im Text steht dann, der 23jährige habe »allgemeine Haßgefühle als Motiv für seine blindwütigen Schüsse« genannt.

Von den Ausschreitungen junger Menschen gegen Asylbewerber in Rostock berichtet der ZDF-Reporter Lutz Panhans: »Ich war im Baltikum, ich habe von der Golf-Krise berichtet und aus der Mainzer Straße in Berlin; aber so eine Form von Aggressivität, die quer durch die gesamte Bevölkerung geht – das habe ich noch nicht erlebt«.

Haß kann unvorstellbar tief sitzen und stark sein, er kann sich in Kulminationssituationen gegen die besten Freunde und gegen die eigenen Familienmitglieder richten. Haß hat aber vor allem eine derart lange Vorgeschichte an Enttäuschungen, Versagenserlebnissen, Demütigungen, Kränkungen und Liebesversagung, daß Umerziehung, wenn sie überhaupt je gelingt, ebenso lange Zeit braucht.

Wenn es um Verteilungskämpfe zwischen gesellschaftlichen Verlierern geht, dann richtet sich der Haß Untenstehender gegen ebenfalls Untenstehende: Arbeitslose kämpfen gegen Ausländer, Schulversager gegen Asylbewerber, Türken gegen Roma, Ostdeutsche gegen Osteuropäer, Heimkinder gegen Stricher, Drogenfreaks gegen Stadtstreicher, Hooligans gegen Alkoholiker und Männerwohnheiminsassen gegen Schwule. Wer selbst vom Leben bestraft ist, möchte dieses Unrecht so gern an andere Benachteiligte weiterreichen, z.B. auch bei den vielen Millionen Nachbarschaftsstreitereien pro Jahr. Wer ganz unten steht, sucht jemanden, der noch tiefer hängt, um selbst im besseren Licht stehen zu können; Sozialneid ist der Motor dafür.

Auch bei Kindern ist das schon so, wenn sie bereits soviel durchgemacht haben wie sonst erst vom Schicksal gebeutelte Erwachsene. Lehrer berichten immer wieder, daß im Ansehen niedrige Schüler besonders hart mit anderen unbeliebten Klassenkameraden umgehen, daß kurdische Kinder ceylonesische quälen und ihrerseits von türkischen drangsaliert werden, daß Jungen, die zu Hause einen schweren Stand haben, sich über Mädchen in der Außenseiterrolle erheben, daß fette Kinder über behinderte lachen usw.

Offenbar führt das eigene Leiden nicht dazu, vermehrtes Verständnis für das Leiden anderer Kinder aufzubringen. Der Hobel des Lebens hat an den Verlierern so massiv angesetzt, daß sie hart geworden sind, daß das verächtliche Handeln gegenüber anderen Gebeutelten unter dem Motto »Warum sollen die es besser haben als ich« geschieht. Sadismus gegenüber anderen wird auf diese Weise zum Masochismus, Mitleid ist ausgeklammert, aber auch Selbstmitleid ist durch selbstbefriedigende Brutalität ersetzt.

Es gehört eine ganze Menge an biographischer Tragik dazu, um zu Haß fähig zu werden; jedenfalls ist haßverhindernde Erziehung leichter als haßfördernde.

Minderheiten müssen von Kindern erlebt werden, damit sie in vielen Eigenschaften geschätzt werden; wer mit einigen Vertretern von Minderheiten gute Erfahrungen gemacht hat, ist schon ein gutes Stück vor

Vorurteilen gegen alle Vertreter dieser Minderheiten gefeit. Wer das historische und zeitgeschichtliche Schicksal von Randgruppen durch intensive politische, religiöse und geographische Aufklärung kennt, wer um das grausame Schicksal von diskriminierten Gruppen unter totalitären Regimen weiß, ist für Haß gegen sie nicht so anfällig.

Die jungen Menschen der neuen Bundesländer tragen als Erblast aus der DDR ein Defizit an politischer Bildung und damit Mündigkeit sowie durch ideologische Einflüsse ein unstimmiges Weltbild mit sich herum, das nicht in nur wenigen Jahren zu korrigieren ist. Sie erleben in den Medien eine Fülle von negativen Bewertungen über sich, sie reagieren deshalb auf Ossi-Wessi-Feindbilder mit abwehrendem Haß, der aus ihrer tiefen Verbitterung über die zufällige historische Benachteiligung der im Osten wohnenden Deutschen, über West-Ost-Gefälle und über miserable berufliche Perspektiven gespeist wird. Sie fühlen sich als Menschen zweiter Klasse, die mit Menschen »dritter Klasse« wie Vietnamesen, Rumänen, Afrikanern, Bosniern und Roma die dürftigen Kapital-, Wohn- und Arbeitsweltperspektiven teilen müssen. Sie fühlen sich nicht mit den anderen Underdogs als solidarisch in einem Boot sitzend, sondern als von schuldigen Ausländern ihrer Lebensqualität beraubte Opfer.

Da hilft es wenig, wenn man ihnen sagt, daß sich in der Zukunft die Altersstruktur in Deutschland so ändert, daß viel zu wenig Arbeitsfähige eine Unmasse von Rentnern und Pensionären nicht mehr ernähren können, wenn sie nicht von einer riesigen Zahl von ausländischen Arbeitnehmern unterstützt werden.

Erziehung zu Toleranz, Differenzierungsfähigkeit, Sozialkompetenz und politischer Mündigkeit gelingt nur, wenn sie ganz früh beginnt, intensiv gegen Vorurteile Argumente setzt, und über Fremdes, Anderes und Nicht-Übliches objektiv informiert.

Liebe ist dabei der beste Impfstoff gegen Haß. Wer sich geliebt fühlt, entwickelt Selbstvertrauen, hat damit Erfolge und gewinnt Anerkennung. Er freut sich dann auch auf die Lebensbereicherung durch andere Kulturen, denn Fremdes kann Angst, aber bei großer Selbst- und Verhaltenssicherheit auch neugierig machen. Haß ist nicht angeboren, er wächst erst langsam aus großer und langanhaltender Bedrängnis und Verletzung heraus. Je jünger Kinder sind, desto weniger Haßfähigkeit bringen sie auf. Häufig braucht es Jahre starken negativen Einflusses durch Eltern und Gleichaltrige, um Haß im jungen Menschen zu entwickeln. Immer wieder muß die Schuld ein und denselben Verursachern zugewiesen werden, die sich ihrerseits schließlich auch so verhalten, daß sie Anlässe zu Ablehnung bieten. Mit diesem Mechanismus produziert

Haß dann auch Gegenhaß, der allerdings auch wieder eher bei schlichten Menschen entsteht als bei differenziert denkenden. Natürlich können einzelne schwere Schicksalsschläge zur Anreicherung von Haß beitragen, so wenn man dreimal von einer bestimmten Minderheit bestohlen, niedergeschlagen oder vergewaltigt worden ist oder wenn ein Verwandter durch den Vertreter einer Randgruppe zu Tode gekommen ist. Meist liegen aber Vorurteile ohne eigene konkrete Erfahrungen vor, aus Unfähigkeit, sie zu entlarven, aus Mangel an Bildung und Intelligenz, aus Bereitschaft, sich verführen zu lassen, letztlich aber immer aus Gründen fehlender erzieherischer Zuwendung.

Sprache als Kleidung und Bekleidung als non-verbales Sprachverhalten

- *Sprachverhalten ist nicht nur historisch und erzieherisch gewachsen, es steht auch für ein ideologisches oder subkulturelles Programm.*
- *Jugendsprache hat eine abschirmende Funktion für Insider, die ihnen Identität, Orientierung und Konkurrenzvorteile verschafft.*
- *Je geringer die Sprachkompetenz ist, desto größer sind die Bemühungen um kompensatorischen Ausgleich über Körpersprache, wozu auch die Bekleidung gehört.*
- *Kinder können durch asketische Bekleidungsideale der Eltern zu Außenseitern werden.*

Sprache ist nicht nur über ewige Zeiten gewachsenes Kommunikationsmittel, sie ist auch stets Ausdruck bestimmter weltanschaulicher Positionen. Sie erlaubt die Identifikation mit Ideologien und mit subkulturellen Nischen. Manchmal ist sie auch Programm, zum Beispiel ein emanzipatorisches: Ursprünglich redete man nur von Schülern und Lehrern, weil beide sowieso nur männlichen Geschlechts waren. Als es dann auch Mädchen und weibliche Lehrkräfte in den Schulen gab, wurden Schüler und Lehrer Funktions- bzw. Rollenbegriffe, die beide Geschlechter umfaßten. Weil darin eine Benachteiligung von Frauen gesehen wurde, sprach man fortan umständlich von Schülern und Schülerinnen oder von Lehrerinnen und Lehrern. Um das zu vereinfachen, erfand man dann nicht dudengemäße Konstruktionen wie SchülerInnen oder gar LehrerInnen, die zwar schreib-, aber nicht sprechbar waren. Neuerdings will man nun die jahrhundertelange Benachteiligung eines Geschlechts durch Umkehr des Unrechts ausgleichen, indem man nur noch von Schülerinnen oder Lehrerinnen spricht, womit dann auch jeweils die männlichen Vertreter gemeint sind.

Auf Druck der nordrhein-westfälischen Frauenbeauftragten erscheinen jetzt in amtlichen Verlautbarungen wie den Prüfungsordnungen für Hochschulen nur noch Frauen; in einer Fußnote steht jeweils: »Alle Funktionsbezeichnungen werden in der weiblichen Form geführt«. Na großartig, als wenn nicht jeder wüßte, daß es an Schulen auch weibliche Wesen gibt; Sprache ist ja immerhin nicht so ohne weiteres aus ihrer historischen Einbindung gewaltsam zu lösen. Aber Männer sind offenbar noch bereit, ihre sprachliche Zurücksetzung als Buße für eine lange männliche Vorherrschaft hinzunehmen.

Sprache verrät aber auch landsmannschaftliche, regionale, altersstufenspezifische und schichtenmäßige Herkunft. »Restringierter« und »elaborierter Sprachcode«, Dialekte, Wortwahl und die Art des Satzbaus verraten eine Menge, und auch der stete sprachbildende Einfluß des Tagesschau-Deutsches vermag das nicht zu nivellieren. So steigt beispielsweise der Wortimport aus der amerikanischen Zivilisation; die jeweiligen Begriffe sind dann lange nur Insidern der Szene vertraut, oder sie werden von der Werbung akzeptiert, die auf ihre Weise auf die Sprachentwicklung Einfluß nimmt; »boom«, »checken«, »charts«, »choc«, »coke«, »shirt«, »dressing«, »winner« sind solche Wörter, die mittlerweile viele junge Leute in ihren aktiven Wortschatz übernommen haben.

Manche Wörter der jugendkulturellen Szenerie werden in ihrer verschlüsselten Funktion bewahrt, damit man seinesgleichen an diesen »Codes« erkennt, damit andere Menschen bei der nur für Insider gedachten Kommunikation ausgeschlossen bleiben. Rapper, Moto-Crosser, Sprayer, Skateboardfahrer und Joy-Rider haben jeweils Termini, die nur ihresgleichen versteht und verstehen soll. Damit schafft Sprache Identifikation, Verhaltenssicherheit und auch Wir-Bewußtsein gebende Geborgenheit, so wie die Tags der S-Bahn-Surfer oder die Pinkelmarkierungen der Hunde. Wer diese Fachausdrückee beherrscht, wird leichter anerkannt, er erweckt sofort den Eindruck, sich in der Szene auszukennen; gleichzeitig werden auf diese Weise unerwünschte Rivalen aus dem Feld geschlagen.

Wenn Erwachsene in einer derartigen Szene mitmischen wollen, weil sie Hilfe anzubieten oder Informationen zu erhalten gedenken, genügt es nicht, sich eine Lederjacke oder Turnschuhe anzuziehen; sie müssen auch einen großen Teil der dort üblichen Sprachfloskeln beherrschen, um nicht auf Dauer als »out«, weltfremd oder verdächtig zu erscheinen. Ihr krampfhaftes Bemühen im Umgang mit jugendspezifischer Sprache läßt sie aber auch schnell zu tragischen, weil unglaubwürdigen Figuren geraten, die mit Gewalt jung bleiben oder sich bei der Jugend anbiedern wollen.

Jugendsprache paßt eben nicht zu jeder Altersstufe; jede Altersstufe sollte aber die zu ihr und zur jeweiligen Persönlichkeit passende Sprache wählen, denn erstens sprechen auch die meisten jetzigen Jugendlichen in 20 Jahren völlig anders, und zweitens haben Erwachsene allgemein die wichtige Aufgabe, nicht die Sprachentwicklung junger Menschen hemmend, sondern fördernd zu beeinflussen; sie müssen sich als Orientierungs- bzw. Zielpunkte eines hochentwickelten Sprachverhaltens anbieten, mit dem junge Menschen dann späterhin auch in gymnasialen Oberstufen, an Hochschulen und im Berufsleben bestehen können.

So wie Sprache den Menschen kleidet, spricht aber auch die Bekleidung, für die man sich entscheidet, eine Menge aus. Kleidung sagt dem Gegenüber etwas anstelle von Worten. Ein Anzug mit weißem Oberhemd und Krawatte sagt etwas anderes aus als die Fan-Maskierung eines HSV-Hooligans; eine Frau im langen Abendkleid vermittelt ihrer Umwelt nicht den Eindruck, den eine Frau mit Jeans und Rollkragenpulli macht. Der Mensch tut seine Stimmungen und Empfindungen sowie seine Ästhetik nicht nur mit der Sprache kund, sondern auch non-verbal mit Mimik, Gestik, Körperhaltung und Bekleidung.

Je geringer die Sprachkompetenz ist, desto mehr muß das Äußere des Menschen zum Ausdrücken beitragen. Sprachschwache Menschen neigen daher zum verstärkten Einsatz von Körpersprache, besonders gilt das für Kinder. Was sie nicht mit Worten ausdrücken können, versuchen sie mit Blicken, Bewegungen und pantomimischer Akrobatik auszugleichen; deshalb wirken sie auf viele Erwachsene, die gelernt haben, alle Entäußerungswünsche körperlos und diszipliniert in Worte zu packen, niedlich. Und Erwachsene, die nicht viel im Kopf haben und die von geringer Sprachkompetenz sind, legen häufig besonders viel Wert auf diese Schwächen »ausgleichende« teure Klamotten und kleidende Autos.

Für ältere Kinder und Jugendliche ist Kleidung sehr wichtig, weil sie gelernt haben, daß nicht nur ihr Aussehen, sondern auch ihr Ansehen davon abhängt. Sie werden von Gleichaltrigen insbesondere bei Erstbegegnungen nach dem, was sie anhaben, eingeschätzt, beurteilt und in eine bestimmte Schublade gelegt. Für sie gilt in besonderer Weise, daß »Kleider Leute machen«. Erst wenn man sich länger kennt, tritt die große Bedeutung der äußeren Signale etwas gegen die inneren Werte zurück.

Eltern müssen jedenfalls gegensteuern, wenn junge Menschen die Funktion von Klamotten überbewerten. Sie müssen ihnen deutlich machen, daß es letztlich auf etwas anderes im Leben ankommt, als Werbestrategien, Konsumzwängen und Anpassungserwartungen nachzugeben, daß aber beim Einstieg in neue Situationen, z.B. bei Bewerbungsgesprächen und beim ersten Besuch der Eltern der neuen Freundin die Art der Bekleidung schon wichtig ist.

Eltern dürfen jedoch auch nicht ins andere Extrem fallen: Kinder, die nie etwas Neues, etwas Modernes, etwas, in dem sie sich wohlfühlen, zum Anziehen bekommen, die immer nur aus wirtschaftlicher Not oder aus elterlichen Askeseidealen heraus Altes von den Eltern und Geschwistern auftragen müssen oder die stets nur mit dem Billigsten aus Sonderangeboten ausstaffiert werden, sind zu bedauern; sie werden von ihren Eltern möglicherweise ganz unnötig in Außenseiterrollen und zu spektakulären kompensatorischen, also zu ersatzbefriedigende Aufmerksamkeit erheischenden Aktionen gezwungen.

Bildschirmerfahrungen

- *Junge Menschen reagieren nicht in gleicher Weise auf Fernsehen, Video und Computer, und zwar weder was die zeitliche Intensität noch den Dosierungsgrad an Gewalt anbelangt.*
- *Kleinere und nicht so intelligente Kinder, die ohne Distanz in den Filmen leben, sind eher gefährdet als reifere und zur Abstraktion fähige Kinder, die immer wissen, daß alles nur ein Film ist.*
- *Informationen über wirklich stattfindende Gewalt wie auf dem Balkan richten mehr gewaltfördernden Schaden an als Spielfilme.*
- *Bildschirmerlebnisse müssen je nach Reife dosiert und in verarbeitende Gespräche eingebettet werden.*
- *Fernsehentzug führt meist zu gesteigertem Nachholbedarf.*

Die Zeitungen stehen immer wieder voll von Meldungen über Fernseh-, Video- und Computerauswirkungen auf Kinder. Dabei wird in Abständen Gegensätzliches berichtet; mal schaden intensive Bildschirmerfahrungen, mal fördern sie das Kind. Viele Kinder lernen durch das Fernsehen jedenfalls mehr als in der Schule, das gilt besonders für intelligente; andere lernen weniger, weil sie beim Zuschauen nur einen Bruchteil der Informationen wahrnehmen und verstehen; das ist vor allem bei nicht so intelligenten Kindern der Fall.

- Die Universität Dortmund hat festgestellt, daß das breitere Angebot von Kabelfernsehen mit über 20 Programmen bei Kindern zu einem bis zu 70 % längeren Fernsehen führt; und je mehr Bücher junge Menschen lesen, desto weniger sitzen sie vor dem Bildschirm. Im Schnitt lockt das Kabelprogramm Kinder täglich 87 Minuten, das Antennenprogramm dagegen nur 52 Minuten.

- Eine schwedische Studie kommt zu dem Schluß, daß mehr als 2 Stunden Fernsehen pro Tag Kinder aggressiv mache und daß 6jährige, die täglich mehr als zweieinhalb Stunden vor der Glotze sitzen, im Alter von 12 Jahren als besonders unkonzentriert auffallen. Die naheliegende Schlußfolgerung ist jedoch falsch, denn nicht das Fernsehen macht aggressiv und unkonzentriert, sondern aggressive und unkonzentrierte junge Menschen brauchen das Fernsehen eher als andere zur Beruhigung und Entspannung.
- Deshalb formulierte der amerikanische Kinderpsychologe Bruno Bettelheim auch die These »Kinder brauchen Fernsehen«. Da ihr Alltag und ihre Welt weitgehend von Erwachsenen beherrscht sind, können sie ihr Bedürfnis nach partiellem Leben in einer eigenen Welt, ihre Tagträume und ihre Sehnsucht nach gelegentlicher Flucht am besten vor dem Bildschirm ausleben, so z. B. wenn Tierfilme oder Spielfilme aus der Kinderwelt laufen.
- Grundschüler sehen allerdings mehrheitlich zum Entsetzen ihrer Eltern gar nicht so gern Tierfilme und Kinderprogramme; sie bevorzugen Action, Sex und Crime. Das ist kein Pappenstiel, denn täglich werden allein auf deutschen Bildschirmen 70 Menschen ermordet und wöchentlich werden 2 745 Gewaltakte und bis zu 4 000 Leichen gezeigt, ganz zu schweigen von grausamen Szenen wie aus dem Bürgerkrieg auf dem Balkan in den Nachrichtensendungen, über die Kinder sehen, wie andere Kinder schwerverletzt nach Granatenangriffen auf der Straße liegen.
- Nach einer Augsburger Untersuchung hocken 20 % der Grundschüler 40 Stunden und mehr pro Woche vor dem Fernseher, also weitaus länger als in der Schule. Fast die Hälfte davon sieht schon vor dem Frühstück fern, und jeder Dritte 9- bis 10jährige hat bereits einen eigenen Fernsehapparat auf seinem Zimmer. 36 % aller Kinder geben an, Filme allein anzuschauen. Eine Folge ist, daß viele Eltern gar nicht mehr wissen und kontrollieren können, was die Kinder wann und wie lange sehen; eine andere ist, daß jeder 10. Junge zwischen sechs und zehn Jahren überhaupt nichts mehr liest. Das Buch entwickelt sich auf diese Weise immer mehr zum Medium für schrumpfende Minderheiten.

Selbst bei Mord und Totschlag im Spätprogramm ist noch jeder sechste Erst- und Zweitkläßler dabei; bei türkischen Kindern beispielsweise ist es aber jeder zweite. In manchen Trabantenstädten und sozial schwachen Stadtteilen sitzen Vor- und Grundschüler bis zu neun

Stunden täglich vorm Bildschirm, was zur Überforderung des Seh- und Hörsinnes, aber zur Unterentwicklung der übrigen Sinne – insbesondere des Hautsinns – und des Bewegungsapparates des kindlichen Körpers führt.

- Die meisten Kinder wollen als Fernseh- und Videokonsumenten wie Erwachsene behandelt werden; sie wollen schon früh die Welt der Erwachsenen verstehen, um sie früh nachleben zu können. Vor dem Bildschirm sind sie »Kind-Erwachsene«. 30 % von ihnen sehen deshalb bei jeder sich bietenden Gelegenheit auch die Pornos im Spätprogramm. Jugendschutz und »Freiwillige Selbstkontrolle« der Sendeanstalten sind nur noch eine Farce, weil die Eltern bei der erforderlichen Kontrolle nicht mitspielen. So hat schon jeder vierte Drittkläßler in Städten indizierte oder beschlagnahmte Videofilme konsumiert, oft sogar von den Eltern animiert.

- 48 % aller Sendungen zeigen zumindest einmal aggressives Verhalten, das je nach Befinden, Entwicklungsstand und Intelligenz des Kindes entweder zum Nachahmen im Sinne des Modellernens verleitet oder aber auch zum Abreagieren eigener aufgestauter Aggressionen per Zugucken sowie zur Entspannung bis zum Einschlafen führt. Man darf jedoch nicht nur die Zahl aller aggressiven Fernsehakte pro Woche zu einem 25 Stunden langen Non-Stop-Horrorclip addieren, denn auch die Qualität von gezeigter Gewalt ist grausamer geworden. Während früher Indianer ohne Blut in Schönheit starben, wird heute mit der Liebe zum Detail sadistisch gequält und mit viel Blut in Zeitlupe geköpft.

- Die Wirkung von TV-Konsum, Videos und Computerbildschirm ist bei Kindern höchst unterschiedlich. Es gibt alle denkbaren Reaktionen und keineswegs nur schlechte, wie die »Hamburgische Anstalt für neue Medien« festgestellt hat. Der Faktor Bildschirmerfahrung wirkt sich nur in Kombination mit anderen Lebensumständen des Kindes positiv, neutral oder negativ aus. Dabei ist entscheidend, ob Kinder geliebt oder abgelehnt werden, ob die Eltern viel oder wenig mit ihnen sprechen, ob sie gemeinsam mit ihnen fernsehen oder nicht, ob nach dem Fernsehfilm mit den Kindern über das Geschehene verarbeitend gesprochen wird oder nicht, ob die Kinder von Gleichaltrigen anerkannt werden oder nicht, ob sie in der Schule Erfolge haben oder durchweg versagen, ob sie krank oder gesund sind, ob die Eltern sich gut verstehen, sich ständig streiten oder geschieden sind usw.

- Wenn ein Kind mit mehreren Geschwistern, einem arbeitslosen Vater und einer nervenkranken Mutter in einem Asylbewerberheim ohne Schulbesuch und mit viel erlebtem Haß des weiteren Umfeldes gegen sich aufwächst, ist es kein Wunder, daß es beim Switchen durch die Kanäle immer bei Karate-, Söldner-, Ninja- und Kriegsfilmen hängenbleibt, denn es will lernen, sich allein durchs Leben zu boxen. Märchenfilme oder Liebesromanzen passen nicht zu seiner harten Welt, deshalb werden Eltern und Pädagogen dieses Kind auch kaum auf »pädagogisch wertvollere« Sendungen erzieherisch umprogrammieren können.

- Da jedes Kind anderes hinter sich hat, hat es auch eine andere Angstschwelle; sie ist eben hoch oder niedrig, und wenn ein Film darunter bleibt, müssen Eltern auch nicht unbedingt ob des Konsums gerade dieses Filmes besorgt sein. Andererseits geben 26,8 % aller Kinder zu, schon vor Angst, Ekel und Entsetzen während eines Filmes aus dem Zimmer gerannt zu sein, und 21,5 % wachen nach schrecklichen Filmen nachts mit Schreien und Weinen auf.

- Grusel- und Horrorfilme werden übrigens häufiger in sozial schwachen Familien gesehen, was aber keineswegs bedeutet, daß diese Kinder so etwas auch besser verkraften. Denn entscheidend für die Fähigkeit, das Gesehene zu verarbeiten, ist das vorhandene oder fehlende Bewußtsein, daß es sich lediglich um einen Film, nicht aber um Realität handelt. Kinder, die beim Zuschauen vergessen, daß alles nur ein Film ist, die also im Film ohne Distanz mitleben, sind wesentlich gefährdeter durch Ängste und Imitationslernen als intelligente Kinder, die um den großen Unterschied zwischen Film und Realität wissen. Wenn in der Tagesschau von wirklich vorkommender Gewalt z.B. aus Sarajewo berichtet wird, sind differenzierende reifere Kinder viel stärker betroffen und eher zum Nachleben bereit als nach Filmen.

- Eltern müssen mit ihren Kindern die Bildschirmerfahrungen verarbeiten, sie sollten für eine sinnvolle zeitliche Dosierung von Fernsehen, Video- und Computerspielen sorgen und auch auf die Auswahl der Sendungen, Filme und Disketten achten, wenn sie ihre Kinder verantwortungsvoll zum Umgang mit Medien erziehen und deren Einflüsse nicht unkontrolliert auf die Kinder einwirken lassen wollen. Da sie diese Verantwortung aber leider nur selten wahrnehmen, können die Lehrer an vielen Vor-, Grund- und Sonderschulen montags gar keinen richtigen Unterricht mehr machen, denn die Kinder kommen durch die Wochenend-Bildschirmerlebnisse in einem derart katastrophalen Zustand in die Schule, daß erst einmal durch Gesprächskreise, Bewegungs- und Rollenspiele, durch Zeichnen, Erzählen und Aufschreiben, aber auch durch Sport das Unverdaute aufgearbeitet und abgeleitet werden muß.

- Die Video-Industrie verweist allerdings gern auf die »Katharsis-These«, die besagt, daß Gewalt auf Bildschirmen geeignet sei, Kinder von ihren eigenen aggressiven Emotionen zu befreien. Das mag auch wirklich bei vielen älteren, intelligenteren und zur Abstraktion fähigen jungen Menschen so sein; andere glauben aber vielmehr, daß das Gesehene Wahrheit ist und daß der Mensch allein durch Mord, Totschlag oder Unfall stirbt, wie eine schwedische Studie belegt. Häufig gesehene Gewalt führt zu einer emotionalen Abstumpfung und zum Verlust an Fähigkeit zum Mitleiden, deshalb ertragen manche Kids Horror-Szenen auf dem Fernsehschirm leichter als Erwachsene, die sich so etwas noch nicht so häufig »reingezogen« haben.
- Resümee aus allem ist also, daß Eltern die Auswahl des Gesehenen und Gespielten mitbestimmen, überwachen und dosieren müssen, daß sie Bildschirmerfahrungen durch Mitsehen begleiten sollten und daß sie die Filmerlebnisse und Informationen des Fernsehens in erläuternde und nachbereitende Gespräche einzubetten haben, wenn sie gute Eltern sind.

Ganz falsch ist jedenfalls, wenn Eltern ins totale Gegenteil des Üblichen fallen und den Kindern jedes Fernsehen, Videogucken und Computerspielen verbieten bzw. unmöglich machen. Junge Menschen, die in fernsehlosen Haushalten ohne Computer aufwachsen, fühlen sich nämlich fast nie in einer besseren pädagogischen Atmosphäre, sondern schlichtweg benachteiligt im Vergleich zu ihren Altersgenossen. Sie nutzen meist jede sich bietende Chance bei Freunden oder anderen Menschen, um exzessiv und dann vollständig unkontrolliert ihr Nachholbedürfnis zu befriedigen. Der vorherige Entzug erzieht sie häufig zu Fernseh-, Video- und Computersüchtigen bei der erstbesten Gelegenheit. Keine oder geringe Bildschirmerfahrungen impfen eben nicht gegen späteren Befall; immerhin haben sie aber dafür gesorgt, daß solche Kinder andere wichtige Erfahrungen mit Kommunikation zwischen Menschen, mit Büchern, Spielen im Freien, Sport und Basteln sammeln konnten, die ihnen ein Leben lang zugute kommen, selbst dann, wenn eine intensive Fernsehnachholphase folgt, die dann ja auch nicht mehr zu Verführungen führt und nicht unbedingt mehr zu seelischen Schäden beiträgt.

Die angemessene Schullaufbahnentscheidung

- *Schule, Lehrerverhalten und eine unzeitgemäße Lehrerbildung machen viele Schüler krank.*
- *Immer mehr Eltern wollen mit allen Überforderungsfolgen ihre Kinder in Richtung Abitur treiben. Inzwischen erlangt fast jeder 3. junge Deutsche die Hochschul- oder Fachhochschulreife (Bayern 17,7 %, Saarland 17 %, Hessen 26,4 %, Bremen 26,8 %, Hamburg 33,6 %).*
- *Die Qualifikation des Schulabschlusses wird wichtiger als das inhaltliche Bildungsprogramm der jeweiligen Schulform.*
- *Ideologische Schulgestaltungsprinzipien von oben und unten belassen Schulformen unzeitgemäß.*
- *Der Zustand der deutschen Schulen symbolisiert die »Krise der Pädagogik«.*

Schon vor 10 Jahren hat der Deutsche Kinderschutzbund Alarm geschlagen. Die Hälfte aller schulpflichtigen Kinder sei durch »Angst vor der Schule belastet«, die »Intellektualisierung des Unterrichts« schon in der ersten Klasse und seine »Verwissenschaftlichung« überforderten den kindlichen Zugang zur Welt und hätten die Schule zu einer »bürokratischen« und »totalen« Institution geraten lassen. Ausleseprozesse werden trotz der Gesamtschule deshalb immer brutaler, weil immer mehr Schüler von ihren Eltern in Richtung Abitur gedrängt werden, so daß immer mehr Schüler wegen der elterlichen Erwartungen und der unzeitgemäß gebliebenen Schule mit unzureichender, weil sozialpädagogisch defizitärer Lehrerbildung krank oder psychosomatisch gestört seien. Vor allem kreative und nicht zur bedingungslosen Anpassung neigende Schüler seien permanent überfordert, weil mittelalterliches Lehrerverhalten ihren Willen zu brechen trachte.

Unzeitgemäßes Lehrerverhalten und eine ideologisch von oben nach unten, aber nicht nach den Bedürfnissen der Kinder, jedoch auch nicht nach den Bedürfnissen der Gesellschaft gestaltete Schule machen eine tiefe erzieherische Krise deutlich.

Man spricht von der »Krise der Pädagogik«, weil sie für so vieles wie die »Spirale der Gewalt«, Verhaltensstörungen, Nachhilfe, Sucht und Integrationsprobleme keine einfachen Antworten hat. Man beklagt aber auch, daß die Schule nicht mehr zeitgemäß sei, weil es den sie gestaltenden Parteien an bildungspolitischen Experten und an pädagogischer Kompetenz in bezug auf Wahrnehmen und Verstehen von jungen Menschen in gewandelten Familien- und Gesellschaftsstrukturen mangelt.

Heutige Schüler bringen mehr Probleme denn je mit in den Unterricht, und die Schule baut Nischen für sie: Sonderschulen, Hauptschulen, schulpsychologische Dienste, Präventionsmaßnahmen, Integrationsklassen, integrative Regelklassen, »Volle Halbtagsschulen«, Ganztagsschulen, Stadtteilschulen, Migrantenklassen und Beratungszentren mit Sozialpädagogen, Schulpsychologen und Sonderpädagogen, damit Schule im Kern so bleiben kann, wie sie ist.

Die tragende Säule des Schulsystems der 16 deutschen Länder ist das Gymnasium als wissensvermittelnde, wissenschaftsorientierte Einrichtung mit Fachlehrer- und Kurssystem, mit Stundengeberei im 45-Minuten-Takt, mit Notengeben und einem Abschluß- und Berechtigungswesen sowie mit Sitzenbleibern und Rückläufern. Ins Gymnasium wechseln mittlerweile 40 % eines Schülerjahrgangs, ein noch größerer Prozentsatz akzeptiert es so, wie es ist; seine Leistungsfähigkeit ist im internationalen Vergleich anerkannt, und keine große Partei kann es ohne deutliche Einbußen bei den nächsten Wahlen in Frage stellen. Aber es setzt auch weitgehend perfekt erzogene Kinder aus intakten Verhältnissen voraus und versteht sich somit keineswegs als gesellschaftlicher Reparaturbetrieb.

Und dennoch wird der Schule insgesamt ein stetig größer werdender Erziehungsauftrag zugespielt, und zwar in ihren Randbereichen außerhalb des Gymnasiums. Problemfälle sammeln sich nicht nur in den Haupt-, Real- und Sonderschulen, sondern auch in dem immer bedeutender werdenden Feld der Privatschulen, ganz besonders aber in den Gesamtschulen, die in manchen Regionen wie z. B. in Hamburg, Bremen und Berlin schon fast 30 % der Schüler versorgen. Die Gesamtschule ist auf dem Weg zu einer neuen Volksschule, die auch zum Abitur führt, die vor allem aber wegen ihrer weit über den Unterricht hinausgehenden pädagogischen Kompetenz gewählt wird; und insofern hat sie längst mit ihren sozialen und praktischen Lernformen sowie ihren offenen, projektbezogenen und integrierenden Methoden die Rolle eines erzieherischen Reparatur- und Qualifizierungsbetriebes übernommen. So wird das deutsche Schulsystem auch ohne die Gestaltungsabsichten der Bildungspolitiker allein aufgrund des Elternwillens bei der Schullaufbahnentscheidung in eine Zweigliedrigkeit mit eher wissenschaftsorientierenden Gymnasien und eher pädagogische Defizite ausgleichenden Gesamtschulen einmünden, pluralistisch angereichert durch zahlreiche schulische Alternativen in der »Feldmark« ringsherum, weil kein Bildungspolitiker den Mut hat, irgendeine Wählergruppe zu vergraulen. So gibt es schon jetzt in Hamburg neben Gymnasium und Gesamtschulen auch noch Orientierungsstufen, Hauptschulen, Realschulen, Integrierte Haupt- und Realschulen, katholische und evangelische Schulen, Waldorfschulen und vieles andere mehr, in anderen Bundesländern D-Zug-Klassen zum Abitur nach Klasse 12 sowie Sekundar-, Mittel- und Regelschulen. Der momentane Schulpluralismus bewegt sich an der Grenze der Grundgesetzwidrigkeit, weil er das Gebot der Einheitlichkeit der Lebensverhältnisse verletzt, in Wirklichkeit aber die Gestaltungsohnmacht der Bildungspolitiker – bis hin zu einem Konzept »Schulautonomie« in Hamburg – dokumentiert.

Wann immer etwas zum Wohle der Kinder oder zur erzieherischen Stärkung von Familien und Regionen vorgeschlagen wird, gerät es zwischen ideologische Blöcke. Themen wie Integration, Länge der Schulzeit, Noten- oder Berichtszeugnisse, Offener Unterricht, 10. Schuljahr für alle, zweigliedriges Schulsystem oder Abschaffen der Hauptschule sind entweder von der SPD oder von der CDU/CSU, von der GEW oder vom Philologenverband mit starren Positionen besetzt, so daß nur im Falle eines seltenen Konsenses etwas verändert werden kann. Werden aber Verbesserungsvorschläge aus der Sicht von Kindern, Jugendlichen und Familien oder aus der Perspektive von unumstrittenen pädagogischen Grundeinsichten gemacht, fehlt es an Anwälten für ihre Umsetzung, was auch daran liegt, daß es in der Pädagogik nur wenige objektivierbare Einsichten gibt, weil Pädagogik weniger eine Wissenschaft als vielmehr eine Kunst ist.

So bräuchten wir also wieder einmal wie schon in den 50er und 60er Jahren ein überparteiliches, überverbandliches und überregionales Gremium von der Art des »Deutschen Ausschusses für das Erziehungs- und Bildungswesen« oder des »Deutschen Bildungsrates«, um Schule und auch Lehrerbildung zeitgemäßer gestalten zu können. Denn leider wollen die meisten Lehrerstudenten immer solche Lehrer werden, wie sie selbst in ihrer Schulzeit erlebt haben. Erst wenn sich das Berufsbild des Lehrers in Richtung weniger Fachlehrer und mehr Sozialpädagoge geändert hat, werden andere Menschen bereit sein, Klassenlehrer für Kinder und nicht nur für Fächer zu werden.

Die Auswege aus diesem Dilemma sind bei den Ministerien und Behörden vielfältig. Um es mit keinem Wähler zu verderben, wird alles angeboten, was an Schulformen und Bildungswegen nachgefragt wird. Allerdings läßt sich dieses pluralistische Angebot dennoch ideologisch steuern, indem bestimmte Schullaufbahnen finanziell begünstigt, andere eher benachteiligt werden.

Deutlich läßt sich das an der Diskussion um das 13. Schuljahr machen. In einigen Bundesländern wie Sachsen wird es nicht mehr angeboten, in anderen gibt es das Abitur nach Klasse nicht. Da aber viele die Möglichkeit eines Abiturs nach Klasse 12 fordern, sieht man für einige Schüler »D-Zug-Klassen« bis zum Abitur vor, die eine um ein Jahr kürzere Schulzeit für besonders begabte Schüler ermöglichen. Grundsätzlich rivalisieren ja z. Zt. Gymnasien und Gesamtschulen um ihre pädagogische Überlegenheit. Gesamtschulen können aber kaum ein Abitur nach Klasse 12 möglich machen, weil das Lerntempo in integrierten Klassen viel Rücksicht auf langsamer lerndende Schüler machen muß. Ein Abitur nach Klasse 12 würde also Gymnasien, die nicht so viele »Schmuddelkinder« haben, begünstigen. Deshalb hat die Hamburger Schulbehörde jetzt den »weisen« Kompromiß gefunden, Hochbegabten an zwei Stellen der Schullaufbahn ein Überspringen mit zusätzlicher nachmittäglicher Förderung anzubieten, und zwar nach der Klassenstufe 5 und in der Mitte der Klasse 10.

Der Forderung nach Schulzeitverkürzung ist damit gegenüber individuellen Ansprüchen Rechnung getragen, ohne daß eine allgemeine Schulzeitverkürzung in Erwägung gezogen werden muß und ohne daß die Konkurrenzlage der Gesamtschulen verschlechtert wird.

So sind alle zufriedengestellt, außer vielleicht Finanzminister und -senatoren, denn ein Abitur nach Klasse 13 ist teurer als eines nach Klasse 12, und außer vielleicht in Frage kommende Schüler, die sich die Schulzeitverkürzung mit einem unbeliebten Wechsel des Klassenverbandes und einer Reihe von unbequemen Nachholaktionen erkaufen müssen.

Schulmüdigkeit, Schulversagen und Schulerfolg

- *Lehrerverhalten, elterliche Erwartungen, Hausaufgaben und Nachhilfe sowie eine unzeitgemäße Schule schaffen Chancenungleichheit.*
- *Schulangst und Schulversagen werden von mehr abschlußorientierten als am angemessenen Bildungsprogramm interessierten Eltern mitbedingt.*
- *Hausaufgaben und Nachhilfe können sinnvolle individualisierende und kompensatorische pädagogische Elemente sein.*
- *Schüler, die keine Chance haben, können diese dennoch nutzen, weil sie fast nie an ihren intellektuellen Möglichkeiten scheitern.*

In der Schule werden Kinder schon früh zur sitzenden Lebensweise erzogen. Sie müssen lernen, 45 Minuten auf einem Stuhl zu sitzen und das zwei bis acht Stunden pro Tag; sie werden überwiegend mit Worten und nur sehr selten mit optischen Reizen drangsaliert, und sie müssen mit Hilfe von Durchhaltevermögen und Konzentration so leben lernen, wie es außerhalb der Schule nur selten üblich ist und wie es kaum ihren Mobilitäts- und Interaktionsbedürfnissen entspricht.

Das hat viel Gutes, denn so wird schon rechtzeitig trainiert, was in Ausbildung, Studium und Beruf ohnehin gelegentlich erwartet wird. Gewiß ist es richtig, Schüler zunehmend bereit zu machen, sich in Lebensweisen der Erwachsenenwelt zurechtzufinden, und außerdem ist Unterricht ja kein Selbstzweck. Das historisch gewachsene Wissensvolumen der Gesellschaft ist immer umfangreicher geworden, Schule kann ohnehin nur einen winzigen Teil davon vermitteln. Wissen ist aber Macht und erleichtert Lebenstüchtigkeit. Schule muß also ein Kompromiß zwischen dem Ausleben des Eigenwertes der Lebensstufen von Kindern und Jugendlichen einerseits und möglichst früh einsetzenden, umfangreichen und langanhaltenden Bildungsbemühungen andererseits sein. Dabei soll erstens viel herauskommen, und zweitens muß es erträglich gestaltet werden. Motivation, reiches Schulleben, Freude am Lernen, Schulerfolg und angemessenes Lehrerverhalten sind die Elemente, die schülerorientiert vorgehen. Schulmüdigkeit, Schulversagen, Schulangst und Verhaltensschwierigkeiten stehen als Gegenbegriffe für das Scheitern aller institutionellen und persönlichen Bemühungen.

Fast alle Kinder gehen nach der Einschulung erst einmal gern zur Schule. Wenn sich dann aber negative Erlebnisse mit den Mitschülern, den Lehrern und dem Unterrichtsstoff einstellen, kann die Schullust sehr schnell in Schulunlust umkippen und in Schulnot einmünden.

Die Gründe dafür können sehr vielfältig sein; man wird auf dem Schulweg von Mitschülern gequält und bleibt unbeliebter Außenseiter in der Klassengemeinschaft, man erfüllt die Erwartungen der Lehrer oder der Eltern nicht, man kommt zwar gerade ganz gut zurecht, aber nicht im Rechnen oder nicht beim Lesen und Schreiben, man hat seine Stärken in außerschulischen Leistungsbereichen, die in der Schule nicht vorkommen, man hat zu Hause nicht einmal einen Tisch zum Schularbeitenmachen und auch keinen Menschen, der einem helfen kann, ...

Schule macht also viele junge Menschen krank, wenn sie nicht sowieso schon vorher krank waren; Andrea Ernst und Sabine Stampfel berichten in ihrem »Kinderreport«:

- 35 % der Schüler haben mit Versetzungsgefährdungen zu tun,
- 22 % mußten schon mindestens einmal eine Klasse wiederholen,
- 7 % mußten die Schule schon einmal wegen schlechter Noten wechseln,
- 24 % geben an, daß ihre Leistungen schlechter sind, als die Eltern erwarten.

Viele Kinder und Jugendliche durchlaufen also die Schule unter dem Motto »Du hast keine Chance, aber nutze sie!«

Dabei besitzt rein theoretisch das Schulwesen eine derartige Vielfalt, daß jeder einen angemessenen Ort für sein Sosein finden könnte, und sei es in Waldorfschulen oder in Sonderschulen. Aber da sind ja die elterlichen Erwartungen, die unter dem Motto »Mein Kind soll es einmal besser haben als ich« von Anfang an das Abitur oder den Realschulabschluß, ein Elitegymnasium oder einen bestimmten Studiumgang vorsehen, und da immer mehr Eltern qualifikations- und abschlußorientiert sind, geraten auch immer mehr Schüler in Überforderungssituationen und damit in Not.

Am seltensten geschieht so etwas in Integrationsklassen, integrativen Regelklassen und Gesamtschulen, die das Scheitern nicht vorsehen, die teilweise auf Noten und damit auf formalen Leistungsdruck verzichten und die Unterricht in ein kompensatorisches, präventives und sozialpädagogisches Rahmenprogramm einbetten.

Am größten ist die von Eltern bewußt in Kauf genommene institutionelle Gewalt dagegen in Gymnasien. Sie sind nicht vorrangig pädagogisch, sondern wissenschaftsorientiert. Stundengeber sollen in ihnen für »erziehenden Unterricht« sorgen, der im wesentlichen das schon perfekt von zu Hause her erzogene Kind voraussetzt. Schüler, die bei durchschnittlicher Intelligenz eine alleinerziehende berufstätige Mutter haben, die männlich sind und häusliche Geborgenheitsdefizite haben, scheitern deshalb auffällig häufig in Gymnasien, vor allem wenn sie nach den Klassen 5 und 7 eine Haupt- oder Realschulempfehlung hatten, von den Eltern aber aus Sozialprestigegründen zum Gymnasium angemeldet wurden.

Die Chancengleichheit kann zwar auch innerhalb der Schule durch nicht zum einzelnen Schüler passende Methoden und durch Unverträglichkeiten zwischen der Schülerindividualität und Lehrern gegeben sein, überwiegend besteht sie aber außerhalb der Halbtagsschule in den Elementen häusliches Umfeld, Hausaufgaben und Nachhilfe, wie eine Studie der Deutschen Forschungsgemeinschaft feststellt:

- 20 % aller Schüler erhalten Nachhilfeunterricht.
- Bei etwa 20 Mark pro Stunde geben deutsche Eltern damit allwöchentlich ungefähr 28 Millionen Mark für Privatunterricht durch Schüler, Studenten, Lehrer und Nachhilfeinstitute aus; auf das Jahr bezogen sind das etwa 1,5 Milliarden Mark.
- Von den Schülern, die eine Klasse wiederholen oder die akut versetzungsgefährdet sind, erhält jeder dritte Schüler Nachhilfe, an Gymnasien jeder zweite.
- Jungen sind dabei doppelt so häufig vertreten wie Mädchen, weil Eltern Jungen gegenüber ehrgeiziger sind, und Mädchen sich leichter an die schulischen Erwartungen und mit mehr Fleiß anpassen.
- Kinder von Beamten und Selbständigen erhalten zu 24 % Nachhilfe, während Kinder von Arbeitslosen nur zu 8 % eine solche Förderung bekommen.
- Gesamtschüler sind mit 5 % am seltensten bei der Nachhilfe.
- Besonders häufig gibt es Nachhilfe in den Klassen 7 bis 9, weil die Eltern dann die Hoffnung auf einen »höherwertigen« Schulabschluß noch nicht ganz aufgegeben haben.

Weil Hausaufgaben also zur Selektion der Schüler beitragen, fordern viele Pädagogen und Eltern ihre Abschaffung, um »starke Restbestände von sozialer Ungleichheit der Bildungschancen« wie der Bielefelder Erziehungswissenschaftler Klaus Hurrelmann formuliert, auszumerzen und die Schulen zu zwingen, diese Lern-, Vertiefungs-, Übungs- und Anwendungsanteile zu übernehmen.

In der Tat vertrauen die Schulen mit den Hausaufgaben auf die häusliche Unterstützung des Lernens, die aber von gar nicht bis intensiv in sehr unterschiedlicher Weise bei gleichbegabten Schülern gegeben ist.

Die Ungleichheit, die die Schüler mit den Förderungsmöglichkeiten im Hause vorfinden, spricht allerdings gegen Hausaufgaben. Dafür spricht jedoch, daß viele Schüler daheim ruhiger, selbstbestimmter und mit individuell angemessenem Tempo und auch nach eigener Methode lernen können, daß sie ohne Versagensängste etwas nachschlagen oder nachfragen können, daß sie mehr und länger lernen können, wenn sie es selbst so wollen, daß sie alles, was sie in der Schule noch nicht »geschnallt« haben, plötzlich in einem zweiten nachvollziehenden Durchgang durchschauen können und daß sie durch Mithilfe von Eltern und anderen Personen Unverstandenes verstehen und einüben können.

Viele Schüler kommen gerade wegen der Hausaufgaben und des Nachhilfeunterrichts zu guten Noten und zum erwünschten Abschluß und sind deshalb für diese ausgleichenden häuslichen Bemühungen dankbar, auch weil sie ihnen Versagensängste nehmen und ihnen Mut machen. Einige lernen über Hausaufgaben und Nachhilfe auch wesentlich mehr als in der Schule; besonders deutlich wird das beim Vokabellernen in den Fremdsprachen.

Hausaufgaben und Nachhilfe erlauben im Konkurrenzkampf gegen die Mitschüler ein paar Startvorteile in die nächste Unterrichtsstunde hinein. Natürlich leiden sehr viele Schüler unter Hausaufgaben, in der Regel aber nur, bevor sie angefangen haben; nach ihrer Bewältigung sind sie aber durchweg entspannt und zufrieden, denn zumindest sie können Erfolgserlebnisse vermitteln, die man in der Schule nicht hat.

Die Abschaffung der »Schulis«, wie die Kids liebevoll die Hausaufgaben nennen, würde zu einer erheblichen Reduktion der Lernzeit von Schülern führen; dieses reduzierte Volumen müßte dann durch die Erweiterung der Halbtags- zur Ganztagsschule aufgefangen werden. Schüler, die zu Hause keine Hilfe bekommen, würden davon profitieren; diejenigen jedoch, die nachmittags optimal von Eltern oder Nachhilfelehrern unterstützt werden, würden sich wohl durch Hausaufgaben in der Schule eher verschlechtern, wenn sie auf diese Weise nicht sogar eine Dreifachbelastung erhalten: Unterricht am Vormittag, Hausaufgaben am Nachmittag in der Schule, Nachhilfe am Abend und am Wochenende zu Hause. Schon jetzt, ohne die Ganztagsschule, kommen viele 10- bis 14-

jährige auf eine wöchentliche Arbeitszeit von 50 Stunden, also auf mehr als Erwachsene.

Fassen wir die Diskussion mit einem Satz des Dortmunder Instituts für Schulentwicklung zusammen: »In der stillen Arbeit zu Hause, im Wechsel von Aufundabgehen, Nachdenken und wieder Hinsetzen kann ein Kind seinen eigenen Arbeitsrhythmus am besten finden, Erlerntes verfestigen und sich auch neues Wissen aneignen«.

Da die meisten Kinder nicht von ihrer intellektuellen Kapazität her überfordert sind, sondern durch Lehrerverhalten und elterliche Erwartungen, sind Hausaufgaben und Nachhilfeunterricht gute individualisierende und kompensierende pädagogische Möglichkeiten. Wenn sie beispielsweise an einen guten Lehrerstudenten geraten, der auch mit ihnen spielt, sich um sie als ganzen Menschen kümmert und der als Puffer zwischen kindlichen Bedürfnissen und schulischen sowie elterlichen Erwartungen vermittelnd wirkt, dann haben sie fast immer eine gute Prognose!

Was können Eltern also richtig machen?

- Die Schullaufbahnentscheidung sollte so spät wie möglich getroffen werden, um Kindern Versagenserlebnisse und Ängste zu ersparen, also nach der 6. oder noch besser in der 10. Klasse, wie das mit sechsjährigen Grundschulen, mit Orientierungsstufen, Gesamtschulen und Privatschulen möglich ist.
- Die Grundschulempfehlungen, die allerdings auch allzu häufig falsche Prognosen darstellen, sollten ernst genommen und zum Wohle des Kindes gegen eigene Erwartungen abgewogen werden.
- Hausaufgabenkooperationen mit Mitschülern sind entlastend und motivationsfördernd; Eltern sollten sich überlegen, ob sie nicht die Hausaufgabenpatenschaft für einen weiteren Schüler, der zu Hause vielleicht nicht betreut werden kann, mitübernehmen, weil sich dann mitreißende Effekte für beide Kinder ergeben.
- Eltern sollten so häufig wie möglich mit den Lehrern über die Hausaufgaben sprechen und sich auch mit anderen Eltern darüber austauschen. Elternabende, Elternstammtische, Tage der offenen Tür in der Schule und Lehrersprechstunden sind gute Gelegenheiten dafür. Wenn möglich, sollten Eltern im Unterricht hospitieren oder aktiv mithelfen, was ja bei offenen Unterrichtsformen auch die Lehrer entlastet.
- Eltern tun gut daran, sich nach der Schule von den Kindern das Erlebte erzählen zu lassen.
- Wenn Kinder gelernt oder für eine Arbeit geübt haben, sollten sich

Eltern alles noch einmal erzählen lassen, die Vokabeln abhören, die Hefte angucken, zum Nachlesen in Büchern oder Lexika ermuntern und ergänzende Informationen geben. Überhaupt fördert es die Kinder sehr, wenn Eltern ihnen oft Anlässe zum Lesen, Schreiben, Rechnen und Malen geben.

Legasthenie, Dyskalkulie und andere Leistungsschwächen

- *Für Teilleistungsschwächen gibt es biologische, medizinische und biographische Ursachen.*
- *Meist wird die Schwäche durch Unlusterlebnisse oder Wahrnehmungsstörungen bereits in den ersten Lebensmonaten oder gleich nach der Einschulung angelegt.*
- *Mißerfolge führen zur Abwahl einzelner Bewährungsfelder.*
- *Je später die Therapie beginnt, umso langwieriger ist ist.*
- *Fehlende Umwelt- und Bewegungserfahrungen begünstigen Sinnesschwächen und damit Ausfallerscheinungen.*

Leistungsausfälle können genetisch wie bei den Down-Syndrom-Kindern oder durch eine Sauerstoffunterversorgung bei der Geburt, durch Minimale Celebrale Dysfunktionen (MCD), durch hirnanatomische Merkwürdigkeiten, durch Krankheit oder aber auch biographisch bedingt sein. Kinder, die einen Leistungsbereich als unlustbedingt erlebt haben, weil sie gerade Geschriebenes wieder verwischt und danach Schelte erhalten haben, weil sie mit den Methoden des Anfangsunterrichts nicht zurechtkommen oder mit dem Lehrer, der ihnen das beizubringen versucht, Probleme haben, entscheiden sich oft gegen diesen Leistungsbereich, in dem sie dann fortan schwach bleiben, und suchen sich andere Bewährungsfelder.

Wenn man einem jungen Menschen schon früh immer wieder sagt, er sei unmusikalisch, dann glaubt er das auch recht bald und wird fortan unmusikalisch bleiben, weil er das Fremdurteil in sein Selbstkonzept einbaut. Bevor sich dieses verfestigt, kann ihm aber der Zufall eine andere Situation oder Person bescheren, die ihm plötzlich ein auch für ihn unerwartetes Erfolgserlebnis vermitteln, so daß die schon initiierte Teilleistungsschwäche noch abgewendet werden kann.

Kinder, die wenig Bewegungserfahrung sammeln, die eher rezeptiv von Bildschirmerfahrungen leben und ihre Kräfte und Sinne kaum durch eigene Aktivität entwickeln konnten, zeigen beispielsweise oft Koordinations- und Abstraktionsschwäche, die ihnen das Rückwärtsgehen und den Umgang mit Zahlen, insbesondere aber gerade auch das Rückwärtszählen so erschwert, daß sie im Mathematikunterricht völlig versagen, während sie im Sprachlichen ganz gut klarkommen.

Teilleistungsschwächen nehmen zu, weil immer mehr Kinder ohne umfassende Umwelterfahrungen aufwachsen, falsch ernährt sind und sich in ihrer Einsamkeit nicht entfalten können.

Früher beschrieb man mit einem Fachwort eigentlich nur die Lese-Rechtschreibschwäche als Legasthenie oder Dyslexie, einerseits weil man nur sie wegen ihrer hohen Bedeutung auf dem Weg zum Erwerb der fundamentalen Kulturtechniken bemerkte, andererseits weil andere Leistungsschwächen noch nicht so weit verbreitet waren wie heute.

Etwa 7 % der Schüler aller Schulformen gelten als Legastheniker; sie haben allerdings unterschiedliche Ausfallgrade. Pädagogen sehen die Ursache schon in den ersten Lebensmonaten angelegt, wenn die »vorsprachlichen Brücken« zwischen Mutter und Kind nicht gut funktionieren.

Die melodischen, optischen und rhythmischen Erfahrungen, die ein Kind mit der Geschwindigkeit und der Klangfarbe der mütterlichen Sprache macht, signalisieren ihm schon von Anfang an, auch ohne daß es die Worte versteht, ob sich Bedürfnisbefriedigung oder Frustration ankündigt. Wenn die Mutter unbewußt mit ihrem Sprachverhalten überwiegend Versagenserlebnisse ankündigt, wird schon ein wichtiger Baustein für Sprachschwächen im Kind angelegt, denn es hat gelernt, daß Sprache ihm vorwiegend Schlechtes ankündigt. Die Folge ist dann verzögerte Sprachentwicklung und leidvolle Beschäftigung mit allem Verbalen. Wenn wegen dieses Rückstandes später noch Hänseln und Auslachen hinzukommen, ist das Schicksal, Legastheniker zu werden, weitgehend entschieden. Die Therapie besteht deshalb also im wesentlichen aus der Organisation von erst kleinen und dann größer werdenden Erfolgserlebnissen im sprachlichen Bereich, aus Mutmachen und häufigen Anlässen für Sprechen und später Lesen und Schreiben.

Mädchen sind übrigens nur halb so oft von Legasthenie betroffen wie Jungen, was sicher daran liegt, daß Mütter mit Mädchen mehr sprechen als mit Jungen und sich Sprache bei Mädchen bis zu einem Jahr früher und schneller entwickelt als bei Jungen.

Manchmal ist aber nicht die Sprache selbst schuld an einer legasthenischen Entwicklung, sondern eine optische Wahrnehmungsschwäche gegenüber Schrift, die man Skotopisches-Sensitivitäts-Syndrom (SSS) nennt, und die so etwas wie eine Störung beim Dunkelsehen ist. So etwas wird – wie auch Hörschäden – nur schwer und vor allem meist auch zu spät erkannt. Danach ist eine Besserung im Lesen und Schreiben in der Regel sehr rasch zu erreichen, obwohl Fortschritte um so mühseliger werden, je älter der Mensch ist.

Explosionsartig hat in den letzten Jahren, vor allem bei Großstadtkindern, die Rechenschwäche, Arithmastenie oder Dyskalkulie genannt, zugenommen.

Dazu fällt mir folgende Begebenheit ein: Ein Lehrer fragt Mäxchen: »Wieviel sind 1 plus 2 plus 1?« Mäxchen antwortet: »Wollen Sie ein ungefähres Ergebnis haben oder gleich das endgültige?«

Rechenschwache Kinder sind häufig ganz plietsch, sie können aber Zahlen nicht von Gegenständen abstrahieren, und sie haben keine konkrete Vorstellung von ihrem Wert, sie können also auch nicht schätzen. Weil sie im Rechnen so wenig Erfolge im Vergleich zu ihren Mitschülern haben, weichen sie allen zahligen Herausforderungen auch mit psychosomatischen Reaktionen wie Müdigkeit, Hals- und Kopfschmerzen oder Magenverstimmungen aus, ihre Verspannungen lassen sie häufig durch Aggressionen heraus. Etwa 4 % aller Schüler, in manchen Ballungsgebieten bis zu 20 %, leiden unter Dyskalkulie, und das bei einem durchweg normalen Intelligenzquotienten. Mit Dummheit hat diese Schwäche also nichts zu tun, häufig fehlen nur Anschauungserfahrungen und Grundlagen logischer mathematischer Vorgehensweise. Die Qual mit der Zahl erkennt man an seitenverkehrt geschriebenen und vertauschten Ziffern, an Stellenwert-Fehlern (4,83 statt 48,3), bei Textaufgaben oder daran, daß für sie 100 und 1 000 einfach nur viel ist, ohne daß sie einen Unterschied angeben können, aber auch daran, daß sie zwar vorwärts, aber nicht rückwärts zu zählen vermögen und daß sie nur mit Hilfe der Finger rechnen können. Mit der Rechenschwäche gehen häufig Orientierungsschwächen im Gelände, visuelle Störungen und eine ausgeprägte Unterscheidungsschwäche in bezug auf Links und Rechts einher.

Die Therapie arbeitet intensiv mit farbigen Zahlenstäben und -plättchen, mit anfaßbaren Mengen und mit kleinen Erfolgserlebnisse organisierenden Fortschritten, auch mit Taschenrechnern, Computern, Goldmünzen und zahlenorientierten Spielen und Bildgeschichten, die die Angst vor Zahlen durch lustbetonten Umgang mit ihnen ersetzen sollen. Eine erfolgreiche Behandlung, neuerdings in Instituten für Dyskalkulie angeboten, dauert je nach Alter des Kindes bis zu zweieinhalb Jahren.

Wann ist ein Lehrer für mein Kind ideal?

- *An jeder Schule gibt es ein bis drei gute Lehrer, allerdings mit steigender Tendenz.*
- *Viele junge Menschen orientieren sich, wenn sie sich für den Lehrerberuf entscheiden, an dem Bild des Stundengebers, das sie aus ihrer Schülerzeit kennen. Es kommen daher auch viele »falsche« Menschen in den Beruf.*
- *Lehrerbildung ist mit ihrer Didaktiklastigkeit und ihrem Defizit an Sozial- und Sonderpädagogik sowie an Pädagogischer Psychologie nicht zeitgemäß.*
- *Der gute Lehrer nimmt den Schüler in seiner Biographie und Nachbarschaft wahr; er geht mit Zeit zum Zuhören und Verstehen und mit der Bereitschaft, ein Stück des Lebens mit ihm zusammenzuleben, bindungsbereit auf ihn ein.*

Wenn man sich bei Lehrerstudenten umhört, warum sie diesen Studiengang gewählt haben, dann findet man folgende Motive:

- Ich möchte Lehrer werden, weil ich mich für Chemie, Englisch, Geschichte, ... interessiere; es geht also um den Wunsch, Fachlehrer zu werden.
- Der Lehrerberuf wird gut bezahlt, hat viel Ferien und ist im wesentlichen eine »kleine Morgenstelle«.
- Ich möchte über das Pädagogikstudium meine unglückliche Kindheit aufarbeiten.
- Über den Lehrerberuf kann ich am besten dazu beitragen, Gesellschaft zu verändern; Kinder sind leichter an neue Werte heranzuführen als Erwachsene.
- Ich möchte Pädagogik studieren, aber nicht Lehrer werden.
- Ich möchte Lehrer werden, weil ich Kinder mag und mit ihnen ein Stück ihres Lebens zusammenleben möchte.

Das letzte Motiv ist eigentlich das erfreulichste, weil es auch gerade schwierige Kinder erträgt. Leider kommen viele junge Menschen mit einem Berufsbild in das Lehrerstudium, das sie aus ihrer eigenen Schülerzeit kennen; sie wollen Stundengeber werden und empfinden jedes darüber hinausgehende sozialpädagogische, präventionspädagogische, psychologische und außerschulische Engagement für ihre Schüler als Zumutung. In den Lehrerberuf kommen also auch ganz viele »falsche« Menschen.

In jedem Beruf sind ja immer nur wenige Vertreter außergewöhnlich gut, das gilt für Ärzte, Anwälte und Fußballprofis ebenso wie für Musiker und Lehrer. Nur wenig von diesem Guten kann man lernen, das meiste liegt tief in der Persönlichkeit schon vor dem Studium verankert.

Johann-H. Wichern hat deshalb vom »charismatischen Erzieher« gesprochen, Georg Kerschensteiner von der »Seele des Erziehers«, Johann F. Herbart vom »pädagogischen Takt«, Eduard Spranger vom »geborenen Erzieher«, Herman Nohl vom »Wesen des Erziehers« und Martin Buber vom »begnadeten Erzieher«; sie meinen damit die nichtausbildbaren Persönlichkeitsanteile der Liebe zum Kind, der Fähigkeit, Kinder mitzureißen bzw. zu motivieren, und das Talent, sie in Hinblick auf die Erziehungsziele besonders gut zu erreichen. Auf die Einstellung zum Kind, auf die Motivationsfähigkeit und auf die methodische Kompetenz kommt es demnach an, wenn es um den guten Lehrer geht.

Der Lehrer wird also zum Schicksal für das Kind, denn es kann sein, daß sich beide mögen, daß man bei dem Lehrer, mit dem man gut kann, besonders viel Unterricht hat; es kann aber auch das Gegenteil sein, daß sich beide nicht mögen oder daß der eine den anderen nicht abkann, daß der Lehrer nur ein minimalisierender Jobber ist usw.

Die Chance, auf einen schlechten Lehrer zu treffen, ist recht groß und damit auch das Los, zu scheitern oder trotz des Lehrers Erfolg zu haben.

Die Lehrerbildung ist nicht zeitgemäß, sie überbetont fachdidaktische Kompetenzen und geht kaum auf rasante gesellschaftliche Veränderungen, auf zunehmenden Familienzerfall, auf immer mehr psychosomatisch kranke und fehlernährte sowie verhaltensschwierige Kinder ein.

Lehrer, die also sozialpädagogisch oder psychologisch und auch im Sinne von Gemeinwesenarbeit engagiert sind, entwickeln diese Fähigkeiten meist autodidaktisch oder über die Lehrerfortbildung; sie sind ein Glücksfall für die Schüler, wenn sie zur Idee »Schule im Stadtteil«, »Schule in der Nachbarschaft«, zu Hausbesuchen, Elternstammtischen und zum gelegentlichen Zusammenleben mit den Schülern und ihren Eltern auch in den Pausen, am Nachmittag, am Abend, am Wochenende und in den Ferien bereit sind.

Gute Lehrer behandeln den Schüler nicht nur als Lernobjekt, sondern versuchen, ihn in seinen Lebensbezügen Familie, Nachbarschaft, Peer-Group und Freizeitinteressen wahrzunehmen und zu verstehen, sie wenden sich ihm in seinen Bedürfnissen zu, gehen auf seine Nöte ein, nehmen sich Zeit, ihm zuzuhören; sie sind ganz einfach da, wenn es erforderlich ist.

Allerdings darf sich der Lehrer dabei nicht ganz auf seine »angeborenen« Eigenschaften verlassen, sondern er muß sich im Sinne der »pädagogischen Meisterschaft« A. S. Makarenkos selbst um seine erzieherische Vervollkommnung bemühen. Umgang mit Körperkontakt, die Gestaltung der Nähe zum Schüler, seine körperliche Erscheinung und Haltung, Mimik, Gestik, Augenkontakt, Blickrichtung, Kopfbewegungen, Schweigen und non-verbale Aspekte des Verbalverhaltens wie Sprechtempo, Sprachmelodie, Lautstärke, Variationen der Tonhöhe, Länge der Äußerungen, Fragen und Impulse, Pausen und Wortwahl sind Aspekte, die er trainieren, ausbauen und akzentuiert einsetzen kann, die er also lernen kann.

Schulstreß, -angst, -müdigkeit und -versagen sind immer auch Symptome eines Alleingelassenseins des Schülers, eines Defizits an Zuwendungs- und Bindungsbereitschaft auf seiten des Lehrers.

Der sich auch als Sozialpädagoge verstehende Lehrer darf nicht auf Sozialisationseffekte verzichten, die nach ihm von der Gesellschaft, von Ausbildungsbetrieben und Berufsschulen sowie von Hochschulen erwartet werden. Er muß sowohl die Rolle des Wissensvermittlers als auch die des soziale Integration ermöglichenden Erziehers übernehmen können. Dieser Kompromiß wird wohl am besten erfaßt durch den Begriff des Sozialen Lernens. Der moderne Lehrer steht demnach vor der Schwierigkeit, zeitgemäße Erziehungsziele wie Kreativität, Emotionalität, Sozialkompetenz, Toleranz, Solidarität, politische Mündigkeit, soziale Integration und kritische Rationalität zu kombinieren mit den kognitiven Lesitungserwartungen der Eltern, Ausbildungsbetriebe und Berufsschulen sowie der Arbeitswelt und deren Wünschen nach jungen Menschen, die fähig sind, sich anzupassen und unterzuordnen.

Sexualität, Freundschaft und Liebe

- *Wer nicht den ganzen Menschen meint, sondern nur seine Sexualität, richtet viel Schaden an.*
- *Sexualerziehung ist ein brisanter Seiltanz, der nur gelingt, wenn er in Freundschaft eingebettet und an Liebe gebunden ist.*
- *Die Unterdrückung oder Tabusierung sexueller Triebe, die fehlende Geborgenheit und Anerkennung junger Menschen sowie ein Mangel an Väterlichkeit, Mütterlichkeit und Freundschaft können zu unerwünschter sexueller Fehlentwicklung führen.*
- *Kinder und Jugendliche müssen ihre Sexualität an sich und anderen ausprobieren, um sich selbst und ihre Wirkung auf andere kennenlernen zu können.*

Schon kleinste Kinder haben Sexualität, untereinander und auch von Erwachsenen begehrt, wie wir aus den vielen Mißhandlungsfällen und der ganzen schrecklichen Kinderporno-Szene wissen. Sexualität geht weit über die Genitalien hinaus, sie ereignet sich über allgemeinen Körperkontakt, über Blicke und auch über Sprache.

Die Chance zu einer abartigen Entwicklung ist relativ groß, wenn die jedem Menschen innewohnenden Bedürfnisse sich nicht angemessen entwickeln können. Unterdrückte und nicht sinnvoll kanalisierte leibliche Triebe, mangelnde körperliche Zuwendung durch die Eltern, körperfeindliche Askeseerziehung, zum Teil religiös bedingt, fehlende Anerkennung des Kindes, aufgestaute Aggressionen und Mangel an gleichaltrigen Kontakten, aber auch gewaltsame sexuelle Verführungen und Defizite an väterlicher oder mütterliche Fürsorge beeinflussen die Ausprägung der sexuellen Motivationen im Kind bis hin zu seiner Prädisposition zum Triebtäter, Sodomisten, Vojeur, Exhibitionisten, Pädophilen oder Fetischisten.

Besonders schlimm ist es immer, wenn die Motivation von Bezugspersonen nicht den ganzen jungen Menschen meint, sondern nur seine

Sexualität. Kinder mit solchen sie enttäuschenden Erlebnissen nehmen eine nur äußerst schwierig wieder zu korrigierende Persönlichkeitsentwicklung, sie büßen Vertrauensfähigkeit ein, leben voller Ängste und nehmen schwere zu Neurosen oder Psychosen führende Schäden durch ihr ganzes Leben mit.

Wer andererseits das Thema Sexualität ganz aus dem Zusammenleben und den Gesprächen mit Kindern verbannt, wer das aktive Auseinandersetzen von Jungen und Mädchen mit ihrer Sexualität in der Badewanne, auf dem Spielplatz und im Kinderzimmer stets negativ kommentiert und sanktioniert, wer keinerlei aufklärende Gespräche darüber wagt und auch seine eigene Sexualität tabuisiert, verhält sich ebenfalls völlig falsch.

Sexualerziehung ist eine Gratwanderung zwischen Akzeptanz der kindlichen Entdeckung seiner Sexualität, dem Ausprobieren seiner Organe und seiner sexuellen Reize auf andere einerseits und einer vorsichtigen Werteerziehung andererseits.

Jugendliche in der Vorpubertät und in der Pubertät probieren ihre Sexualität aus, über Onanieren, im freundschaftlichen Umgang und bei kurzen Begegnungen auf Partys, in Discos oder auf Szene-Treffs. Sie müssen das tun, um mehr über sich und ihre Wirkung auf andere zu erfahren, um Maßstäbe und Kriterien für spätere feste und langanhaltende Bindungen gewinnen zu können.

Sexualität ist dabei nicht immer in Freundschaft eingebettet und an Liebe gebunden, das muß sie auch nicht, sie entwickelt sich aber positiver in der Freundschaft und in Kombination mit den ganzen Menschen umfassender Liebe.

Bewußte Sexualerziehung führt häufig zu Verkrampfungen und zu Schamverletzungen, wie wir das vom schulischen Sexualkundeunterricht her gelegentlich kennen. Das liegt auch daran, daß viele Eltern und Lehrer selbst keine sinnvolle Sexualerziehung erlebt haben. Der nicht moralisierende, sondern freundschaftliche Umgang der Eltern und Lehrer mit ihren Kindern ist der beste Weg, eine gesunde sexuelle Entwicklung zu fördern. Gespräche aus konkreten Anlässen helfen mehr als der geplante Vorsatz, in einem unpassenden Augenblick aufzuklären.

Der allerbeste Kanal für das Eingehen auf die kindliche Sexualität ist allerdings die wechselseitige Liebe zwischen Eltern und Kind, zwischen Kind und Kind und zwischen jungem Menschen und Freund oder Freundin. Was dabei unüblich ist, muß nicht immer falsch sein, aber, was man richtig zu tun glaubt, kann völlig daneben geraten.

Insofern kann man in Sachen Sexualerziehung auch keine immer stimmigen Handlungsanweisungen geben, außer denen, daß man sehr behutsam in das Kind hineinhorchen muß, daß man es nicht mit Verfrühungen überfordern darf und daß es keinen Zweck hat, mit aufklärenden Gesprächen über Sexualität zu beginnen, wenn der junge Mensch sowieso schon alles weiß.

Gespräche über Sexualität und diesbezügliches erzieherisches Handeln müssen immer in die Liebesfähigkeit junger Menschen einmünden, sie dürfen nie eigenen Zielen und Bedürfnissen sowie der Ersatzbefriedigung von Erwachsenen dienen. Dem Kind übergestülpte eigene Sexualnormen – z.B. gegen Homosexualität oder gegen voreheliche Geschlechtsverkehr – richten nur erheblichen Schaden an.

Religiosität

- *»Religio« heißt im Lateinischen Gottesfurcht und -bindung. Sie steht für das Bindungsbedürfnis aller Menschen an eine übergeordnete Instanz, an Normen und Werte, an Weltbild, Ideologie oder Subkultur sowie an das Gute.*
- *Der Rückgang der Bedeutung der Kirchen hat in der pluralistischen Gesellschaft ein Loch hinterlassen, das durch Werteerziehung gefüllt werden muß.*
- *Junge Menschen, deren religiöses Bedürfnis nicht befriedigt wird, driften, durch Freunde verführt, in Ersatzreligionen ab.*
- *Die Kirchen als Verwalter des Religiösen leben mit ihren Repräsentanten vielfach im Widerspruch zur Bibel und zur modernen, naturwissenschaftlich beeinflußten Weltdeutung des jungen Menschen.*

Alle menschlichen Kulturen zeigen das Grundbedürfnis des Menschen nach Religiosität ebenso wie nach Bezugspersonen und nach Perspektiven für seine Zukunft. In unserer pluralistischen Gesellschaft hat die Bedeutung der Kirchen als Verwalter des Religiösen in letzter Zeit deutlich abgenommen, vor allem gegenüber jungen Menschen. Ihr Bedürfnis nach Bindung an ein Weltbild, eine Ideologie oder Religion ist jedoch nach wie vor da, allerdings kann es sehr unterschiedlich auch durch Sekten, jugendliche Subkulturen, durch politisch radikale Gruppen und durch Satanskult, Schwarze Messen und andere Zirkel eingefangen werden.

Der Glaube an Gott ist in der Umwelt von Kindern und auch in der Geschichte des Abendlandes dennoch so weit verbreitet, daß sie sich irgendwann einmal damit auseinandersetzen. Sie werden von Großmüttern, Lehrern, Eltern und auch von Gleichaltrigen gelegentlich mit der Frage konfrontiert, ob sie an Gott glauben. Und dann versuchen sie zu verstehen, was Gott ist. Entweder verbinden sie die Vorstellung eines personähnlichen Wesens damit, das über den Wolken schwebt, das alles sieht und hört, oder sie halten Gott für ein Abstraktum, das sie mit dem Guten an sich oder mit allen in der Natur vorkommenden Kräften und Gesetzen gleichsetzen. Beides ist für sie schwierig nachzuvollziehen, aber es macht ihnen irgendwo Angst; Gott kommt als Möglichkeit in ihren Gewissen vor, auch wenn sie nicht immer daran glauben, wenn sie Zweifel haben. Vielen jungen Menschen ist weder die Bibel bekannt, noch gehen sie je in die Kirche, sie spüren aber die Bedeutung beider.

Im Zeitalter der totalen Information werden der christliche Gott und auch Jesus in ihrer Vorstellungskraft relativiert durch die Bedeutung anderer Religionen in anderen Regionen. Kinder fragen sich, ob Buddha, Mohammed, Jesus und viele andere religiöse Figuren in einer gewissen Rangordnung stehen, warum für sie nun gerade das Christentum glaubwürdig sein soll und nicht der Islam, der Buddhismus, der Schintoismus oder anderes.

Mit ihrer naturwissenschaftlich geprägten Erziehung zweifeln sie an der jungfräulichen Geburt von Jesus, daran, daß er über das Wasser gehen konnte und daß er Krankheiten über Wunder zu heilen vermochte. Sie nehmen die Gleichnisse der Bibel wörtlich, fassen nicht das dazu im Widerspruch stehende Leben von Papst, Kardinälen, Bischöfen und Priestern – und wenden sich oft wieder ab.

Da aber ihre religiöse Bindungsbereitschaft dennoch vorhanden ist, suchen sie Einbindung in Ersatzreligionen, in Ideologien oder in den Weltbildern von überschaubaren politischen oder sozialen Nischen. Sie suchen sich Sinnerfüllung, Aufgabe, Weltdeutung, Glaubensgemeinde als Wir-Bewußtsein und schuldige Sünder als Die-Bewußtsein, und sei es in der Clique oder Straßenbande, bei Hooligans oder rassistischen Rechtsradikalen.

Da ja für das Funktionieren von Gesellschaft Normen- und Wertebindung sein muß, der Religionsunterricht jedoch nicht mehr alle jungen Menschen erreicht, sind die Schulen auf Analogien gekommen: Sie bieten ersatzweise eine Religionskunde an, die über alle großen Weltreligionen informiert und ihnen gemeinsame, also offenbar für menschliches Zusammenleben notwendige Werte herausarbeitet, oder sie bieten Ethik- bzw. Moralunterricht an, wenn nicht Philosophie- oder Politikunterricht für entsprechende Lernziele herhalten müssen.

Am Beispiel des Bundeslandes Brandenburg sind solche Bedürfnisse einmal ausgezählt worden: 85 % der Schüler und Eltern wollen ein Unterrichtsfach »Ethik und Moral« haben, aber nur 23 % »Religion«. Man hält eben Ethikunterricht für objektiver, liberaler und zeitgemäßer als einen den Kirchen zuarbeitenden Religionsunterricht. Um es mit keinem zu verderben, schlug allerdings die ehemalige brandenburgische Kultusministerin Marianne Birthler (Bündnis 90) einen Modellversuch mit der Fachbezeichnung »Lebensgestaltung, Ethik, Religion« vor, die in ihrer Umständlichkeit an den krampfhaften Versuch Schleswig-Holsteins mit dem Fach »Politisch-Soziale Weltkunde« erinnert. Andere Bundesländer wie Hamburg sind auf den zündstoffreduzierenden Kompromiß gekommen, Religion nur in einigen wenigen Klassenstufen wahlweise anzubieten und auch überhaupt nicht zu benoten oder den Religionsunterricht nicht von Lehrern, sondern konsequenterweise von Pastoren bzw. Pfarrern durchführen zu lassen.

Eine verpflichtende religiöse Erziehung paßt nicht mehr zu unserer Gesellschaft und auch nicht zu jeder Altersstufe. Der Konfirmandenunterricht der evangelischen Kirchen findet beispielsweise im unpassendsten Alter der Pubertät statt; wesentlich früher oder viel später wäre besser. Als Angebot ist jedoch nichts gegen einen bindenden und damit an Normen anbindenden Religionsunterricht zu sagen.

Allerdings hat die früher weitgehend verbindliche und den größten Teil der Bevölkerung erreichende religiöse Unterweisung ein Loch hinterlassen. Es ist nichts allgemein Gültiges an die Stelle der alles klammernden Religion getreten, wenn man einmal von der christlich geprägten abendländischen Tradition und ihren kulturellen Einflüssen, von dem weitgehenden Konsens in bezug auf die 10 Gebote und ihrem Einmünden in Grundgesetz und allgemeine Menschenrechte absieht. Eine Werteerziehung, nicht als Unterrichtsfach, aber als schulisches Unterrichts- und Erziehungsprinzip, muß dringend an die Stelle des Faches Religion treten, damit sich junge Menschen nicht in einem normativen und religiösen Freiraum gezwungen sehen, von Freunden verleitet in abartige Nischen abzudriften, wie sie von Friedhofskultur betreibenden Grufties, Anhängern Schwarzer Messen, okkultistischen Gruppen, dubiosen Jugendsekten, den Scientologen oder politisch radikalen Kräften als Gott- und Weltbildersatz angeboten werden.

Arbeitsverhalten

- *Wenn die Leute nicht tätig werden können, dann werden sie tätlich.*
- *Richtiges Arbeitsverhalten muß genauso wie Lesen, Schreiben und Rechnen gelernt werden.*
- *Schüler scheitern meist nicht an ihrer Begabung, sondern an ihrem Arbeitsverhalten.*
- *Nachhilfe bedeutet oft, taktisches Verhalten gegenüber schulischen Erwartungen und gutes Arbeitsverhalten beizubringen.*
- *Schüler fühlen sich mit optimalem Arbeitsverhalten und festen Gewohnheiten viel wohler in ihrer Haut.*

Wenn junge Menschen in der Schule scheitern, liegt es fast nie an ihrer Intelligenz, sondern meistens an ihrem Arbeitsverhalten. Sie machen nicht regelmäßig ihre Schularbeiten, sie haben die für die einzelnen Fächer erforderlichen Bücher nicht bei sich, sie pauken nicht für Klassenarbeiten, sie hören im Unterricht schlecht zu und melden sich kaum, sie konzentrieren sich schlecht und haben einen Mangel an Durchhaltevermögen.

Aus diesen Gründen landet so manch einer in der Hauptschule, bekommt keinen Abschluß oder bleibt sitzen. Jungen sind mehr davon betroffen als Mädchen.

Das Arbeitsverhalten entscheidet also über Schulerfolg und beachtliche Lebenschancen und ist daher auch Grund dafür, ob man Erfolgserlebnisse hat oder nicht, ob man sich in seiner Haut wohl fühlt oder nicht.

Wer wegen seines Arbeitsverhaltens ständig Mißerfolge hat, bleibt eventuell ausbildungs- und arbeitslos. Seine Unzufriedenheit sorgt für aufgestaute Aggressionen und für Schuldzuweisungen gegenüber anderen. Feindbilder sind dann rasch aufgebaut; Asylbewerber, Ausländer oder Polizei müssen dafür herhalten, und Anlässe finden sich leicht, um den Frust herauszulassen. Der Berliner Jugendsenator Thomas Krüger hat denn auch eine Erklärung für die vielen rechtsextremen Aktionen in Hoyerswerda, Görlitz, Rostock, Mölln und anderswo: »Wenn die Leute nicht tätig sein können, dann werden sie tätlich«.

Richtiges Arbeitsverhalten muß ebenso gelernt werden wie Lesen, Schreiben und Rechnen. Die offenen Unterrichtsformen der Grundschule tragen erheblich dazu bei; Kinder lernen auf diese Weise, sich allein mit einem Buch, mit Aufgaben, Lexika und anderen Materialien auseinanderzusetzen, sie lernen Kooperation in Partner- und Kleingruppenarbeit, und sie werden häufig in die Lage versetzt, nachzufragen und sich einiger Hilfsmittel zu bedienen, wenn sie etwas nicht verstanden haben oder ihnen Informationen fehlen. Vor allem gewöhnen sie sich aber an Arbeitsrhythmen und disziplinierte Vorgehensweise, weil sie früh spüren, daß sie in ihrem Lernen weitgehend auf sich allein gestellt sind; sie trainieren also effektives Arbeitsverhalten über feste Gewohnheiten.

Jeder kennt junge Menschen, denen es schwer fällt, mit Hausaufgaben anzufangen: Da muß erst noch ein Spiel zuende gebracht werden, da muß noch etwas getrunken werden, da wird das Klo anstelle des Schreibtisches aufgesucht, und jede Ablenkung kommt gerade recht, um sich selbst zu betrügen. Schüler, die 3 Stunden Zeit für ein Aufsatzthema haben, sitzen erst einmal eine Stunde herum, immer wieder um sich gukkend, die Zettel sortierend, den Lehrer musternd, bevor sie dann unter dem zunehmenden Druck der Zeit schweißgebadet beginnen, eine Kladde anzufertigen; und wenn es dann an die Reinschrift geht, reicht die Zeit nicht mehr. Selbst Studenten arbeiten noch so, wenn sie 4 Wochen Zeit für eine Hausarbeit haben; in der Regel wird dann erst in der letzten Woche richtig rangeklotzt, und eine Minute vor Ablauf der Abgabefrist wird die knapp fertiggestellte Arbeit in den Briefkasten des Prüfungsamtes geworfen ...

Nur wenige junge Menschen schaffen es, mit ihrer Zeit optimal hauszuhalten, meist weil sie **auch** Spaß an der Arbeit haben oder weil das Ziel, der angepeilte Erfolg, sie so motiviert, daß sie Arbeit als eines ihrer Grundbedürfnisse auf dem Wege zur Selbstverwirklichung und als lustbetonte Zukunftsinvestition zu akzeptieren gelernt haben.

Wer Erfolge haben will, muß lernen, wie man arbeitet. Dieses Wie wird jedoch in der Schule nur selten als Fertigkeit vermittelt. Lehrer sagen zwar meist »Zu morgen lernt ihr die Vokabeln der Lektion 4«; **wie** die Schüler jedoch am effektivsten Vokabeln lernen, wird ihnen nur ausnahmsweise beigebracht.

Viele meiner Studenten betreuen studienbegleitend ein Kind, das in der Regel erhebliche Schulprobleme hat und vom Sitzenbleiben oder

Rücklaufen zu einer anderen Schulform bedroht ist. Fast immer stellen sie fest, daß nicht so etwas wie Begabung das Problem ist, sondern unzureichende Arbeitsweisen. Und wenn sie dann gemeinsam mit dem bedrohten Schüler Hausaufgaben machen, ihm sagen und zeigen, wie man einen Text lesen und verstehen muß, wie man einen Aufsatz gliedert, wie man Informationen auf Kärtchen schreibt und sortiert, wie man ein Hausaufgabenheft führt, wie und wann man in der Schule nachfragt, wenn etwas nicht verstanden wurde, daß man Vokabeln am besten lernt, wenn man sie auch aufschreibt und laut ausspricht, zu welcher Tageszeit am besten gelernt wird, daß man erst die Materialien geordnet zurechtlegt, bevor man anfängt, ..., dann stellt sich gewöhnlich schnell Schulerfolg ein.

Nachhilfeunterricht bedeutet neben Ausgleichsbemühungen um fehlendes Wissen und Verständnis vor allem Lernen taktischen Verhaltens gegenüber schulischen Erwartungen und Lernen optimalen Arbeitsverhaltens. Dazu gehört dann auch der Hinweis, daß aktive Teilnahme am Unterrichtsgespräch und häufiges Melden dazu führen, daß die sonst als äußerst langwierig und langweilig empfundenen Unterrichtsstunden schneller, interessanter und mit einem Mehr an aufbauenden Erfolgserlebnissen vergehen und so zu erheblich gesteigertem Wohlbefinden führen können.

Für Eltern ist es dabei wichtig, zu wissen, daß schulisch und lebenslang erfolgreiches Arbeitsverhalten mit dem ersten Schultag beginnt, und zwar mit einem guten und ruhigen Arbeitsplatz zu Hause, mit einem dem Kind eigenen Schreibtisch, mit regelmäßig für Schularbeiten freigehaltenen Arbeitsstunden und mit dem Vorhandensein von Arbeitsmitteln wie Bleistift, Füller, Lineal, Buntstiften, Radiergummi, Anspitzer, Tintenkiller, Heften, Papier, Lexika, ...

Disziplin und Ordnung

- *Disziplin ist die Einsicht in die Notwendigkeit von Ordnung.*
- *Sie ist als Bindung an selbstgesetzte oder von außen herangetragene Normen Erziehungsziel; Ordnung geht ihr voraus, in Ordnung mündet sie wieder ein.*
- *Diszipliniertes Leben ohne Überzeugung ist Dressur; es hält nicht lange vor und findet nicht statt, wenn die kontrollierende Instanz abwesend ist.*
- *Disziplin schafft Freiheit in sozialen Gruppen.*

Ordnung ist eigentlich das Ergebnis von Disziplin, wobei Disziplin durch ein Leben in Ordnung sehr begünstigt werden kann. Disziplin ist die Unterordnung unter von außen verlangte Normen oder deren Anerkennung durch Einsicht in ihre Notwendigkeit im Sinne von Selbstdisziplin; allerdings gehören dazu auch selbstgesetzte Normen, an die man sich fortan halten will.

Früher verstand man Disziplin als Erziehungsmittel, also mehr als etwas von außen an den Menschen Herangetragenes, das als atmosphärische Forderung innere Ordnung, sprich Zucht, und in der Folge äußere Ordnung bewirkte. Disziplin war das Mittel, Ordnung das Ziel, damit menschliches oder staatliches Zusammenleben funktionierte. Heute versteht man eher Ordnung als Mittel, das aus Überzeugung zu Disziplin als Erziehungsziel führt und dann wieder in Ordnung als Resultat einmündet.

Der ukrainische Pädagoge A. S. Makarenko hat einmal sehr schön gesagt: »Wenn ein Mensch etwas tun muß, daß ihm angenehm ist, so tut er es immer auch ohne Disziplin; Disziplin ist gerade dann vorhanden, wenn ein Mensch auch etwas, was ihm sonst unangenehm ist, mit Befriedigung tut«. An anderer Stelle formuliert er in einer Vorlesung: »Bedenken Sie, daß die paradoxe Behauptung, Disziplin sei Freiheit, selbst von den Kindern sehr leicht begriffen wird!« Er will damit sagen, daß Disziplin als Einhalten von Spielregeln und von sich selbst geschaffenen Normen die Freiheit verschafft, daß man seinen Schrank nicht abschließen muß oder daß man mit der Sicherheit in die Schule kommt, alle Hausaufgaben erledigt zu haben.

Disziplin ist ein ebenso unmoderner Begriff wie Autorität, Obrigkeit oder sittliche Erziehung; dennoch macht er deutlich, daß das Zusammenleben in Freundschaften, von Gruppen, von Familie, von Schulklassen, von Betrieben, von Gemeinden oder in der Gesamtgesellschaft nur funktioniert, wenn vereinbarte Grenzen respektiert werden und wenn man sich an seine eigenen und an die durch Überzeugung von außen angenommenen Vorsätze hält. Der Hauptaufwand von Erziehung befaßt sich mit der Entwicklung solcher normativen Anbindungen. Das braucht viel Zeit, gesteht dem Kind Fehler und Ausprobieren zu, geht über eine Reihe von Mißerfolgen und wird modern Soziales Lernen und in seinen Ergebnissen Selbstdisziplin, Sozialkompetenz und Politische Mündigkeit genannt. In dem Maße wie Disziplin und damit Ordnung nicht erreicht werden, spricht man von Erziehungsdefiziten, Verhaltensstörungen oder – wieder unmodern – von Verwahrlosung.

Disziplin ist heutzutage deshalb schwierig zu erreichen, weil es so viele gegensätzliche Normen in unserer pluralistischen Gesellschaft gibt; was der eine für unverzichtbar hält, ist für den anderen unwichtig oder falsch. Ist es ein Wert, wenn die Gegenstände auf den Schreibtisch rechtwinklig zueinander liegen? Muß man pünktlich sein? Darf man rauchen, wenn es andere stört? Ist es gut, einen naturbelassenen Garten zu haben, in dem aus der Sicht des Nachbarn viel »Un-«Kraut steht, das seine Samen auch über die nächsten Gärten verstreut? Muß ich Schularbeiten immer sofort machen, oder reicht es auch, sie morgen zu erledigen? Schadet es einem Zehnjährigen, wenn er erst um 23.00 Uhr zu Bett geht?

Am Ende kommt dabei heraus, daß man sich nur an Regeln halten kann, von denen man selbst überzeugt ist. Sehen nur die Eltern ihre Notwendigkeit, hat man als Kind die Wahl, sich nicht daran zu halten, sie den Eltern zuliebe zu befolgen, sich nach und nach von ihrer Nützlichkeit überzeugen zu lassen oder sich ihnen wegen der erpresserischen Androhung einer noch ungünstigeren Alternative dennoch zu fügen. Allerdings trägt Disziplin ohne innere Einsicht und nur aufgrund äußeren Drucks nicht immer und schon gar nicht lange. Sie wird oft nur bei Anwesenheit der kontrollierenden Instanz vorgetäuscht, aber bei ihrer Abwesenheit oder mit dem Älterwerden »über Bord geworfen«, so daß sie also eigentlich nie da war.

Erziehung ohne innere Überzeugung des jungen Menschen ist demnach eine ziemlich vergebliche Angelegenheit; sie gerät allenfalls zu so etwas wie Dressur, ohne die es wiederum in den allerersten Lebensjahren, wenn das Kind Begründungen und die Notwendigkeit von Grenzen noch nicht verstehen kann, auch gar nicht geht.

Werteerziehung

- *Kinder brauchen Anbindung an Werte, wenn sie nicht verwahrlosen oder verhaltensgestört werden sollen.*
- *Fehlen Wertebindungen im jungen Menschen, ist er leicht verführbar und suchtgefährdet.*
- *Methodisch gelingt Werteerziehung am besten über die Zuspitzung von Wertekollisionen, also über Dillemata.*
- *Das Erlebnis »negativer Perspektiven« als tief durchlittener Grenzerfahrungen macht am ehesten die Notwendigkeit von Bindungen an Werte bewußt, denn »die Worte geben noch nicht die Sache selbst« sagt Pestalozzi.*

Alarmzeichen für eine angespannte psychische Lage vieler Deutscher und Signale für den Beginn einer schweren gesellschaftlichen Krise glaubt der Berufsverband Deutscher Psychologen auszumachen. Anzeichen dafür seien eine Verschlechterung der Stimmungslage in Ost und West, das Anwachsen eines öffentlichen Protestpotentials, die Ratlosigkeit der etablierten Parteien gegenüber Politikverdrossenheit sowie die Hilflosigkeit der Justiz, heißt es in der jüngsten Ausgabe des Verbands-Fachblattes.

Zur psychischen Hinterlassenschaft des SED-Regimes gehöre ein weitreichender Vertrauensverlust, der bis in familiäre Beziehungen hineinreiche. Zusammen mit den langwierigen wirtschaftlichen Problemen könne dies die seelische Befindlichkeit ganzer Bevölkerungsgruppen gravierend schädigen. Die Folge seien permanente Nörgelei, Depressionen bis hin zu einem »Totstellreflex«, aber auch Aufbegehren und Gewalt.

Seit mindestens 2500 Jahren beklagen eigentlich alle Erwachsenengenerationen den Zustand ihrer Jugend, und zwar nicht unbedingt deshalb, weil sie stetig »schlechter« wird, sondern weil sich der gesellschaftliche Normenkonsens schneller wandelt, als die Älteren mitzumachen bereit sind. So warf schon Sokrates 400 v. Chr. den jungen Leuten »schlechte Manieren, Autoritätsverachtung und Respektlosigkeit« vor.

In letzter Zeit wird aber ganz besonders beklagt, daß die Gewalt junger Menschen gegen sich selbst (z. B. durch Drogen), gegen andere Personen und gegen Sachen zunimmt, daß ihre Kriminalität als Mißachtung eines Minimums an Spielregeln des Zusammenlebens eskaliert, daß es ihnen gravierend an Toleranz, Sozialverhalten, politischer Mündigkeit und Solidarität fehlt und daß es Eltern, Erzieher und Lehrer bei allzu vielen von ihnen nicht schaffen, ein das Gemeinwesen tragendes Weltbild und Wertesystem aufzubauen.

Eine Ursache liegt darin, daß kleine Kinder, die Zuwendung und Ansprache wollen, mit Nahrung, Spielzeug und für sie nicht verstehbar gemachten Forderungen »abgespeist« und zum Ausweichen in Materialismus erzogen werden, eine andere im Verfall traditioneller Familiennormen und der nur geringen Verwirklichung des schulischen Erziehungsauftrages.

Kinder und Jugendliche brauchen zu ihrer gesunden Sozialisation drei Arten von Bindungen, und wenn diese nicht aufgebaut werden, drohen sie verwahrlost, neurotisch oder verhaltensgestört zu werden:

- Sie brauchen die Bindung an Bezugspersonen (Eltern, Freunde, Vorbilder),
- sie müssen eine Bindung an ihre eigene Zukunft haben (Perspektiven, Motivationen, Leitbilder),
- und sie benötigen ein Weltbild (Normen und Werte, Religion, Ideologie).

Wenn sie in diesen Bindungsbedürfnissen defizitär bleiben, flüchten sie in ersatzbefriedigende Süchte oder in subkulturelle Nischen, die sich ihnen anbieten (Hooliganismus, Rechtsradikalismus, Jugendsekten, Schwarze Messen, Banden, S-Bahn-Surfen, Gaffiti-Szene, Autoknacken u. a.), und sie befriedigen dann als Randständige auf sehr unerwünschte Weise ihre Geborgenheits-, Orientierungs-, Rangordnungs-, Feindbild- und Selbstwertbedürfnisse.

In den »Allgemeinen Lernzielen« für alle Hamburger Schulen finden sich zwar so hehre Aufgaben wie Erziehung zur Selbständigkeit, zur Leistungsmotivation, zur Kreativität, zur Kooperationsfähigkeit und zur Fähigkeit, sich an Normen zu orientieren. Nur wie kann die Schule sie in einer pluralistischen Gesellschaft mit ihren Wertekollisionen und dem Rückgang der Bedeutung der Kirchen als Institutionen für religiöse Bindungen bewältigen?

Das nordrhein-westfälische Landesinstitut für Schule und Weiterbildung in Soest hat seit 1987 in Hamm, Düren und Langenfeld einen Modellversuch »demokratische Werteerziehung« durchgeführt. Die Erfahrungen, jeweils an einer Hauptschule, an einer Realschule und an einem Gymnasium gewonnen, sind gut und zeigen hoffnungsvoll einen erzieherischen Weg auf, vorbeugend eine moralische Stand- und Konfliktfestigkeit aufzubauen, statt ein pädagogisches Krisenmanagement erst dann zu entwickeln, wenn »das Kind schon in den Brunnen gefallen ist.«

Wir alle wissen um den traurigen sozialen und sittlichen Zustand der amerikanischen Gesellschaft und insbesondere ihrer Jugend mit den Drogen- und Gewaltproblemen, für die beispielsweise Los Angeles und New York stehen. Die Notwendigkeit einer »Werteerziehung und -orientierung« (»Values Education«) ist denn auch ausgehend von den Theorien Lawrence Kohlbergs von den USA nach Europa herübergeschwappt und findet in der OECD und im Europarat große Beachtung. Von Nordrhein-Westfalen strahlt nun das Projekt auf die übrigen Bundesländer aus.

Konkret sieht das so aus, daß man im Schulleben nach Handlungsräumen für eine altersstufengemäße moralische Entwicklung über Formen der Konfliktlösung und durch Schülerpartizipation sucht, z.B. wenn Schüler in den selbstverwalteten Schulkiosk einbrechen oder wenn kleine Schüler unter dem Rauchen der großen leiden. Schule wird dabei in ihrer strukturellen Gewalt, in ihrer Allmacht und ihren heimlichen Lehrplänen in Frage gestellt; die Ohnmacht des einzelnen Schülers gegenüber dem Systemmoloch Schule wird aus gegebenen Anlässen überwunden, so bei der Notengebung, bei Versetzungen, bei Bestrafungen oder bei unterschiedlichen Erziehungsauffassungen von Schule und Elternhaus. Es wird akzeptiert, daß Schüler andere Wertevorstellungen haben als Eltern und Lehrer und daß diese auch über Fehler und Umwege wachsen dürfen.

Allgemein anerkannte Werte wie Wahrhaftigkeit und Freundschaft können miteinander kollidieren, so daß der Schüler über die Zuspitzung eines Dilemmas und die Pflege einer Streitkultur urteilen lernen muß, ob für ihn in einer bestimmten Situation der eine oder der andere Wert Priorität hat. Er soll dabei die Macht des jeweils besten Argumentes prüfen, z.B. wenn es um die Integration von Außenseitern, Ausländern oder Behinderten geht, und er lernt dabei, Dilemma und Dissens auch gegenüber Anfechtungen und Verführungen aushalten zu können. Er soll leibhaftig erfahren, daß das, was für einzelne gut ist, noch lange nicht für die Gruppe akzeptabel ist, und daß das, was für die Gruppe gut ist, nicht unbedingt für die Gesellschaft taugt. Moralpredigten und erhobene Zeigefinger der Lehrer bauen dabei allerdings ebensowenig erwünschte Wertevorstellungen auf wie die Überdosierung mit moralträchtigen Themen. Ein Verzicht auf die Arbeit mit »negativen Perspektiven« wie Strafen als sozialen Grenzerfahrungen (Abschreckung statt Abfärbung) wäre aber auch falsch.

Momentan wirkt der gute Normenkatalog der »Allgemeinen Lernziele« im Kontrast zur Alltagspädagogik der Schulen noch wie Ironie. Lehrerbildner, Schulgestalter und die z.Z. so wenig handelnden Bildungspolitiker haben aber gerade mit dem Aufbau einer Werterziehung die Chance, endlich einmal ein Stück »innerer Schulreform« umzusetzen, die »kostenneutral« möglich, zugleich aber eine wichtige gesellschaftliche Zukunftsinvestition ist.

Die Zukunft als Motivation – Die perspektivische Kraft der Freude auf das Morgen

- *Wenn ich heute etwas Unangenehmes tue, um morgen etwas Angenehmes zu erreichen, dann verschönert die Freude auf das Morgen bereits den heutigen Tag.*
- *Motivation ist die Kunst, für Entbehrungsreiches, Anstrengendes und Langweiliges freudig angestrebte Bezugspunkte in der persönlichen oder gesellschaftlichen Zukunft zu finden.*
- *Die Möglichkeiten für Handlungsantrieb reichen von der Bestechung mit einem Schoko-Riegel bis zu selbstgewollten Zielen der persönlichen Vervollkommnung, der Sozialkompetenz und der politischen Mündigkeit.*

Manchmal tut der Mensch etwas, um sich selbst im Moment Gutes zuzufügen; Raucher begründen ihr Rauchen so; manchmal tut er etwas, weil ein anderer das so will, manchmal um einem Mitmenschen eine Freude zu machen, und manchmal tut er gar nichts.

Eine Menge menschlichen Handelns ist jedoch als Investition für die Zukunft gedacht. Die Freude auf erst später mit dem heutigen Handeln erreichbare Ziele ist dann der Antrieb für das mühselige Tun jetzt.

Was man sowieso gern tut, benötigt keine besondere Motivation. Das Anstrengende und nicht so Lustvolle braucht jedoch einen Motor, einen Impuls zum Handeln.

»Nicht für die Schule, sondern für das Leben lernen wir«, hieß es früher. Für viele Schüler ist ein solcher Zusammenhang zu abstrakt; sie werden deshalb anders motiviert, indem sie für eine gute Note oder eine bewältigte Rechenaufgabe mit einem Schokoladenriegel oder einem Fernsehfilm belohnt werden. A. S. Makarenko nennt im Rahmen seines »Systems der Perspektiven« so etwas die »nahe Perspektive«, was besagen soll, daß Kinder, die noch jung oder auf ihrem Sozialisationswege nicht besonders weit sind, mit etwas belohnt werden können, das nicht direkt im Zusammenhang mit dem erwarteten Handeln steht und das keine große zeitliche Überbrückungsleistung voraussetzt; das mühselige Handeln wird sofort lustvoll entgolten.

Seine »mittlere Perspektive« setzt schon eine etwas größere zeitliche Überbrückungsleistung voraus, und sie ist auch schon sozialer: Ich tue jetzt etwas für die Gruppe, von dem sie erst in einem halben Jahr profitiert; beispielsweise baue ich heute ein Bühnenbild für eine Aufführung meiner Theatergruppe, die Premiere findet aber erst in vielen Monaten statt, oder ich bringe jetzt etwas in eine Gruppenarbeit ein, die erst am Schuljahresende benotet wird. Zu diesen auf weiter weg liegende Ziele gerichteten Motivationen gehören dann auch die Bereitschaft, heute Hausaufgaben zu machen, obwohl die Versetzung erst in fast einem Jahr ansteht, oder solange im Supermarkt zu jobben, bis genug Geld für ein Mountain-Bike oder einen Computer zusammengespart ist.

Die »weitere Perspektive« Makarenkos bezieht sich schließlich in ihrem hohen Abstraktions- und zeitlichen Überbrückungsgrad auf den gesamten Lebensweg und meint so etwas wie persönliche Vervollkommnung, Selbstverwirklichung, Sozialkompetenz und politische Mündigkeit. Junge Menschen, die sich für Umweltschutz und Integration von Migranten und gegen Rassismus engagieren, die viele historische und politische Bücher lesen, um die Welt besser zu verstehen, die ohne Entgelt einer gebrechlichen alten Nachbarin helfen oder viel Zeit und Kraft in kirchliche oder politische Arbeit investieren, tun das oft aus übergeordneten persönlichen oder gesellschaftlichen Wertvorstellungen heraus, wohl wissend, daß das Ziel ihrer Aktivitäten – wenn überhaupt – vielleicht erst lange nach ihrem Ableben erreicht wird, und schon gar nicht allein aufgrund ihres Handelns.

Alle Menschen, insbesondere aber Kinder und Jugendliche, möchten gern etwas Lustvolles oder etwas Sinnvolles tun. Ihr lustbetontes Engagement muß nicht besonders organisiert werden; für sinnvolles Tun müssen aber perspektivische Bezugspunkte hergestellt werden, die zum Handeln animieren.

Eltern und Lehrer sind also gut beraten, wenn sie vom jungen Menschen etwas Entbehrungsreiches, Anstrengendes oder Langweiliges verlangen, ihm die Sinnhaftigkeit oder Notwendigkeit zu erklären und ihn an diesen Bezugspunkt irgendwie anzubinden; man nennt das ja Motivation. Makarenko sagt, es sei die Freude auf das Morgen, die mich heute etwas Unlustbetontes tun läßt; da ich mich aber schon jetzt auf das erst morgen erreichbare Ziel freue, gewinne ich schon heute einen Teil der Lust, die mir eigentlich erst morgen zusteht; das trostlose Heute wird also durch das morgige Ziel schon heute aufgehellt bzw. verschönert.

Zuschreibungsprozesse – Prognosen und ihre Rückwirkungen auf das Selbstkonzept

- *Schullaufbahnprognosen nach Klasse 4 erweisen sich doppelt so häufig als falsch wie die nach Klasse 6.*
- *Niemand ist Hauptschüler, wenn er in die Hauptschule kommt; er ist es aber durch Stigmatisierungsprozesse und »Restbewußtsein« schließlich, wenn er sie am Ende verläßt.*
- *Wenn Eltern oder Lehrer an die Leistungsfähigkeit des Schülers glauben, wird er besser, zweifeln sie daran, wird er schlechter.*

Kinder orientieren sich sehr stark an dem Bild, das Eltern und Lehrer von ihnen haben. Wenn ihnen viel zugetraut wird, werden sie auch besser; wird ihnen wenig zugetraut, werden sie schlechter. Die Erwartungen der Erwachsenen steuern also die kindliche Leistungsfähigkeit mit.

Wenn Schüler von ihren Lehrern immer wieder hören, daß sie nichts können und daß sie die Versetzung wahrscheinlich nicht schaffen, dann ist die Chance des Scheiterns sehr groß. Wechseln sie dann die Klasse, und treffen sie zufällig auf Lehrer, die ihre Qualitäten erkennen und ihnen signalisieren, daß sie viel von ihnen halten, werden sie durchweg sofort besser. Die Erwartung des Lehrers wird also zum Schicksal; man nennt das ja Self-fulfilling-prophecy, also die Sich-selbst-erfüllende Prophezeiung, oder man spricht von Stigmatisierungsprozessen.

Besonders die Hauptschule lebt davon, denn wenn Schüler von der Grundschule oder den Beobachtungs-, Orientierungs- bzw. Förderstufen in die Hauptschule empfohlen werden und zum zweiten Mal nach dem Weggang guter Schüler zum Gymnasium und ebenfalls besserer Schüler zur Realschule im Kreise schwacher Schüler übrig geblieben sind, entwickeln sie das schon oft beschriebene »Restbewußtsein«; sie sind also nicht unbedingt Hauptschüler, wenn sie in die Hauptschule kommen; mit Sicherheit sind sie aber Hauptschüler geworden, wenn sie die Hauptschule am Ende verlassen. Sie haben sich dann durch die Mißerfolge während ihrer Schullaufbahn den Erwartungen ihrer Umwelt angepaßt und haben als »Verlierer« auf dem Weg zu qualifizierenden Abschlüssen schließlich ein negatives Selbstkonzept entwickelt. Die Rolle des Hauptschülers wird ihnen zugeschrieben, so daß sie am Ende die Prognose ihrer Grundschullehrer bestätigen.

Andererseits erweist sich jedoch jede dritte Schullaufbahnprognose am Ende der 4. Klasse als falsch; viele zur Hauptschule empfohlene Schüler werden von ihren Eltern zur Gesamtschule, zur Realschule oder gar zum Gymnasium angemeldet und kommen zum Abitur oder Realschulabschluß; auf der anderen Seite erlangen etliche Schüler mit Realschul- oder Gymnasialempfehlungen »nur« den Hauptschulabschluß. Die Prognosen in der 6. Klasse stellen sich übrigens nur halb so häufig als irrig heraus wie die der 4. Klasse, und noch stimmiger sind die Abschlußerwartungen der Lehrer von 10. Klassen.

Versuche mit integrierten Haupt- und Realschulklassen und die Erfahrungen der Gesamtschule haben übrigens ergeben, daß in ihnen wesentlich mehr per Prognose in die Schublade Hauptschule gepackte Schüler durch »mitreißende Effekte« der Anbindung an leistungsstarke Mitschüler und durch längeres Offenlassen der Zuordnung zu erreichbaren Qualifikationen zum Realschulabschluß und Abitur kommen als in der Hauptschule.

Das alles macht mehreres deutlich: Erstens läßt sich eine angemessene Schullaufbahnprognose um so stimmiger treffen, je später sie fällt; bei 10jährigen, die noch keine Erfahrungen mit Fremdsprachenunterricht haben und die noch nicht in der Vorpubertät sind, ist sie äußerst unzuverlässig. Zweitens entwickeln sich Schüler, denen sowohl die Lehrer als auch die Eltern ein Hauptschulschicksal zuschreiben, meist im Sinne der Prognose. Wenn aber die Eltern ihrem Kind mehr zutrauen als die Lehrer, hat es wesentlich größere Chancen, weil wenigstens ein Teil der Erwachsenen von ihm eine leistungsstärkere Entwicklung erwartet. Und wenn drittens in integrativen schulischen Konzepten die frühe Zuordnung zu einem Schultyp ausbleibt, sind auch negative Rückwirkungen auf das Selbstkonzept minimalisiert, so daß bei Spätentwicklern auch noch höherqualifizierende Abschlüsse entgegen der Grundschulempfehlung erreichbar sind. Viertens kann bereits ein einzelner Lehrer, der ein Kind, nachdem er es bereits als gescheitert bekommt, dennoch hoch einschätzt, für eine Wende zu einer erfolgreichen Schullaufbahn sorgen.

Fünftens können Eltern zwar in schlimmer Weise Kinder mit einer Haupt- oder Realschulempfehlung überfordern, indem sie diese dennoch aus Sozialprestigegründen auf ein altsprachliches Gymnasium schicken; andererseits kennen sie ihre Kinder meist besser, als die Lehrer es vermögen, so daß es durchaus richtig sein und dem Kind Mut machen kann, an seine größere Leistungsfähigkeit zu glauben, wenn es selbst unbedingt Abitur machen möchte oder einen Realschulabschluß anstrebt. Sechstens sollte man in jedem Fall die vierjährige Grundschule durch eine sechsjährige wie in Berlin und Brandenburg ersetzen, um die Zahl der bisherigen Fehlprognosen und die damit verbundenen Versagenserlebnisse zu verringern. Als siebtens bleibt dann immer noch der Weg der Privatschulen bzw. der Landerziehungsheime und Internate, in denen der höchste Prozentsatz von ungünstig prognostizierten Schülern zu guten Schulabschlüssen kommt.

Gespräche mit Eltern: nach Gründen fragen

Kinder und das Fremde – Zwischen Schutzbedürfnis und Rassismus

- *Angst vor dem Fremden schützt Kinder.*
- *Gewalt entwickelt sich aus verbaler Ohnmacht, Vorurteilen, mangelnder Kenntnis des anderen und aus politisch und historisch nicht stimmigen Weltbildern.*
- *Wer selbst unten steht, möchte sich über andere Untenstehende erheben.*
- *Umweltzerstörung, Arbeitslosigkeit, Wohnungsnot, Aids und Mangel an Partnerschaften bestimmen die Zukunftsängste junger Menschen.*
- *Rassismus wird gelernt; kleine Kinder zeigen keine rassistischen Tendenzen.*

Angst vor dem Fremden und daraus folgende Zurückhaltung schützt den Menschen, insbesondere Kinder. Sie können sich zunächst nur an Äußerlichkeiten orientieren; was ihnen unbekannt ist, macht sie stutzig, weil sie es noch nicht in Faktoren zerlegen können, für die sie Verständnis aufbringen. Eigenschaften, die sie noch nicht erlebt haben, bergen Gefahren und lassen sie vorsichtig werden, weil sie schon oft auf Unbekanntes, mit dem sie noch keine Erfahrungen sammeln konnten, hereingefallen sind. Es ist also das Unbekannte, demgegenüber sie noch keine Handlungssicherheit aufbauen und trainieren konnten, was sie zurückhaltend werden läßt.

In solchen Situationen, die auf eine Gratwanderung zwischen Ängstlichkeit, Neugier und Offenheit treffen, sind sie besonders anfällig für Urteile reiferer Menschen, die sie für sich erst einmal als Vorurteile, die noch nicht durch eigene Erlebnisse bestätigt sind, übernehmen. Wenn dann durch irgendeine Kleinigkeit, durch einen Gewaltakt oder weil sie bestohlen wurden, dieses Vorurteil zum Urteil aus eigener Anschauung wird, dann wird es schnell hochgerechnet und auf alle Mitglieder der Gruppe, der Religion, der Rasse und der Nation übertragen. Eine negative Erfahrung mit einem Roma oder Sinti oder mit einem Asylbewerber kann dann durch verstärkende Verallgemeinerungen der Eltern oder anderer Bezugspersonen zu dem Urteil führen, daß alle »Zigeuner« und Ausländer zur Kriminalität neigen. – An sich verstehen sich kleine Kinder aller Rassen, wenn sie nicht durch Erwachsene gesteuert werden, beim Spielen miteinander gut. Sie sind von Natur aus in keinerlei Weise rassistisch.

Fehlende eigene Erfahrung, häufig gehörte Beurteilungen durch andere Menschen, Ängstlichkeit und ein konkreter Anlaß reichen bei vielen jungen Menschen aus, ihr naturgegebenes Schutzbedürfnis zu verallgemeinernden Diskriminierungsstrukturen in ihrem Handeln auszubauen, die dann bei mangelnder Intelligenz und fehlendem Differenzierungsvermögen schließlich zu einem manifesten Rassismus geraten können.

Eine Berliner Studie hat gerade auf der Suche nach Ursachen für Rechtsradikalismus bei 12- bis 16jährigen herausgefunden, daß Umweltzerstörung, Arbeitslosigkeit, Wohnungsnot und Aids ihre Zukunftsängste bestimmen. Junge Menschen, die aus Angst hellhörig geworden sind und die zu wenig über die Ursachen der von ihnen erlebten Bedrohungen wissen, machen sich vorschnelle Erklärungsversuche sehr rasch in Form von Schuldzuweisungen zu eigen. Die nach Armut aussehenden Asylbewerber sind es dann, die mit ihrem überall hingeworfenen und liegengelassenen Müll die Umwelt zerstören, die auf der Suche nach Jobs verhindern, daß deutsche Familienväter einen Arbeitsplatz erhalten, die Wohnungen vom Staat finanziert bekommen, die man selbst gerne hätte, und die mit ihren anderen kulturellen Lebensformen aus ihren Herkunftsländern mitgebrachte Aids-Viren verbreiten.

Frustration über die eigenen Lebensumstände, gepaart mit Enttäuschungen in bezug auf nicht erreichte, aber zuvor einmal angestrebte Ziele wie Schulabschluß, gewünschter Ausbildungs- oder Studienplatz, ein Lebensstandard mit hohem Taschengeld, teuren Klamotten, Motorrad oder Auto, eine schicke Wohnung sowie eine attraktive und nette Freundin, fehlende Nestwärme in der eigenen Familie und unzureichende Wertschätzung durch Gleichaltrige und Gesellschaft vermitteln das Gefühl, ganz unten zu stehen. Die Angst, daß man auf Dauer Verlierer der sozialen Konkurrenzkämpfe nicht nur ist, sondern auch bleiben könnte, macht aggressiv, und gerade dann, wenn man viel Körperkraft, aber nur wenige Chancen zur Verbesserung seiner Lebenssituation hat.

Wer ganz unten steht und wenig im Kopf hat – was ihn schon in der

Schule scheitern ließ –, kann sich leichter mit Muskeln als mit Sprache durchsetzen. Er ist froh, wenn er noch andere unter sich oder neben sich findet, auf die er beim Strampeln nach oben treten kann; und da bieten sich einerseits die durch Armutswanderungen zu uns verschlagenen Ausländer als Schuldige an und andererseits Gewalt als Mittel. Da man sich selbst als Opfer des Kampfes aller gegen alle fühlt, braucht man Opfer, die einen selbst in etwas besserem Licht dastehen lassen. Deutschtümelei und Vaterlandsliebe, Stolz auf geschichtliche Phasen des Kraftstrotzens und Stärke demonstrierende Äußerlichkeiten wie Springerstiefel, Bomberjacken, Waffen, Glatzköpfe, tätowierte Muskeln, Aufnäher mit schwarz-weiß-roten oder hakenkreuzähnlichen Emblemen, Ohren- sowie Kettenschmuck und machtvolle Begriffe wie Volk, Front, Liga, Deutsch und National helfen, die schwache Seele, den dürftigen Geist und das liebeshungrige Herz zu verkleiden.

Meist ist es nur eine pubertäre bis spätpubertäre Phase, in der aktiv rassistischen und gewaltreichen Ritualen gefrönt wird. Nur wenige Menschen bleiben so dumm, wie sie mit 12 bis 20 Jahren waren; wenn sie irgendwo im Beruflichen oder Partnerschaftlichen Erfolg haben, wenn sie durch kleine, aber stets wiederkehrende oder heftige Reaktionen der Umwelt, durch historisch aufklärende und informativ-differenzierende Auseinandersetzungen und durch Niederlagen bei ihren körperlichen Kriegen ideologieergänzende Erfahrungen gemacht haben, erhalten sie oft eine so gehörige Portion nachgereichten Lernens, daß sie von ihren Vorurteilen wieder ablassen oder sie ins Latente verdrängen. Das gilt für Mitläufer, aber nicht unbedingt für ihre Führer als intelligente, aber verbohrte Ideologieträger; letztere können leider sehr alt dabei werden, weil sie ihr ganzes Leben nichts anderes tun, als Rechtfertigungen für ihr starres Weltbild zu suchen.

Spricht man mit gewaltreichen rechtsradikalen Jugendlichen, die Fakkeln in Asylbewerber-Wohnheime werfen und die in der Masse zwar zu irgendwelchen Cliquen gehören, aber nicht organisiert sind, kommt man allerdings zu einem eher erziehungsoptimistischen Eindruck; denn ihre Argumentationen brechen meist sehr schnell zusammen. Wenn sie einen konkreten Ausländer genau kennenlernen, wenn sie historisch und politisch aufgeklärt werden, wenn ihre Vorurteile durch gegenteilige Argumente aufgebrochen werden, bleiben häufig nur ihre Langeweile, ihre Einsamkeit und ihre Anerkennungssehnsucht übrig, die mit anderen Sinnhaftigkeiten, Geborgenheiten und stimmigen Weltbildanteilen recht schnell zu ersetzen sind.

In der DDR wurde ihnen ein nicht richtiges Geschichtsbild vermittelt; und eine unserer Zeit entsprechende Sozialerziehung und politische Bildung fand dort nicht statt. Kein Wunder also, daß diese Defizite noch lange nachwirken.

Eltern und Lehrer, die Differenzierungen und Informationen gegen Vorurteilsbildung und Feindbilder einsetzen, die den Kindern das bieten, was sie sonst in Jugendbanden und bei Rechtsradikalen suchen, nämlich familien- und weltbildersetzende Einbindung und Anerkennung, die dafür sorgen, daß sie sich mit Worten statt mit Gewalt wehren können, die es schaffen, den Wert des Menschen an sich über rassische oder nationale Unterscheidungen zu stellen, und denen es gelingt, daß Kinder Minderheiten als Bereicherung einer multikulturellen Gesellschaft verstehen, vermögen rechtzeitig gegen die Ablehnung des Fremden zu impfen.

Politiker machen es ihnen allerdings dabei schwer, wenn sie selbst schlechte Vorbilder des diskriminierenden Umgangs mit anderen ideologischen Positionen sind, wenn sie permanent Vorurteile zum eigenen politischen Überleben schüren, wenn sie, um Wahlvorteile zu erlangen, auf die Wirkung von künstlich geschaffenen Feindbildern vertrauen und wenn sie untereinander mit dem Mittel der Gewalt – auch der Sprachgewalt – umgehen.

Kind und Atmosphäre

- *Die atmosphärische Gestaltung der Lebensumwelt von Kindern ist in mehrfacher Weise von der Architektur über die Schulgestaltung bis zur Sprachgewalt vernachlässigt worden.*
- *Kinder brauchen feste Gewohnheiten, Gemütlichkeit, individuelles Lerntempo und Lehrer, die nicht Stundengeber sind, sondern mit ihnen freundschaftlich zusammenleben.*
- *Offener Unterricht und die notenfreie Schule schaffen eine lustbetontere Lernatmosphäre, ebenso das Schulfrühstück und außerunterrichtliche Zuwendungsformen der Lehrer.*

Jahrelang hat man als leistungsfördernden und wohlbehagenstärkenden Gesichtspunkt die Gestaltung der pädagogischen Atmosphäre vernachlässigt. Da gab es Zeiten, in denen man glaubte, das Kind müßte möglichst früh an die kalte Mobilität der Erwachsenenwelt gewöhnt werden, indem es in allzu großen modernen Beton-Schulzentren lernt und in jeder Stunde in einem anderen kahlen Raum neben einem anderen Schüler bei einem anderen Lehrer mit einem anderen Fach sitzt. Schule sollte verwissenschaftlicht werden und geriet dabei zu einer universitätsähnlichen kalten Lernfabrik mit Kaufhausarchitektur, in der allenfalls noch die Grundfarben Blau und Orange in ihrer Allgegenwärtigkeit gleichzeitig somatisch beruhigend und Kreativität stimulierend wirken sollten.

Kinder brauchen aber, je kleiner sie sind, desto mehr die wohnliche Gestaltung eines Biotops mit festen Gewohnheiten, die ihnen Sicherheit geben, und mit ästhetischen Dimensionen, in denen sie sich wohl und geborgen fühlen.

Dazu gehören ein fester Klassenraum mit einem vertrauten Nachbarn, die verläßliche, umfassend und kontinuierlich wirkende Bezugsperson eines Klassenlehrers, die geordnete Nahraumwelt des eigenen Tisches mit dem Turnzeugbeutel, den Heften und Materialien sowie dem Pausenfrühstück unter und auf dem Tisch, der eigenen Kerze in der Adventszeit und den selbstgefertigten Bildern an der Wand, eine Kuschel-

und Entlastungsecke im Klassenraum, eventuell ein Teppich, Pflanzen und Tiere, ein Arbeitsmittelbord mit Nachschlagewerken, eine Zeitleiste um die Wände herum, die mit der Entstehung des Weltalls beginnt und 1995 endet, von Schülern und Eltern selbstbemalte und mit eigenen Werken sowie den Fotos aller Schüler verzierte Wände, eine Klassenchronik, eine Klassenzeitung und eine zeitgemäßem Lehrerverhalten und seinen Lehrmethoden angemessene Sitzordnung mit Gruppentischen bzw. in Kreis- oder U-form, so daß Offener Unterricht, Soziales Lernen und Projektarbeit unterstützt werden können, ganz zu schweigen von klasseneigenen Hilfsmitteln wie Fernseher, Videorecorder, Leinwand, Epidiaskop und Radio.

Ein Klassenraum muß etwas von einer Wohnstube haben, er muß mehrfachfunktional sein und Frontalunterricht ebenso ermöglichen wie Pausengestaltung, Gesprächskreis, Partner- und Gruppenarbeit und Entspannung.

Die Lebensumwelt des modernen Kindes entspricht kaum seinen atmosphärischen und emotionalen Bedürfnissen. Spielmöglichkeiten sind in autobeherrschten, aber selbst in autofreien Straßen reduziert; Trabantenstädte und Neubaugebiete bleiben vielfach ohne soziale Folgeeinrichtungen, die Architektur ist häufig nicht menschenwürdig, die Wege zu lustbetonten Freizeitaktivitäten sind zu weit und zu gefährlich, Kinderzimmer sind zu klein, und überall fehlt es an Ästhetik sowie an bewußter Erziehung zu Geschmack und zur Fähigkeit zu Behaglichkeit.

Atmosphäre wird aber auch durch Streß, Hektik, Leistungsdruck und Rivalität sowie durch mangelnde emotionale und körperliche Zuwendung gestaltet, wenn auch meist mißlich für das Kind. Deshalb nimmt glücklicherweise mittlerweile die Zahl der Lehrer zu, die am Beginn des Unterrichtstages erst einmal mit ihren Schülern gemütlich frühstücken, die jeden Tag mit einem offenen Gesprächskreis beginnen, in dem die Schüler loswerden können, was sie erlebt haben und was sie bedrückt, und die für ein Mehr an notenfreier Schule sind, um Verspannungen durch Übererwartungen zu reduzieren und die allgemeine Lernatmosphäre lustbetonter werden zu lassen. Dazu tragen auch offene Unterrichtsformen und Integrationsklassen mit Zeit für »Freie Arbeit« bei, die ein Nachholen und Einüben noch nicht verstandenen Stoffes mit individuell angemessenem Lerntempo allein, in Partner- oder Kleingruppenarbeit oder durch gezielte Hilfen des Lehrers erlauben.

Wenn Lehrer sich nicht mehr so stark als Stunden- und Notengeber sehen, sondern als Anwälte eines fördernden Zusammenlebens von Schülern und mit Schülern, wenn sie sich vom moralisierenden Zensor zum Freund ihrer Schüler wandeln, dann schaffen sie eine gedeihlichere

Atmospäre für die ihnen anvertrauten Kinder. Zu diesem Zusammenleben gehört allerdings auch die Bereitschaft, die Kinder in ihrer Biographie und in ihrem Milieu wahrzunehmen und zu verstehen, und das bedeutet auch Zusammenarbeit der Lehrer mit dem Elternhaus in der Form von Hausbesuchen und Elternstammtischen und gelegentliche gemeinsame Unternehmungen in Sachen Sport, Kino, Theater, Kochen, Fahrradtouren, Ausstellungen und Kaffeetrinken mit den Schülern nachmittags, abends, wochenends und in den Ferien sowie Gespräche mit einzelnen Schülern vor der Schule, in den Pausen und nach dem Unterricht, aber auch Telefonate und Briefverkehr – wohlgemerkt mit den Schülern, nicht nur mit den Eltern.

Erziehung zu Geschmack, Stil, Ton und Takt

- *Die am meisten von Erziehung vernachlässigten Kategorien sind zur Zeit neben der Emotionalität Geschmack, Stil, Ton und Takt, vor allem in der Schule.*
- *Kinder sollen keineswegs den Geschmack und die Verhaltensweisen anderer übernehmen; sie müssen aber Kriterien gewinnen, mit denen sie selbst angemessene Entscheidungen gegen Kitsch und Taktlosigkeiten treffen können.*
- *Junge Menschen setzen Geschmack, Stil, Ton und Takt auch als Protestmittel wider besseres Wissen ein, um Feindbilder zu provozieren.*

Nach Sokrates und Plato strebt ja jeder Mensch nach dem Guten, Schönen und Wahren. Nun, für den Weg zum Wahren tun wir ja viel, wenn wir junge Menschen an die Mathematik und an die Naturwissenschaften sowie überhaupt an die Wissenschaften heranführen. Und das Gute ist Erziehungsziel alles sozialen und integrativen Lernens sowie von Religions- und Ethikunterricht bzw. der aktuellen Bemühungen um Werteerziehung. Aber was ist mit dem Schönen?

Erziehung zu Geschmack, Stil, Ton und Takt sind die am meisten vernachlässigten Kategorien heutiger Erziehung, und ganz besonders in der Schule.

Einerseits verläßt man sich bei ihnen auf die Familie und die Werbung bzw. auf Modemacher, andererseits ist es in unserer pluralistischen Gesellschaft kaum möglich, sich darauf zu einigen, was schön ist. »Über Geschmack läßt sich streiten«, und ein persönlichkeitsadäquater Stil, um den angemessenen Ton im Umgang mit anderen zu finden sowie sich taktvoll zu verhalten, ist offenbar Geschmackssache.

Es ist das Verdienst Makarenkos, auf die Relevanz von Geschmack, Stil, Ton und Takt für ein »schöneres« Zusammenleben von Menschen hingewiesen zu haben, indem er diesen Kategorien einen hohen Rang in seinen erziehungssystematischen Versuchen zugewiesen hat.

Natürlich beginnt die Hinführung von Kindern auf diese Verhaltensweisen mit dem Vorleben der Eltern, anderer Bezugspersonen und der Menschen in Medien. Häufig bleibt es aber dabei, und damit ist dem Kind auch überlassen, ob es das nachleben will oder nicht. Immerhin legen Mütter oft großen Wert auf geschmackvolle Kleidung, auf stilgerechtes Leben mit Hockey, Tennis, Klavier, Auslandsaufenthalt in die Nähe der »feinen englischen Art« und auf gute Umgangsformen und ermahnen ihre Kinder immer wieder diesbezüglich zur Höflichkeit, Ordnung, Mäßigung und Rücksichtnahme. Sie sorgen für passende Kleidung ihrer Kleinen zu Omas 70. Geburtstag, beklagen, daß eine bestimmte Wortwahl nicht zu ihrer »guten Kinderstube« passe, finden es stillos, auf dem Bolzplatz mit »Schmuddelkindern« zu spielen und pfeifen ihre Kinder zurück, wenn sie in Gegenwart einer Freundin, die gerade ihren Mann zu Grabe getragen hat, Witze reißen oder wenn ihnen danach ist, in der Kirche albern sein zu wollen.

Lehrer machen sich allerdings nur selten die Mühe, anderer Leute Kinder auch noch an das Schöne heranzuführen. Manche von ihnen sorgen weder für Bilder und Pflanzen in ihrer Klasse, noch kleiden sie sich selbst geschmackvoll. Sie lassen es zu, daß jahrelang zwei schreckliche Poster aus der »Bravo« als einzige zerfledderte Dekorationsstücke im Klassenraum hängen, und zeigen diesbezüglich keinerlei alternativen Einfallsreichtum. Und wenn sie sich selbst ständig im Ton vergreifen und taktlos immer wieder einen fettleibigen Schüler auf sein Äußeres, von dem er weiß und unter dem er leidet, vor den Ohren aller Mitschüler ansprechen, wie sollen sie dann Vorbildwirkung in diesen Erziehungsaspekten zeitigen?

Keineswegs kann es jedoch darum gehen, Kindern vorzuschreiben, was schön und angemessen zu sein hat; vielmehr müssen mit ihnen gemeinsam Gesichtspunkte entwickelt und ausprobiert werden, damit sie selbst entscheiden können, was sie und warum sie etwas schöner, stimmiger, angenehmer oder taktvoller finden. Dazu müssen immer wieder Geschmacks- und Verhaltensalternativen bei Bildbetrachtungen, in Museen, aus Anlaß von Verhaltenskonflikten in der Klasse oder bei Werkvorhaben im Rahmen von Projektunterricht gegeneinandergestellt, ausdiskutiert und entschieden werden.

Wenn Kinder zu bestimmten Cliquen, Szenen oder subkulturellen Nischen gehören, finden sie natürlich auch ohne kritische Distanz schön, was andere dort schön finden. Die Entscheidung, was schön zu sein hat, nimmt ihnen die Gleichaltrigkeit ab; das Diktat der nischenentsprechenden Jugendsprache, der Bekleidung, des Musikgeschmacks und der möglicherweise gewaltsamen Umgangsformen akzeptieren sie voll und ganz, weil sie damit Wir-Bewußtsein, Solidarität, Geborgenheit, Orientierung und Verhaltenssicherheit gewinnen. Eine Folge dieses haltgebenden Anpassungsbedürfnisses ist dann die intolerante Ablehnung anderer Geschmäcker, z.B. in bezug auf Musikrichtungen, Bekleidungspräferenzen und das Gebaren von »Schnitten«, wie sie durchaus taktlos ihre Mädchen nennen.

Mittlerweile sind schon so viele Erwachsene selbst geschmack- und taktlos aufgewachsen, daß sie gar nicht mehr merken, wie sie mit ihren Gartenzwergen, mit ihren aufgemotzten gespoilerten Autos, mit ihren Goldketten und Schnurrbärten, hinter denen sie ihre Minderwertigkeit zu verstecken suchen, und mit ihren kitschigen Souvernirs und Tapeten im Wohnzimmer das ästhetische Empfinden ihrer Nachbarn und sonstiger Mitmenschen verletzen. Sie können dann auch ihren Kindern keine geeigneten Kriterien für eine vorsichtige Geschmacks- und Taktentwicklung anbieten, so daß es zur ästhetischen Erbsünde über viele Generationen kommt.

Solche Teufelskreise gibt es auch beim Tonfall. Wer stets zu laut spricht und die Tonhöhe sowie Klangfarbe seiner Wortwahl nicht situationsangemessen zu variieren vermag, wer ständig mit äußerst begrenztem Wortschatz deftig die Fäkaliensprache bevorzugt, erzieht meist ebensolche Kinder, die nicht einmal mehr unter dieser mangelnden Sprachästhetik leiden, weil sie gar nichts anderes kennen.

Allerdings sind sich viele junge Menschen auch der provozierenden Funktion von gewollter Geschmacklosigkeit bewußt. Sie setzten sie gezielt wie die Punks in Sprache, Kleidung, Haltung und Lebensweise ein, um ihre Feindbilder zu verletzen, obwohl sie vielleicht sogar den guten Geschmack besserer Kreise, aus denen sie stammen, »drauf« haben. Häßlichkeit, Stil- und Taktlosigkeit sind eben oft Protest- bzw. Kampfmittel wider besseres Wissen; sie verschwinden zum Glück meist wieder mit der entsprechenden Lebensphase. Geschmacksbildung und das Erlernen sensiblen mitmenschlichen Umgangs sind jedenfalls ebenso mühselig zu erreichen wie Lesen, Schreiben und Rechnen; sie brauchen genausoviel Aufwand und Geduld. Zur Zeit müssen sich die meisten jungen Menschen diese Art von Ästhetik alleingelassen und deshalb autodidaktisch selbst aufbauen; kein Wunder, daß so viele dabei irren und das nicht einmal bemerken ...

Kind und Geld

- *Je früher Erziehung zum richtigen Umgang mit Geld beginnt, um so besser ist es.*
- *Eltern müssen vorleben, den Wert des Geldes unter andere sittliche Normen zu stellen.*
- *Kinder dürfen nicht so kurz mit Geld gehalten werden, daß sie wegen des Gefälles zu Gleichaltrigen zur Kriminalität gezwungen werden.*
- *Notwendiger Verzicht muß erklärt und begründet werden.*
- *Kleine bezahlte Dienstleistungen sind noch keine Kinderarbeit; sie motivieren zum sparsamen Haushalten und trainieren den vernünftigen Umgang mit Perspektiven.*

Noch nie haben Kinder über so viel Geld verfügt wie heute, und dennoch ist es ihnen zu wenig. Etwa 4 Milliarden Mark bekommen deutsche Kinder bis zum 15. Lebensjahr zur Zeit pro Jahr in Form von Taschengeld, Lohn und Geschenken. Sie sind damit ein bedeutender Wirtschaftsfaktor, und zwar weil sie einerseits viel ausgeben und andererseits für viele Boten-, Dienstleistungs- und Aushilfsarbeiten besonders billig sind.

Bekleidungs-, Süßwaren-, Sportartikel- und Spielzeugindustrie spekulieren auf ihre Konsumbedürfnisse ebenso wie Kinos, Verlage, Imbißbuden und Freizeitparks, und auch die Banken umwerben sie als Sparkunden.

Umgang mit Geld wird also zunehmend zum pädagogischen Problem. Viele Kinder wollen ihre Wünsche am liebsten sofort befriedigen und müssen daher lernen, auf etwas hinzusparen, sich Summen einzuteilen und Werbeanreizen zu widerstehen.

Eltern sollten etwa vom 6. Lebensjahr an Taschengeld geben, beginnend mit 1 Mark pro Woche, sich steigernd über 5 Mark im Alter von 10 Jahren bis zu etwa 80 Mark pro Monat im Alter von 16 Jahren, vorausgesetzt die Kinder jobben nicht und müssen nicht Bekleidung, Schulsachen und Geburtstagsgeschenke für Freunde selbst finanzieren.

Wer sich durch Botengänge etwas hinzuverdient, um sich einen langersehnten Wunsch wie ein Mountain-Bike, einen Computer, einen Walkman oder einen CD-Player selbst erfüllen zu können, darf allerdings dafür nicht damit bestraft werden, daß er fortan kein Taschengeld mehr erhält.

Überhaupt ist es unklug, Kindern, denen man einen wöchentlichen Freibetrag zur Verfügung stellt, in ihr Finanzgebaren hineinzukommandieren; allenfalls vorsichtige Ratschläge sind sinnvoll. Kinder hassen elterliche Einmischung bei der Verwendung ihrer »Kohle«. Ohne Intervention der Eltern lernen sie immerhin auch schneller über Mißerfolge, Enttäuschungen in bezug auf Fehlkäufe und endlose »Armutsphasen« – weil sie alles bereits am 1. Tag verpraßt haben –, den Wert von Geld zu schätzen und künftig besser hauszuhalten. Auch wer sich mit Babysitting, Rasenmähen, Zeitungsaustragen und das Ausführen von Hunden mühselig etwas erwirtschaftet hat, erlebt plötzlich leibhaftig den Gegenwert von 10 Mark und überlegt sich fortan genauer, was er damit anfangen will.

Laut § 110 des BGB sind Kinder vom 7. Lebensjahr an beschränkt geschäftsfähig und dürfen im üblichen Rahmen ohne Zustimmung ihrer Eltern kleine Geschäfte abschließen, also einen Schokoladenriegel kaufen, einen Schwimmbadbesuch finanzieren und eine Bahnkarte erwerben, ohne daß der »Vertragspartner« sich bei den Eltern rückversichert.

Wenn Jugendliche vom 14. Lebensjahr an kleine Dienstleistungen für Nachbarn, für Besitzer von Läden, für die Austragung von Wochenblättern und Reklamezetteln oder im Haushalt der Eltern verrichten, sind 7 bis 10 Mark die Stunden üblich, allerdings keineswegs für Handreichungen in der Küche der eigenen Familie, die selbstverständlich nicht entlohnt werden sollten, weil sie zum normalen Zusammenleben einer Familie gehören, in der die Mutter kein »Haustier« mehr ist.

Geld schafft aber auch andere pädagogische Probleme:

- Man betrügt sich selbst, indem man sich aus dem eigenen Sparschwein wieder etwas herausfingert.
- Man leiht sich etwas bei Freunden, verschuldet sich vielerorts und gibt es ungern oder gar nicht mehr zurück.
- Man greift gelegentlich in das Portemonnaie der Mutter, klaut Kleinigkeiten im Supermarkt, dic man sich nicht leisten kann, oder knackt Automaten.
- Kleinen Kindern wird auf dem Schulhof oder Schulweg unter Androhung von Gewalt Geld abgepreßt.

- Man leidet unter dem sozialen Gefälle, weil Freunde und Mitschüler oder – aus der Sicht der neuen Bundesländer – junge Leute in den alten Bundesländern über wesentlich mehr Geld verfügen, als man selbst hat.
- Konsum macht süchtig, vor allem wenn man teure Hobbys wie Briefmarken-, Comic- oder Schallplattensammeln selbst finanzieren muß; Kaufzwang kann schnell die Folge sein.

Für viele Menschen sind Geld und Kaufkraft der höchste Wert; sie gehen dafür über Leichen, d.h. jede andere – vielleicht ansonsten durchaus akzeptierte – Moral wird zurückgestellt, wenn man etwas verdienen kann, und sei es, daß man schließlich sogar den eigenen Körper auf dem Strich verkauft oder eine alte Frau wegen ihrer Geldbörse oder ihrer im Wohnzimmerschrank versteckten Ersparnisse erschlägt. Was kann man rechtzeitig und vorbeugend dagegen tun?

Eltern müssen das Kunststück einer pädagogischen Gratwanderung zwischen drei Abgründen schaffen: Sie dürfen den Wert des Geldes nicht über andere sittliche Normen stellen – schon gar nicht durch eigenes Vorleben –, sie müssen bei wirklicher Armut die Notwendigkeit von Verzicht erklären und begründen, und sie dürfen ihr Kind nicht so kurz halten, daß es gezwungen wird, sich auf kriminelle Weise »Flüssiges« zu beschaffen.

Kind und Umwelt

- *Die Veränderungen der Umwelt haben auch die Kinder verändert.*
- *Viele Kinder leben nicht mehr ihren Altersstufen entsprechend, sondern als »Kind-Erwachsene« oder als »Rentner im Schüleralter«.*
- *Kinder sind durchweg viel stärker an Umweltschutz und Umweltsanierung interessiert als ökonomiebevorzugende Erwachsene und lediglich in Legislaturperioden denkende und handelnde Politiker.*
- *Vor allem Kinder haben umweltbezogene Zukunftsängste; besonders sie animieren ihre Eltern zur Müllvermeidung.*

Das Verhältnis Kind und Umwelt ist ein zweifaches. Zum einen werden Kinder durch eine veränderte Umwelt beeinflußt, zum anderen wollen Kinder aktiver ihre Umwelt verbessern.

Allgegenwärtige Gifte in der Luft, im Boden, in den Nahrungsmitteln und in der Wohnung haben viele Kinder krank gemacht; sie zeigen es mit Hauterkrankungen wie Allergien und Neurodermitis, mit Asthma und Blausucht, mit Kopf- und Magenschmerzen, aber auch mit Hyperaktivität und Stoffwechselstörungen. Ausuferndes Leben vor dem Bildschirm und fehlende Spielmöglichkeiten haben Kindern Bewegungsmangel, Koordinationsprobleme, Haltungsschäden, Sinnesschwächen sowie mangelnde Erfahrungen mit Stoffen wie Matsch, Lehm und Holz sowie mit Klettern und Balancieren beschert, so daß ihre Haut- und Riechsinne unter-, ihre Seh- und Hörsinne überfordert sind und sie manchmal nicht einmal mehr Rückwärtsgehen, Hüpfen und Rückwärtszählen beherrschen. Fehlernährungen, die sich auf ihr Verhalten, auf ihre Konzentrationsfähigkeit und ihr Durchhaltevermögen auswirken, kommen hinzu. Wegen ihrer Lebensweise in viel zu kleinen Etagenwohnungen, zwischen rasenden und parkenden Autos und mit stundenlangem Sitzen in der Schule beherrschen sie kaum noch Bewegungsspiele, und sie konsumieren Umweltreize überwiegend passiv, während ihre aktive Umweltgestaltung, ihr Handeln mit Dingen und ihr Gestalten von Sachen und Strukturen so selten stattfinden, daß sie ein Defizit an Anschauung haben. Ihnen fehlt es beispielsweise oft an konkreten Erfahrungen und Zahligkeiten mit Ausmaßen und Entfernungen, so daß sie sich nur schwer orientieren können und nur schlecht etwas zu schätzen vermögen.

Sie leben vielfach, wenn sie nicht im Sportverein sind, wie träge Erwachsene; ihre Mobilitätsbedürfnisse und ihr Drang nach Sinneserfahrungen und Körperkontakt bleiben oft unterversorgt, weil sie auch kaum noch Spielgefährten finden, die in der Lage sind, aus den alltäglichen Lebensrhythmen der Erwachsenenwelt auszubrechen.

Die Umwelt ist vornehmlich durch den Autoverkehr so gefährlich geworden, daß allerorten Schutzbedürfnisse gegenüber Kindern Priorität vor ihren Welterfahrungs- und Mobilitätsbedürfnissen bekommen haben. Mißlicherweise werden diese Tendenzen auch noch dadurch unterstützt, daß immer weniger Kinder die Eigenart ihrer Lebensstufen ausleben wollen, sondern vielmehr schon früh bemüht sind, sich ihren Idealen des Erwachsenenseins anzupassen; sie wollen so früh wie möglich wie Erwachsene leben und sich als erwachsen fühlen. Das signalisieren sie mit ihren Bekleidungs-, Konsum- und Freizeitgestaltungsverhaltensweisen. Reinhard Kahl beschreibt das als die Tendenz zum modernen »Kind-Erwachsenen«.

Eine Folge davon ist, daß deutsche Schüler immer unsportlicher und dicker werden. So sind in Bayern mittlerweile 48 % aller 11- bis 12jährigen nicht mehr in der Lage, auch nur einen Klimmzug am Reck auszuführen. 75 % von ihnen verfügen nicht über eine altersgemäße Ausbildung ihrer Muskulatur, nur 20 % schaffen ein bis zwei Liegestütze, und bei 67 % ist die Rumpfbeweglichkeit erheblich eingeschränkt, weil sie zu fett sind. Sportpädagogen beklagen das alles, indem sie von der Zunahme von »Rentnern im Schüleralter« sprechen.

Das alles ist tragisch, weil diese Tendenz zum Kind-Erwachsenen nicht nur dazu führt, daß Kinder wie Erwachsene in Restaurants gehen wollen und dann der Ketchup-, Pommes- und Cola-Ernährung der Hamburger-Ketten verfallen, sondern auch immer früher die Gifte des Rauchens, des Alkoholkonsums, der Tabletten und der Drogen in sich »reinziehen«.

Tragisch ist es aber auch, weil gerade Kinder eigentlich viel mehr als Erwachsene an einer Sanierung der Umweltschäden interessiert sind. Während Erwachsene mehrheitlich in der Antinomie Ökonomie und

Ökologie das Primat der Wirtschaftlichkeit und des Wirtschaftswachstums wünschen, macht der Mehrheit der Kinder die Umweltzerstörung und -verseuchung wesentlich mehr Sorgen als eine mögliche Rezession. Sie argumentieren und kämpfen jedenfalls überzeugender für das Primat der Ökologie, offenbar weil sie noch viel länger mit der Zukunft leben müssen als Erwachsene, weil für sie die Welt noch länger halten muß als für Politiker, die nur in Zeiträumen von Legislaturperioden denken und handeln.

Viele Kinder fühlen sich ohnmächtig allein mit ihren Zukunftsängsten, weil Horrormeldungen über den Tod der Umwelt, gedacht zum Aufrütteln stumpf gewordener Erwachsener, auf sie viel intensiver einwirken, weil der Tod eines Tieres oder eines Baumes sie viel tiefer anspricht als einen ausgebufften Politiker. Kinder begreifen meist viel schneller, wie wichtig die Vermeidung von Verpackungsmüll ist; sie sind es oft, die ihre Eltern zu Pfandflaschen anstelle von Dosen und Einwegflaschen animieren, und sie sprechen Autofahrer eher an, ihren laufenden Motor beim Parken abzustellen. Lassen wir sie auch künftig damit allein?

Kind und Krieg

- *Die Hemmschwelle des Kriegstabus ist nach dem Golf-Krieg und im Angesicht des Bürgerkriegs auf dem Balkan bei vielen jungen Menschen gesunken.*
- *Kinder verarbeiten Kriegsbilder schlechter als Erwachsene.*
- *Weltbilddefizite erhöhen Kriegsbereitschaft.*
- *Gewalt zwischen einzelnen Menschen und ersatzkriegartige Sportereignisse sind kriegerische Vorstufen.*
- *Krieg setzt abgestumpfte Menschen voraus, die nach einer schweren Biographie glauben, nichts mehr verlieren zu können.*

Nach den beiden Weltkriegskatastrophen glaubten viele Menschen in Europa, daß es nun fortan ein Kriegstabu gäbe, daß Krieg eigentlich nicht mehr möglich sei. Aber offenbar muß jede Generation wieder ihre eigenen Erfahrungen mit Krieg machen. Läßt sich die Abschreckung nicht verbalerzieherisch vermitteln? Allerdings gibt es viele grausame Filmszenen aus dem Zweiten Weltkrieg und Aufnahmen aus KZs, die Anschauung auch stellvertretend an jüngere Generationen weiterreichen können.

Mit Beginn des Golf-Krieges jedoch brach plötzlich das Kriegstabu der westlichen Welt zusammen. Das für viele junge Menschen große Vorbild USA offenbarte, daß es doch noch Gründe geben könnte, dennoch Krieg zu führen; die hohe Hemmschwelle wurde schlagartig so heruntergesetzt, daß auch in kleinen mitmenschlichen Bereichen wie in der Ehe, im Straßenverkehr und auf Schulhöfen kriegsähnliche Gewalt eskalierte. Und mit den Bürgerkriegen in Kroatien und Bosnien-Herzegowina ist auch in Europa wieder kriegerischer Alltag in einer Weise eingekehrt, daß nennenswerter protestierender Widerstand nicht einmal hier sichtbar wird.

Krieg scheint also bedauerlicherweise so etwas wie ein menschliches Grundbedürfnis zu sein, wenn nicht friedenserzieherisch wirksam dagegen angegangen wird.

44 Kriege gibt es zur Zeit weltweit. Fußballereignisse haben vielerorts eine kriegsbedürfnisersetzende Funktion angenommen, wenn man nicht nur die Hooligan-Schlachten zum Maßstab nimmt, sondern auch die aggressive Sprache vieler Fans während des Spiels auf den Tribünen. Wettkampfstätten und Sportarenen ähneln vielfach schon Kriegsschauplätzen, und die Bildschirme tragen das täglich in die Wohnzimmer. Wie ein Fortsetzungskrimi flimmern allabendlich schreckliche, bluttriefende Bilder aus Bosnien in die deutschen Haushalte; mit der Salzstange und dem Bierglas in der Hand werden sie vom Sessel aus wie Olympische Spiele verfolgt, aber das Empfinden bleibt stets ganz anders, als wenn man selbst mitten in Sarajevo Zeuge eines in ein Kind einschlagenden Geschosses wäre; Bildschirme können nie wahres Kriegsgrauen vermitteln, sie tragen zur Verharmlosung von Krieg bei und sorgen mit dafür, daß er vielleicht auch bei uns einmal wieder möglich werden könnte.

Wie unterentwickelt und abgestumpft durch ständige Überdosierung mit konsumierter Gewalt viele junge Menschen mittlerweile geworden sind, veranschaulichen nicht nur die zahlreichen nächtlichen Schlachten vor Asylbewerberheimen, sondern auch folgende Zeitungsmeldung vom September 1992: »Aus Langeweile wollte ein 17jähriger Brandenburger in den Krieg ziehen. Der Ausreißer schlug sich bis nach Kroatien durch, wo er sich um Aufnahme in die Armee bewarb. Dort abgelehnt, versuchte er es vergeblich bei der kämpfenden Truppe in Bosnien. Dann ging ihm das Geld aus, woraufhin er sich bei der Deutschen Botschaft in Zagreb meldete. Dort erhaltenes Geld nutzte er nicht für die Heimfahrt, sondern er versuchte, Söldner zu werden. Auch dieser Versuch scheiterte.«

Bereitschaft zu kriegerischer Gewalt hat sehr viel mit der Unfähigkeit zu tun, sich in Leiden und Gefühle anderer Menschen hineinversetzen zu können. Menschen, die zu kriegerischer Gewalt neigen, sind (noch) nicht mitleidsfähig, sie sind emotional unterentwickelt, oder sie haben selbst so viel gelitten, ihnen ist in ihrer Biographie so viel Gewalt angetan worden, daß sie die Folgen von Gewalt gegen andere Menschen nicht mehr sonderlich beeindrucken können; sie hängen häufig nicht mehr an ihrem Leben, sie können sich, stumpf geworden, kaum noch über irgend etwas Zwischenmenschliches freuen.

Weil immer mehr junge Menschen immer mehr Gewalt gegen sich und insbesondere gegen ihre Seele erlebt haben, werden auch immer mehr und in immer jüngerem Alter gewaltbereit; in Frankfurt am Main waren schon 1990 zwei Drittel aller ermittelten Gewalttäter unter 21 Jahren. Da Ausländer oft besonders viel durchgemacht haben, liegt ihr Anteil an Gewalttaten junger Menschen in Frankfurt inzwischen schon bei 75 %.

Ein Indiz für fehlende Mitleidsfähigkeit ist, daß zunehmend Alte, Kinder und Behinderte Opfer von Gewalttaten werden, und die Täter sind vielfach verantwortungsteilend eingebettet in Straßenbanden und Jugendgangs mit kriegsverherrlichenden Namen wie »Bomber Boys«, »Turkish Power« oder »Los Desperados«.

Daß Weltbildmangel und Erziehungsdefizite kriegerische Gewalt fördern, sieht man daran, daß vor allem Jungen und Männer zu solchen Aktionen neigen, jedoch kaum Frauen, und daß viele Täter »weich« werden, wenn bei dem, was sie angerichtet haben, wirklich Blut fließt; sie bekommen dann schlagartig ein Stück Anschauung nachgereicht, das sie fassungslos macht und ihr Weltbild korrigiert.

Zum Glück gibt es aber auch ganz gegenteilige Jugendliche, die bereits so friedenspädagogisch aufgewachsen sind, daß sie sich weder Krieg als Mittel zur Problemlösung vorstellen können noch überhaupt die Ausbildung zum Soldaten mit einer Schulung des Umgangs mit Waffen. Jeder 2. Wehrpflichtige stellt inzwischen schon einen Antrag auf Kriegsdienstverweigerung. Als Gründe werden angegeben:

- Die Auflösung des Ostblocks läßt am Sinn der Bundeswehr zweifeln.
- Der Golf-Krieg und das Schlachten in Jugoslawien schrecken ab.
- Man fürchtet, Krieg werde zunehmend wieder »machbar«.

Viele Kinder, das zeigen Unterrichtsgespräche, ahnen sehr genau, was Krieg bedeutet. Sie haben durch eine Fülle von Bildschirmerfahrungen Vorstellungen von Kampf, Tod, Verletzung, Verstümmelung und Zerstörung; sie leiden mit, sind aber nicht so ohne weiteres in der Lage, wie Erwachsene zu verdrängen. Schlimme Bilder von blutenden verstümmelten Kindern aus Kurdistan und Sarajevo arbeiten intensiver und länger in ihren Köpfen, als das bei Erwachsenen der Fall ist. Nichts dagegen tun zu können ist ihnen daher auch unerträglicher als beispielsweise Politikern; sie müssen oft ihre innere Not irgendwie kanalisieren, und sie tun es dann durch Malen, durch Schreiben, durch Rollenspiele, und sie signalisieren ihr Verarbeitungsbedürfnis durch überstarke Gesprächssehnsucht zu Themen wie Tod, Verletzung oder Waisenkinder. Schlimm ist es, wenn die Eltern dann und dafür keine Zeit haben, oder ihr schlechtes Gewissen wegen ihres Nichtstuns sie veranlaßt, das Thema wechseln zu wollen.

Kriege haben ihre Vorstufen in Gewalt zwischen einzelnen Menschen. Die Saat der Gewalt geht nicht von heute auf morgen auf, sie braucht Vorbilder in der Geschichte und in der heutigen Erwachsenenwelt. Potentiale von rechts- und linksextremistischer Gewalt multiplizieren sich mit der Vernachlässigung von Erziehung und Bildung in Familie,

Stadtteil und Schule und mit dem Vorleben doppelter und gewaltreicher Moral unglaubwürdiger Politiker weltweit.

Gewalt hat aber auch eine Ursache in immer wieder erlebter Ohnmacht und im allgemeinen Stillstand in bezug auf Problemlösungen: »Reden bringt nichts, man muß zuschlagen« ist das Resümee vieler junger Menschen mit reichlich unerfüllten Perspektiven um die Grundbedürfnisse Bestätigung und Sinnhaftigkeit herum und in einer Welt, die immer mehr aus den Fugen gerät. Denn im Laufe der Jahrzehnte ist das Leid der Kinder der Welt nicht geringer geworden – im Gegenteil. Nach Angaben von Unicef sind allein im vergangenen Jahrzehnt eineinhalb Millionen Kinder in Kriegen getötet worden, vier Millionen wurden durch Bomben, Minen, Schüsse oder Folterungen so schwer verletzt, daß sie zeitlebens behindert bleiben, fünf Millionen wurden durch Kriege vertrieben und leben in Flüchtlingslagern. Waren im Ersten Weltkrieg »nur« fünf Prozent der Toten und Verletzten Zivilisten, sind es heute 80 %.

Vom »Krieg gegen Kinder« spricht daher Unicef-Direktor James P. Grant im Bericht »Zur Situation der Kinder in der Welt«. Weltweit, so schätzt man, leiden rund zehn Millionen Kinder unter den psychischen Folgen der Kriegserlebnisse. Und auch in zwei aktuellen Konflikten sind Kinder besonders betroffen: In Somalia stehen wegen des Bürgerkrieges eine Million Kinder vor dem Hungertod; der Krieg in Jugoslawien hat bisher rund 2,7 Millionen Menschen in die Flucht getrieben, die Hälfte davon sind Kinder ...

Kind und Krankheit

- *Chronische Erkrankungen bei Kindern nehmen stetig zu.*
- *Psychosomatische Dauerstörungen und Umweltschäden des Organismus werden vom Kind gar nicht mehr als Krankheit erlebt, dennoch versucht es, seine Benachteiligungen auszugleichen.*
- *Akute Erkrankungen haben für viele Kinder den Vorteil, daß sie endlich einmal geballte mütterliche Zuwendung als Balsam für die Seele genießen können.*

So wie Gewalt immer wieder Gegengewalt erzeugt und Haß immer wieder Haß, so wie Kriege kein geeignetes Mittel zur Konfliktlösung sind, weil sie wieder neue Kriege produzieren, so macht auch eine zunehmend kranker werdende Umwelt immer mehr Kinder krank. Menschen schaffen immer mehr Umweltbelastungen und belasten damit auch sich selbst. Gerade der zarte Organismus von Kindern wird zuallererst Opfer der Umweltzerstörung. 10 % aller Kinder sind heutzutage schon Asthmatiker, weil ihre Flimmerhärchen in den Bronchien nicht gegen die zunehmende Partikel- und Giftbelastung der Luft ankommen und weil sie mit Angst und Engegefühlen auf die stete Verringerung lebenswerten Lebensraumes – und dazu gehören auch Übererwartungen bzw. Überforderungen, angstmachende Väter und geringer werdende Entfaltungs- und Spielmöglichkeiten – psychosomatisch reagieren. Die Begriffe Angst und Enge haben ja den gleichen Wortstamm.

Viele Kinder haben chronische Krankheiten aufgrund von Fehlernährungen, durch Holzschutzmittel in ihrer Wohnumwelt, durch Staub-, Blei- oder Nitratbelastungen, als Allergien oder hypermotorische Störungen, in Form von Neurosen und Psychosen, und sie empfinden diese Dauererscheinungen gar nicht mehr als Krankheit, weil sie seit Jahren gar nichts anderes als körperliches Unwohlsein kennen. Sie haben gelernt, mit ihren geschwollenen Augenlidern, ihrem Heuschnupfen, ihrer schuppigen Haut, ihren Ekzemen und ihren Hustenanfällen zu leben. Sie sind zwar leistungs-, konzentrations-, schlaf- und ausdauergestört, aber sie glauben, daß sie schon immer so waren und immer so bleiben werden, so wie es auch mit einer Sehschwäche oder einer Körperbehinderung ist.

Sie fügen sich halb ergeben in ihr permanentes Leiden, halb gehen sie unbewußt dagegen an, indem sie mit anderen Stärken zu kompensieren versuchen. Deshalb sind viele chronisch kranke Kinder verhaltensauffällig, Klassenkaspar, Angeber, lautstark, unruhig und gewalttätig, um ihre körperlichen Startnachteile beim Wettlauf um guten Rangordnungspositionen in der Gruppe auf andere Weise ausgleichen zu können.

Erzieher und Lehrer, aber auch Eltern brauchen heute mehr denn je Wissen um Ursachen von psychosomatischen Störungen; sie müssen Krankheiten und Fehlernährungen am Zustand der Haut und des Gesichtes diagnostizieren können, denn, obwohl unsere Umwelt so krankheitsfördernd kaputt ist, läßt sich doch gegen fast alle chronischen Erkrankungen noch irgend etwas tun, das das kindliche Wohlbefinden steigert und Benachteiligungen ausgleichende Aktivitäten überflüssig macht.

Akute Krankheiten, die plötzlich das Wohlbehagen des Kindes beeinträchtigen, werfen es häufig ganz aus der Bahn. Solche Kinder brauchen unendlich viel körperliche und seelische Zuwendung, also Trost, Liebe, Ansprache, Zeit des Sitzens an der Bettkante und für Vorlesen sowie Geschichtenerzählen, Wadenwickel, kalte Waschlappen auf die Stirn usw.

Es gibt nicht wenige Kinder, die genau deshalb ihr hohes Fieber genießen, denn endlich bekommen sie einmal »Zuwendung total« von der Mutter, endlich teilt die Mutter ihre Liebe nicht einfach durch die Kopfzahl der Familie, sondern setzt sie deutliche Priorität auf das kranke Kind, und das auch noch mit einer stichhaltigen Begründung gegenüber den Geschwistern und dem Vater.

Wenn Mutter sich eigens frei nimmt, um das kranke Kind zu pflegen, wenn sie die Lieblingsspeisen kocht und löffelweise mit strahlendem Gesicht einflößt und immer wieder mit Handauflegen und In-den-Arm-Nehmen versichert, daß bald alles wieder gut sein wird, wenn sie sich neben das Kind legt, bei ihm schläft und auch Schule und Hausaufgaben ausfallen, dann ist das schon so paradiesisch, daß man gern noch etwas länger krank sein möchte, vorausgesetzt die Krankheit ist nicht allzu bedrohlich.

Nur während der Krankheit gilt meist auch die Gesetzmäßigkeit, daß man um so mehr Zuwendung erhält, um so mehr man jammert und wimmert. Für eine solche Phase, die dann zur balsamreichen Kur für die Seele wird, ist das ganz und gar in Ordnung.

Kind und Tod

- *Kinder haben meist keine realistische Vorstellung vom Tod. Comics und Zeichentrickfilme sorgen für ein unrealistisches Weltbild in bezug auf Verletzungsgefahren und Tod.*
- *Todessehnsucht junger Menschen hat viel damit zu tun, daß sie nicht in die Erwachsenenwelt eintreten wollen, weil sie sich in ihr als Verlierer wähnen.*
- *In gefährliche Grenzsituationen begeben sich Kinder und Jugendliche manchmal, um dem Schicksal die Entscheidung über Leben und Tod zuzuspielen.*
- *Todessehnsucht kündigt sich durch Vorboten an.*

Nach Untersuchungen des Deutschen Kinderschutzbundes versuchen täglich 40 Kinder in Deutschland, sich das Leben zu nehmen; für durchschnittlich 4 von ihnen endet der Versuch tödlich. Als Ursachen werden ein »kinderunfreundliches« Umfeld, Arbeitslosigkeit, hohe Scheidungsraten und zu kleine Wohnungen sowie die Vermutung, daß heute bereits jedes 5. Kind psychisch gestört sei, angegeben.

An sich kann man nicht behaupten, die Zahl der Suizidversuche junger Menschen würde zunehmen. Zwar gibt es immer wieder Wellenbewegungen mit Zu- und Abnahmen, auf das ganze Jahrhundert gesehen hat die Zahl der Selbstmorde in Deutschland jedenfalls permanent abgenommen.

Bei der Altersgruppe der 15- bis 20jährigen gab es beispielsweise 1892 allein in Berlin 41 männliche und 15 weibliche Suizide, im Jahre 1900 waren es 33 männliche und 20 weibliche, 1910 36 männliche und 35 weibliche, 1972 in West-Berlin 25 männliche und 11 weibliche, 1980 15 männliche und 8 weibliche und 1990 6 männliche und 2 weibliche, wobei Drogentote mit dem »goldenen Schuß« allerdings nicht eingerechnet sind, obwohl sie manchmal auch aus Todessehnsucht handeln (Zahlen nach Joachim Schiller). Die Suizidhäufigkeit hat in den letzten 15 Jahren spürbar abgenommen, was aber nicht ausschließt, daß sich wieder eine gegenläufige Entwicklung bemerkbar machen könnte.

So regen z. B. sensationelle Berichte oder Filme wie »Tod eines Schülers« zur Nachahmung an. Wissenschaftler der Universität Wien haben herausgefunden, daß die Zahl der Selbstmorde in der Wiener U-Bahn zwischen 1984 und 1988 dramatisch anstieg, weil es im gleichen Zeitraum zahlreiche aufsehenerregende Presseberichte über Suizide gab. Erst als sich ab 1987 die Journalisten an die Regeln der Österreichischen Gesellschaft zur Suizidprävention hielten und nur noch kurze sachliche Artikel in den hinteren Teilen der Zeitung brachten, ging die Zahl der Suizidversuche in der Wiener U-Bahn schlagartig zurück.

Kinder wissen nicht immer, was Tod ist und bedeutet; erst sehr spät können sie sich eine Vorstellung davon machen. Wenn sie noch klein sind, ist Tod so etwas wie Wegsein, was in ihrer Vorstellung auch vorübergehendes Abwesendsein bedeuten kann. Wenn sie erfahren »Oma ist tot«, fragen sie schon mal nach: »Und wann kommt sie wieder?«

Hinter den tödlichen Fensterstürzen kleiner Kinder stecken offenbar – ohne daß man es genau weiß – viele verkappte Suizidversuche; kleine Kinder wollen nur einmal kurz ihre Mutter enttäuschen, nur einmal eine Weile weg sein, wenn sie sich aus dem Fenster fallen lassen, weil sie danach und auf diese Weise mehr mütterliche Zuwendung erhalten wollen ... Besonders tragisch ist dabei, wenn sie in Zeichentrickfilmen wie »Tom und Jerry« pausenlos Wesen aus 100 m Höhe auf den Boden fallen sehen, ohne daß ihnen auch nur die Spur einer Verletzung anzumerken ist. Comics tragen erheblich zu einem unrealistischen Weltbild bei, zumal in bezug auf Verletzung, Krankheit und Tod, und ihre Urheber machen sich, ohne daß sie es ahnen, mitschuldig an so manchem Kindstod.

Der Tod ist weitgehend aus unserem gesellschaftlichen Leben verbannt, er gehört nicht mehr – wie früher – zum Leben, sondern liegt jenseits des Lebens; er kommt im Alltag nicht mehr vor, weil er sich meist im Krankenhaus ereignet, oder er passiert nur äußerst selten sichtbar im Straßenverkehr. Andererseits wird er tausendfach per Bildschirm in das Wohnzimmer und in die kindliche Psyche gesendet, entweder ästhetisch zubereitet oder grausam deutlich in Zeitlupe. Für Kinder ist das schwer zu verstehen, zumal wenn Eltern dann kommentieren, der Mensch würde schlafen oder ruhen.

Über den Tod muß also mit Kindern immer wieder ganz realistisch gesprochen werden, ihrer Altersstufe gemäß und so, daß sie wirklich lernen, was Tod bedeutet.

Nicht simmig erfassend, was Tod ist, wollen viele Kinder, die sich ungeliebt oder als störend bzw. unerwünscht fühlen, die permanent nur beschimpft werden und nie die Erwartungen ihrer Eltern erfüllen, die sich deutlich als Versager empfinden, lieber nicht da als da sein.

Wenn sie Särge malen oder nur schwarze Farben benutzen, wenn sie permanent über den Tod von Tieren, Freunden und Geschwistern reden, die sie als Rivalen im Buhlen um Liebe beneiden, oder wenn sie – etwas älter – aufschreiben »Ich weiß nicht mehr, warum ich auf der Welt bin; niemand liebt mich«, dann sind das deutliche Signale bzw. Hilferufe, die Eltern, Erzieher und Lehrer sehr ernst nehmen müssen. Bei Jugendlichen kommen Liebeskummer, Schulangst, Einsamkeit, Verlust von Freunden, sexueller Mißbrauch und Trennung der Eltern als auslösende Faktoren für Todessehnsucht hinzu.

So liegt die Versuchsrate bei Mädchen zwischen 14 und 17 Jahren dreimal so hoch wie bei Jungen, bei »gelungenen« Suiziden ist es allerdings umgekehrt, weil Jungen »verläßlichere« Methoden wie Erhängen, Erschießen und Vergiften bevorzugen, während Mädchen mit ihrem etwas größeren Überlebenstrieb durchweg nur eine deutliche Veränderung ihrer mitmenschlichen Umwelt über den Schock bewirken wollen.

Wohl wissend, daß der Tod das endgültige Aus bedeutet, was sie dann letztlich auch wieder nicht wollen, halten sich viele Jugendliche in ihrer Todessehnsucht ein Hintertürchen offen. Sie wollen dem Schicksal die Entscheidung überlassen, wenn sie gerade nur so viele Schlaftabletten nehmen, daß man sie noch findet und hinterher besser mit ihnen umgeht. Ein solches Risiko wird auch mit dem Einstieg in den Konsum harter Drogen gewählt und letztlich auch bei den vielen waghalsigen Aktionen wie Geisterfahren auf der Autobahn, Wettrennen mit der Polizei als Crash-Kid bis hin zu Fassadenerklimmen (»Freeclimbing«), Bungee-Jumping und Extrembergsteigen.

Von konkreter Gefahr gekennzeichnete Grenzsituationen heben den in der bisherigen Biographie empfundenen Mangel an Ich-Identität auf; angesichts des Todes verblassen die sonst allgegenwärtige Sinnfrage und die sonst quälende Sucht nach Anerkennung; während des zur Verdrängung geeigneten hohen Risikos fragt man eben nicht mehr, wozu man lebt oder leben will, man genießt einfach nur das Prickeln zwischen Leben und Tod; das Leben ist nicht viel wert und der Tod ist noch nicht ganz sicher, das ist die Gratwanderung zwischen Lebensverdruß und Todessehnsucht. Insofern gibt wenigstens die prickelnde Situation vorübergehend Sinn und Lust.

Viele junge Menschen wollen mit ihrer Todessehnsucht einfach nicht erwachsen werden, sie wollen sich nicht in der verlogenen, kaputten, korrupten, grauen und widersprüchlichen Alltagswelt der Erwachsenen etablieren. Ihnen ist der Rückzug aus Gesellschaft und Staat lieber; sie laufen zu Romantikern und in die Drogenszene über. Sie flüchten sich in politische Grüppchen, anarchistische Zirkel oder in Sekten und Satanskult. Sie haben vor nichts mehr Angst als vor den Folgen des Erwachsen- und Vernünftigwerdens, sie wollen sich nicht an Leistungserwartungen, Streßrhythmen, Trott und Langweile anpassen, weil sie spüren, daß sie dabei Verlierer sein werden. Lieber springen sie aus dem Fenster, fahren sie gegen einen Baum, setzen sie sich den goldenen Schuß oder fordern sie das Schicksal mit ihrer Magersucht heraus.

Alles das hat aber frühe Vorstufen, die als Vorboten wahrgenommen werden müssen, um noch ein rechtzeitiges präventives Eingreifen der Eltern oder anderer Bezugspersonen zu ermöglichen: Zurückziehen, Weglaufen, Einschließen, Depressionen, sorgenvolle Tagebucheintragungen, Sprachlosigkeit und gelegentliches direktes oder indirektes Ankündigen der Lebensmüdigkeit sollten als etwas Unheimliches ankündigende Signale ernst genommen werden.

Kind und Freizeit – Hobbys, Jobs und Sport

- *Für Kinder sind selbstbestimmte Freizeit und die alleinige Entscheidung über die Art der Steckenpferde, der bevorzugten Sportarten und der kleinen bezahlten Nebentätigkeiten unendlich wichtig.*
- *Kinder wechseln Freizeitbeschäftigungen, Hobbys und Freunde oft, um möglichst viele Kräfte auszuprobieren und entwickeln zu können.*
- *Jobs machen vernünftiger.*
- *Vereinssport kompensiert Sinnes-, Bewegungs- und Kontaktschwächen.*
- *Kinder bevorzugen meist andere Hobbys als ihre Eltern, weil sie ihnen nur dann in einem Bereich unerreichbar überlegen sein können.*

Kinder begehren meist eine vielfältigere Freizeit als Erwachsene, und das auch noch in häufigerem Wechsel mit immer wieder anderen Vorlieben.

Während Erwachsene meist froh sind, wenn sie neben ihrem Beruf über Jahre hinweg ein Hobby wie Golfspielen, Briefmarkensammeln oder Tennisspielen pflegen können, steht für Kinder ein breites Betätigungsfeld neben der Schule im Vordergrund: mal wollen sie schwimmen, mal mit Gleichaltrigen computerspielen, dann haben sie eine Phase intensiven Schiffmodellbaus, dann wollen sie draußen mit Freunden fahrradfahren, dann Tischtennis oder Gitarre spielen, dann wieder mit einer Freundin bummeln gehen, dann auf dem Fußballplatz bolzen. Sie brauchen alle diese unterschiedlichen Beschäftigungen, um ihre Kräfte im Umgang mit Sachen, mit Bewegungen und mit immer wieder anderen Menschen erproben zu können; dabei ist ihnen fast alles lieber, als zur Schule zu gehen oder Hausaufgaben zu machen. Sie träumen auch während der Schulzeit von ihrem Sport, von ihren handwerklichen Hobbys oder gar von ihrem Job, in dem sie gebraucht werden und für den sie

Geld bekommen, das sie dann in ihre Steckenpferde wie die elektrische Eisenbahn, CDs oder in ihr Moto-Crossen oder Surfen investieren können. Für Kinder ist Spiel Ernst, und die Ziele, die sie damit verfolgen, sind für sie ernsthaft.

Die Freizeitwelt muß also gut in ihr sonstiges Leben mit Schule und häuslichen Pflichten integriert werden, sie darf keineswegs einer elterlichen Verplanung aufgeopfert werden.

Freunde zu haben und mit ihnen etwas zu tun, was ihrer Selbstbestimmung unterliegt und deshalb lustbetont ist, ist für eine störungsarme Sozialisation wichtig. Eltern können eben nicht im voraus wissen, ob ihre Tochter oder ihr Sohn mit vorweg entschiedenem Klavier-, Reit- und Hockeyunterricht, mit allnachmittäglichem Arbeiten in den Gewächshäusern des Familienbetriebes, mit Konfirmanden- und Nachhilfeunterricht und mit verordneten Wochenendtrips, bei denen sie stundenlang im Fond eines Autos vom Spaziergang zu Museen, von der Kirchenbesichtigung zum Kaffeetrinken chauffiert werden, glücklich werden, ob ein Ski-Camp in den Osterferien und ein Schüleraustausch zum besseren Lernen des Französischen oder Englischen in den Sommerferien stets das Richtige ist.

Die meisten Kinder bevorzugen durch zufällige Kontakte und Animationen Hobbys, auf die ihre Eltern gar nicht gekommen wären; und da sie sich gern eine eigene Welt aufbauen möchten, in der sie Menschen ihres Nahraumes überlegen sind, suchen sie oft Beschäftigungen, die völlig anders sind als die Hobbys und Sportarten, die von ihren Eltern favorisiert werden. Und ob es nun Ringtennis, Schlagzeugspielen, Fallschirmspringen, Aquarienhaltung oder Käfersammeln ist, die Eltern sollten ihnen freie Hand lassen, denn jedwedes auch noch so ausgefallene Hobby und jede noch so ungewöhnliche Sportart geben Halt, Perspektiven und Erfolgserlebnisse; sie erlauben die Einschätzung auch im Urteil anderer von außen, und sie binden an Ziele, die die Chance des Abdriftens in völlig unerwünschte jugendkulturelle Nischen wie S-Bahn-Surfen, Schwarze Messen und Jugendbandenbildung minimalisieren.

Das gilt auch für das Bedürfnis nach kleinen Jobs, die noch Platz zwischen schulischen und häuslichen Pflichten und einigen Freizeitaktivitäten mit und ohne Freunde haben. Sie erlauben einen frühen Einblick in die Arbeitswelt, sorgen für disziplinierten Umgang mit Geld und mit dem Zeitfaktor und machen reifer und damit unempfänglicher für mißliche pubertäre, also noch unreife Anpassungsprozesse an unerfreuliche subkulturelle Auswüchse.

Besonders wichtig ist heutzutage in Anbetracht der Zunahme von Sinnes- und Koordinationsschwächen sowie unter Bewegungsmangel und

Überernährung leidender stubenhockender, mit Bildschirmerfahrungen überdosierter und mit Kontaktarmut alleingelassener Kinder die ausgleichende Funktion des Sports. Wann immer Kinder zu einer sie begeisternden Sportart tendieren, sollte man sie ermutigen, sie auszuüben, und zwar am besten im Verein mit regelmäßigem Training und mit Wettkämpfen, die nicht nur für körperliche Fitneß sorgen, sondern auch für intensive mitmenschliche Interaktion. Denn Sport befriedigt nicht nur Rangordnungs- und Selbstwertbedürfnisse, sondern ermöglicht auch Erfolgserlebnisse, Soziales Lernen, Wir-Bewußtsein und – nicht zuletzt – sinnvolles Ausfüllen der Freizeit, vermindert also problemschaffende Langeweile.

Angst vor Nähe

- *Wenn es um die in schulischen Lernzielen hochtrabend angepeilte »Erziehung zur Liebesfähigkeit« geht, stehen zumeist überforderte, weil den Schülern fernstehende Lehrer vor einer Klasse von gelangweilten bis peinlich berührten Pennälern.*
- *Wer in seinem bisherigen Leben nur sehr wenig Nähe erlebt hat, verlernt die Fähigkeit, mit ihr umzugehen.*
- *Nähe durch Erwachsene muß glaubhaft sein und den ganzen Menschen meinen.*
- *Vernachlässigte und mit kalter Sachlichkeit überversorgte Kinder bleiben emotional unterentwickelt; sie haben Angst, durch Nähe festgelegt, also unfrei zu werden.*
- *Kinder können auch später noch vorsichtig daran gewöhnt werden, daß ihnen Nähe gut tut.*

Wenn Kinder von 13 oder 14 Jahren, die aus kaputten Familien stammen, jahrelang durch verschiedene Heime gewandert sind und immer wieder andere Bezugspersonen hatten, wenn sie nicht ausreichend Körperkontakt hatten, weil ihre Erzieher aus Furcht vor falscher Bewertung durch ihr Umfeld lieber darauf verzichteten, dann sind sie Nähe, die ja auch Akzeptanz bedeutet, nicht mehr gewohnt. Plötzliche Nähe von irgendwelchen Menschen trifft sie dann unvermittelt, und weil sie mit ihr nicht umgehen können, weisen sie sie erst einmal zurück.

Sie haben zwar durchaus irgendwo in sich ein Bedürfnis nach Zuwendung und Liebe durch andere, sie haben aber auch mit ihrer Biographie gelernt, daß sie eigentlich nicht besonders liebenswert sind. Sie trauen der Nähe nicht, weil sie nicht an ihre Ehrlichkeit glauben, und sie haben deshalb Angst vor ihr.

Das gleiche kann sich jedoch auch in Familien ereignen. Kinder, die einen immer auf Distanz bedachten Vater und eine Mutter haben, die meist kalt, stets fordernd und emotionale Bedürfnisse zurückweisend reagiert, verlernen die Fähigkeit zur Nähe. Viele Eltern glauben sogar, Kinder würden lebenstüchtiger werden, wenn sie nur verbal und kühl distanziert mit ihnen zusammenleben. Sie geben ihnen Erklärungen, sie halten ihnen Moralpredigten, und sie versorgen sie optimal mit Nahrung, Spielzeug, Kleidung, Bildung, Musikerziehung, Sport, Anstandserziehung à la Knigge, Etikette und Höflichkeitsfloskeln; sie speisen mit ihnen an großen Tischen mit ungewöhnlicher Distanz zwischen den Stühlen, sie delegieren die leibliche Versorgung an Kindermädchen, Aupair-Kräfte, Diener, Zofen und Hauslehrer, sie schicken sie in Internate, damit sie später an die Lebensweise asketisch-höfischer und elitärer Kreise der Gesellschaft gewöhnt sind.

In beiden Fällen, also bei vernachlässigten Heimkindern und bei edel für die oberen 10000 erzogenen jungen Menschen, stellt sich ein Teil-Hospitalismus ein, der zur emotionalen Verkümmerung, zur Unterentwicklung des Hautsinns und zur Unfähigkeit im Umgang mit Nähe führen kann. Kinder aus solchen defizitären leiblichen Sozialisationsprozessen zucken zurück, wenn man sie anfaßt, ihnen durch das Haar fährt oder wenn man sie gar durch Umarmen oder Drücken trösten oder ermutigen will.

Es dauert sehr lange, sie auf der Grundlage einer beiderseitigen Sympathie sehr vorsichtig an räumliche Nähe, an Gespräche während eines engen Zusammenhockens und an ein Handan- oder -auflegen zu gewöhnen. Irgendwo wollen sie Nähe und Körperkontakt, sie halten beides aber noch nicht aus, weil sie es nicht kennen. Situationen der Nähe müssen also trainiert werden, im Kino, im Theater, beim Sport und Balgen und aus Anlaß von großem Leiden. Kinder spüren dann meist sehr schnell, daß ihnen Nähe auch gut tut, allerdings schaffen sie sie bei den bisherigen Bezugspersonen, die ihnen Nähe immer verwehrt haben, wohl nicht mehr. Aber bei anderen, neuen Menschen können sie zur Nähe noch fähig werden; je später man damit beginnt, desto schwieriger wird es allerdings. Bei Erwachsenen schließlich ist der Zug zur Nähe zumeist abgefahren, wenn sie sie als junge Menschen kaum oder gar nicht erfahren haben.

Je geringer der Altersabstand ist, desto größer ist die Chance einer Erziehung zur Nähe; aber selbst eine geliebte Freundin oder ein geliebter Freund haben es relativ schwer, einen näheungewohnten Menschen zum Ertragen von Nähe umzuerziehen. Am schwierigsten gelingt das bei Kindern und Jugendlichen, die unerwünschte sexuelle Erfahrungen, Vergewaltigungen oder enttäuschende Verführungen hinter sich haben. Sie sind so sehr in ihrer Seele verletzt, daß sie Angst vor Wiederholungen bereits erlebter leidvoller Nähe haben. Sie müssen erst das unverarbeitet

Widerfahrene über viele Gespräche oder Therapien verarbeitet haben, und sie müssen erst gelernt haben, Gespräche über ihre Gefühle zu ertragen, bis sie dann vielleicht irgendwann bereit sind, einen dicht bei ihnen stehenden oder sitzenden, einen sie wohlmeinend anfassenden, unverdächtig sie umarmenden oder tröstenden Menschen auch über längere Zeit zu ertragen.

Wer immer wieder wechselnde Bindungen erlebt hat oder über Jahre unter einem Mangel an Bindungen gelitten hat, ist schließlich so bindungsunfähig geworden, daß er erst wieder lernen muß, Bindungen zu ertragen. Dabei erträgt er dann nicht sofort von heute auf morgen eine umfassende Bindung, sowohl den Grad als auch die Zeit betreffend. Wenn er dann langsam an Nähe gewöhnt wird, will er sie erst einmal zu mehreren wechselnden Personen und jeweils auch nur kurz ausprobieren, um sich nicht gleich festlegen zu müssen. Geduldete Nähe von 5 Minuten ist da am Anfang schon ein großer Erfolg, ebenso die Reduktion der hohen Zahl ständig wechselnder Kontakte. Und wenn ein junger Mensch schließlich die Nähe von zwei oder drei Personen im Nacheinander für mehrere Stunden aushält, kann man eigentlich schon ganz zufrieden sein. Zurückhaltende Nähe ohne Überforderungsansprüche um des Kindes oder Jugendlichen willen und ohne Ansprüche zur eigenen Befriedigung des Erwachsenen erlaubt am ehesten Fortschritte. Denn wer Kindern Nähe gibt und dabei für sich selbst etwas zurückerwartet, muß sich auf ein sehr schlechtes Ergebnis gefaßt machen. –

Es gibt zum Glück viele Kinder, die bereits zu Hause oder in ihren Freundschaften so viel Nähe, Zuwendung und Ansprache haben, daß sie weitere Nähe oder zusätzlichen Körperkontakt nicht mehr benötigen oder ertragen können. Ihre Ablehnung von Emotionalität durch Lehrer und Erzieher ist verständlich. Sie haben grundsätzlich gar keine Angst vor Nähe, sondern sie suchen statt einer Helfersyndrom-Überdosierung etwas mehr Sachlichkeit begünstigende Distanz für ihre rationale bzw. kognitive Persönlichkeitsentwicklung.

Angst vor Nähe hat aber auch etwas mit fehlender Tiefeninformation der Kinder in ihrem bisherigen Leben zu tun, so daß sie beispielsweise hyperaktiv werden, weil sie während Schwangerschaft und früher Kindheit zu wenig Druck auf ihre Muskeln bekamen. Während das Kind durch die Bewegung der Mutter mit Fruchtwasser geschaukelt wird, entwickelt sich langsam sein Gleichgewichtssinn. Auch der Hautsinn wird durch das Fruchtwasser stimuliert.

Diese Reize verbinden die einzelnen Körperteile mit dem Gehirn, und fehlt dabei eine Verbindung, ist das Verhältnis des Kindes zu seinem Körper gestört. Am wenigsten hilft dann, das Kind ständig auf seine motorische Unruhe hinzuweisen und als Zappelphillip zu beschimpfen; es wird dadurch nur noch zusätzlich genervt. Das wichtigste ist jedoch nach den Theorien von A. Jean Ayres und Roswitha Defersdorf, dargestellt in ihren Büchern »Bausteine der kindlichen Entwicklung« und »Drück mich ganz fest«, dem Kind fehlende Druck-Informationen nachzuliefern, z. B. durch Massagen, Matschen und Kneten oder durch intensives langes und häufiges In-den-Arm-Nehmen oder festes Drükken auf den Boden.

Unglückliche Kinder in vollständigen Familien und zufriedene Kinder in kaputten Familien

- *Vollständige Familien garantieren noch keine glücklichen Kinder.*
- *Kinder aus Einelternfamilien können zufriedenstellende Geborgenheit finden, wenn man erfüllende Kontakte auch außerhalb der Familie zuläßt und organisiert.*
- *Schäden bei Scheidungskindern resultieren meist mehr aus der streßreichen Zeit vor der Scheidung als aus der Situation nach der elterlichen Trennung.*

Jedes 12. Kind in Deutschland lebt bei Sozialhilfeempfängern, wächst also im Umfeld der allgemein zunehmenden Armut auf. Armut muß nicht unzufrieden machen, bedeutet aber eine deutlich ungünstigere Startsituation ins Leben.

Die »glückliche« Familie ist ja eine Fiktion; rein äußerlich wird davon ausgegangen, daß sie in der Idealkonstellation aus Vater, Mutter, Sohn und Tochter besteht. Damit ist aber noch keineswegs entschieden, ob das Kind wirklich optimale Bedingungen hat, denn die hängen von sehr vielen Faktoren der Kommunikation und Interaktion zwischen den Familienmitgliedern und ihrer sozialen Einbettung in Freundeskreis, in Nachbarschaft und Berufsleben der Eltern ab.

Unzufriedene Eltern, Streit in der Familie, Krankheiten, geringer Lebensstandard und unzureichende Partizipation an Bildungseinrichtungen beeinträchtigen erheblich das Wohlbefinden und die Entwicklung von Kindern.

Immer mehr Kinder leben andererseits in Einelternfamilien, ohne dabei benachteiligt oder unglücklich zu sein. Zwar haben solche Kinder meist nur einen Menschen, dem sie auf Gedeih und Verderb anvertraut bzw. ausgeliefert sind, aber ihnen bleibt wenigstens eine permanent sie bedrohende Streitatmosphäre erspart. Scheidungskinder leben in der Regel in den krisenreichen und problembeladenen Monaten vor der Trennung ihrer Eltern wesentlich unglücklicher als in der Entlastungs- und Beruhigungsphase nach der Scheidung bzw. nach dem Auseinanderfallen der Familie. Und wenn sie die immer wieder beschriebenen Schädigungen als »Scheidungsopfer« haben, sind diese meist auf die Defizite des Zusammenlebens in der äußerlich noch »heilen« Familie zurückzuführen, nicht aber so sehr auf ihre neue Lebenssituation nach der Scheidung. Sie haben eben vor der Scheidung unendlich viel mehr gelitten als danach.

Die Anforderungen an einen alleinerziehenden Elternteil sind wesentlich größer als an gemeinsam wirkende Ehepartner, denn nicht vielen Menschen gelingt es, Vater und Mutter zugleich zu sein. Andererseits sind aber auch infolge emanzipatorischer Rollenauflösungen und -erweiterungen in den letzten Jahrzehnten immer mehr Elternteile in der Lage, dem Kind auch die Rollenanteile des fortan fehlenden Vaters oder der nicht mehr präsenten Mutter zu bieten, so daß am Ende die Bilanz von leiblicher und emotionaler Zuwendung, von Zeit für Gespräche, Spiel und Hausaufgaben und von in die Zukunft und in die Arbeitswelt hineinführenden und -fordernden Persönlichkeitsmerkmalen ihrer verbliebenen Bezugsperson dennoch stimmen kann.

Einelternfamilien können in Kombination mit engagierten Lehrern, guten Freunden, Trainern und kompetenten Fachleuten dasjenige im jungen Menschen befriedigen, was die Schauspielerin Sascha Badanjak einmal beim Besuch einer 8. Schulklasse als jugendspezifisch so wunderschön beschrieb und im Kontrast zu ihrer verlorenen Kindheit als Wiederentdeckung wahrnahm:

»Als erstes fiel mir die Unruhe auf, das Brodeln, die vibrierende Energie, die Aufmerksamkeit, alles und jedes um sich herum aufzunehmen (am wenigsten aber die Worte des Lehrers), eine permanente Aktivität, die wie Unkonzentriertheit aussieht und jedem Erwachsenen längst die Puste nehmen würde. Andererseits der Wissensdurst, eine ungeduldige Neugierde am Leben, an Tieren, der Natur überhaupt. Mitfühlen mit allem, was aufgenommen wird, Kommentieren mit lautstarken Bemerkungen, Clownerien. Dazu der Charme, mit dem die eigene Unsicherheit überspielt wird, und das mehr oder minder vorhandene Interesse am anderen Geschlecht, mehr oder minder gut verdeckt, auch im Schwärmen für unerreichbare Stars aus der Unterhaltungsbranche und dem Sport. Ich glaube, dieses Alter ist von einer Unbewußtheit geprägt, was die eigenen Probleme der Pubertät, der Unausgewachsenheit eines Zwischenalters, betrifft. Die meisten haben wohl Probleme, realisieren sie aber nicht als solche und verdrängen das Gefühl des Unglücklichseins.

Sie wollen Gutes tun, erreichen aber oft das Gegenteil durch ihre Ungeschicklichkeit. Ebenso realisieren sie aber auch ihre unwahrscheinliche Anmut nicht, die sie ausstrahlen und die mit dem Älterwerden unwiederbringlich verlorengeht«.

Nach der in diesem Jahrhundert deutlich spürbaren Wandlung von der Groß- über die Klein- zur Kleinstfamilie ist ein neuer Weg der Erziehung gefragt, der nach wie vor von den unveränderten Bezugspersonenbedürfnissen der Kinder ausgeht, der aber zuläßt und organisiert, daß sie gerade auch außerhalb der Familie finden, was sie suchen, nämlich Vorbilder, Leitbilder, Geborgenheit, Orientierung, Anerkennung und Zuwendung; dann können sie auch nach der Trennung ihrer Eltern durchaus glücklich werden.

Kind und kinderfeindliche Gesellschaft

- *Die für Kinder besten Erwachsenen sind diejenigen, die sich besonders viel Kindlichkeit bewahrt haben.*
- *Kindliche Entwicklungsstufen und Bewegungsfreiräume werden immer mehr erwachsenen Lebensformen, -rhythmen und Leistungserwartungen aufgeopfert; Kinder werden bei Entscheidungen über sie meist nicht gefragt.*
- *Das schlechte Gewissen von Eltern, Erziehern und Politikern gegenüber Kindern führt oft zu um Ausgleich bemühten aufwendigen Schnellschüssen, die unangemessen und übertrieben schlaglichtartig eingesetzt werden und die Lage der Kinder eher verschlimmern als verbessern.*

Aus einer Anzeige der Sylter Rundschau: »Danke für die klammheimliche Kündigung von Erzieherin Frau Karin Röhe. Leider wurden die Eltern von dieser Kündigung bis zum heutigen Tage nicht offiziell informiert, denn wir als Eltern sind zu 98 % gegen diese Kündigung . . . Als Kündigungsgrund wird vom Träger angegeben: ›Zum Wohl der Kinder‹ . . . Es dürfte nunmehr ausreichend sein, daß 12 (!) staatl. geprüfte Erzieherinnen und Aushilfen innerhalb von 2 Jahren sich mit unseren Kindern beschäftigt haben«.

Kinder werden nie konsultiert, ob sie eine pädagogische Bezugsperson noch haben wollen oder nicht, sie werden nicht bei Scheidungen ihrer Eltern gefragt, sie haben keinen nennenswerten Einfluß auf die Gestaltung des Schullebens, auf ihre Spiel- und Aktionsräume vor ihrer Haustür, auf den Erhalt einer lebenswerten Umwelt, auf Fernsehprogramme und auf politische Entscheidungen, die ihre Zukunft betreffen. Die Antipädagogen fordern deshalb Wahlrecht für sie, so wie man es auch Greisen zugesteht.

Kinder sind oft viel gerechter als Erwachsene; sie haben ein besseres Gespür für das, was Menschen gut tut; sie leben aber zunehmend in einer von Erwachsenen für Erwachsene gemachten Welt, in der Handlungs- und Mitbestimmungsmöglichkeiten für sie immer mehr beschnitten werden, auch schon dadurch, daß durchweg ihre Lebensräume wie Wohnung, Kinderzimmer, Spielplätze und Bewegungsflächen immer kleiner bzw. seltener werden.

Kinder sind vielerorts unerwünscht, nämlich in Hausfluren, auf Hinterhöfen, auf Rasenflächen und in Wäldern; als Alternativen bleiben ihnen allenfalls Bildschirmerfahrungen, straff die Bewegungen vorschreibende Sportvereine, zum stundenlangen Sitzen und passiven Zuhören zwingende Schulen sowie die sowohl gefährlichen als auch meist trostlosen Straßen mit ihren alles blockierenden und Lebensräume zerschneidenden sowie rasenden Blechkarossen.

Kinder stören die Gesellschaft in ihrer Rolle als unangepaßte Fremdkörper, aber auch durch das stetige schlechte Gewissen, das sie ihren Eltern und Lehrern und den Politikern bereiten. Und dieses Schuldgefühl treibt dann gelegentliche Blüten, die zur rechtfertigenden Entlastung des Gewissens, zu schlaglichtartig gesetzten Wiedergutmachungsversuchen, die, nicht zu Ende gedacht, überstürzt und häufig völlig unangemessen eingesetzt, die Lage der Kinder eher verschlimmern als verbessern. Dazu gehören im Vorbeigehen gekaufte teure und viel zu perfekte Spielwaren, die statt eigentlich gewollter Liebe und oft auch noch mit kreativitätshemmender Auswirkung auf das Spielbedürfnis den Kindern vorgesetzt werden, sterile Spielplätze, die viel Geld gekostet haben, aber meist verwaist bleiben, lieblos durchgeführte Kindergeburtstage und Schulfeste, häßliche Spielstraßen, nichts bewirkende Weltkindertage, Kinderfeste beim Bundeskanzler, Wahlplakate mit verlogenen Slogans wie »Kinderstadt Hamburg«, das »Verschicken« in Ferienlager und Jugendcamps, ein rasch organisierter Schüleraustausch für die Ferienzeit, ein gut gemeinter Ausflug in einen konsumorientierten Freizeitpark oder ein Jahrmarkts- oder Rummelplatzbesuch, von dem die Kinder mit verdorbenem Magen wieder nach Hause kommen. Mitentscheiden können sie dabei nur selten, und zufriedengestellt werden sie mit den Effekten auch kaum. Sie können sich ja in Deutschland nicht einmal von ihren Eltern scheiden lassen, wie das zumindest ein einziges Mal in den USA möglich war.

Kindergärten, Vor- und Grundschulen sind allerdings noch ziemlich kindorientiert, aber spätestens mit Klasse 5 schlägt dann die Erwachsenenwelt mit ihren Normenerwartungen, ihrer Leistungsorientierung und ihren Lebensrhythmen unbarmherzig zu. Fachlehrer und andere Spezialisten versuchen, Kinder durch zahlreiche Dressurakte leicht handhabbar und fügsam zu machen; der Eigenwert ihrer Entwicklungsstufen wird zunehmend durch Anpassungsprozesse einer ungewissen

Zukunft aufgeopfert; Humor, Phantasien, Utopien und Kreativität werden dem grauen Alltagsernst und den Konkurrenzkampfmechanismen und Egoismen der Erwachsenen eingepaßt. Und wenn sie dann irgendwann in der kinderfeindlichen Gesellschaft etabliert und integriert sind, verlangen sie von ihren eigenen Kindern erneut eine abschleifende Eingliederung, wie sie ihnen selbst dermaleinst widerfuhr, unter dem Motto: »Mir hat es ja schließlich auch nicht geschadet« . . .

Zum Glück gibt es mittlerweile immer mehr Eltern und Erzieher, die den Kindern Entfaltungsfreiräume schaffen oder belassen wollen und die dafür sorgen, daß Kindheit möglichst lange in das Erwachsenenleben hinein mitgenommen wird. Wohl dem, der sich bis ins hohe Alter eine gehörige Portion Kindheit bewahren konnte; nur er vermag ein guter Lehrer oder auch Großvater oder eine verständnisvolle Großmutter zu sein. Nicht der heute typische Erwachsene darf das Erziehungsziel sein, sondern es muß der reife Mensch sein, der auch noch wie ein Kind denken, fühlen, spielen und träumen kann. Denn leider wollen zur Zeit vielzuviele Kinder immer früher erwachsen wirken und leben, so daß Kindheit wie eine aussterbende Pflanze aktiv von Erwachsenen gefördert, geschützt und verlängert werden muß.

Langsam loslassen – Die Ablösung vom Elternhaus

- *Eltern müssen die Reifung ihrer Kinder innerlich mitvollziehen, und sie sollten mit dem Bewußtsein erziehen, daß sie sich selbst immer mehr überflüssig zu machen haben.*
- *Eltern und Lehrer begleiten Kinder nur ein Stück des Lebens, und sie müssen sie zunehmend loslassen.*
- *Sollten Kinder sich von ihren Eltern scheiden lassen können?*
- *Klammernde Eltern, die in ihren Kindern Partnerersatz sehen, und erziehungsuntüchtige Eltern treiben junge Menschen ungewollt früher aus dem Haus.*
- *Durch faszinierende Kontakte zu Bezugspersonen und Ideologien, jugendkulturelle Nischen sowie religionsersetzende Bewegungen außerhalb der Familie kann es zur plötzlichen Ablösung vom Elternhaus kommen.*

Alle Erziehung durch Eltern und Lehrer dient ja dem Zweck, daß sie sich nach und nach überflüssig in der Rolle der Führenden machen, und zwar in dem Maße, in dem der junge Mensch selbständig wird und sein eigenes Leben leben kann. Die Nähe der Eltern wird auch dadurch eine andere, daß Jugendliche immer stärker die Nähe anderer Bezugspersonen, also von Freunden und Freundinnen suchen. Wenn sie zunehmend Körperkontakt von Gleichaltrigen bekommen, schwindet das Bedürfnis nach Körperkontakt durch die Eltern. Deren Nähe gewinnt dann eine andere Qualität; sie wandelt sich mehr zur Ratgeber-, Gesprächspartner- und Rückzugsrefugium-Rolle.

Die langsame Ablösung vom Elternhaus ist ein ganz natürlicher Prozeß und meistens nur schmerzhaft für klammernde Eltern voller Besitzansprüche an ihre Kinder und solche Mütter und Väter, die ihre Töchter oder Söhne als Partnerersatz mißverstanden haben.

Kinder, die sich zu Hause nie so richtig wohl gefühlt haben, tendieren früher vom Elternhaus weg; sie suchen sich früher andere Lebenspartner und wollen auch eher ausziehen als junge Menschen, die sich bei ihren Eltern stets wohl, geborgen und rundum verstanden gefühlt haben.

Eltern, die die fortschreitende Reifung ihrer Kinder nicht bewußt und mit eigener Einstellungs- und Verhaltenswandlung mitvollzogen haben, die also auch 16-, 17- und 18jährige immer noch als ihre »kleinen Kinder« sehen und so behandeln, treiben sie um so früher von sich weg, weil sie sie zwingen, ihre Bedürfnisse nach erwachsenen Umgangsformen anderswo zu befriedigen.

Manchmal sind es auch reichlich vertrocknete, völlig resignierte und vom Leben oder von Süchten kaputtgemachte Eltern, die ihren wunderbar vitalen Kindern außer Trostlosigkeit und grauem Alltag nicht mehr viel bieten können und sie mit ihrem Drang in eine bewegte Zukunft allein lassen, so daß diese erfüllendere Beziehungen, mehr Verständnis und auch mehr Mobilität schon früh außerhalb der eigenen Familie suchen. Und wenn sie dann eine aus ihrer Sicht »bessere« Geborgenheit bei anderen Bezugspersonen finden, laufen sie ganz von zu Hause weg oder finden sich nur noch zu kurzen Gastspielen dort ein.

Auch durch ideologische oder religiöse Verführungen kann die Ablösung vom Elternhaus beschleunigt werden. Wer durch irgendwelche Freunde in eine Straßenbande, in die Szene der Rechtsradikalen, in politisch obskure Gruppen oder in eine Jugendsekte hineingerät, läuft Gefahr, auch rasch der neuen subkulturellen Ideologie zu verfallen, die im Widerspruch zu den häuslichen Normen und Werten steht. Solche jungen Menschen kapseln sich in der ersten Stufe zu Hause ab, sie ändern ihr Verhalten, ihre Kleidung, ihre Lebensweise und auch ihre Sprache. In der zweiten Stufe bleiben sie häufig lange von zu Hause weg, und in der dritten ziehen sie dann recht bald aus, vorausgesetzt sie finden Unterschlupf und sind nicht wirtschaftlich weiterhin von den Eltern allzu stark abhängig. Besonders wird eine solche frühe Ablösung von Einflüssen der Scientology-Kirche, der Vereinigungskirche des Mun, der Gesellschaft für Transzendentale Meditation und von Bewegungen wie New Age, Hexen- und Satanskulte, Schamanismus, Geistheilslehren sowie Sekten gefördert. Meist steht am Anfang Faszination aufgrund eines zufälligen Kontakts, danach folgt die Zerstörung der personalen Sicherheit und schließlich der Aufbau einer neuen Identität. Besonders junge Menschen aus kaputten Familien, mit politischen und historischen Bildungsdefiziten – und deshalb vor allem aus den neuen Bundesländern – sind offen für solche Weltbild-Alternativen.

Aber auch ein einzelner Freund oder eine Freundin können schlagartig eine innere oder äußerliche Ablösung vom Elternhaus bewirken. Wer total verliebt und der Faszination eines Menschen erlegen ist, ist bereit, das Althergebrachte plötzlich über Bord zu werfen; er opfert dann auch seine Eltern, sein Zuhause und selbst seinen Wohnort leichten Herzens einem anderen Menschen mit einem völlig anderen Weltbild und einer ganz anderen Region weitab der Heimat auf.

Wenn dann späterhin Ernüchterung oder Enttäuschung folgt, kann es durchaus passieren, daß man geläutert, reumütig und ein ganzes Stück reifer in das Elternhaus zurückkehrt, daß man es dann mehr als je zuvor schätzen gelernt hat und die alte Beziehung zu den Eltern fortsetzt.

Man sollte übrigens ernsthaft überlegen, ob ein Gerichtsverfahren in Orlando im amerikanischen Bundesstaat Florida nicht auch für unsere Gesellschaft Vorbildfunktion haben könnte:

Der 12jährige Gregory Kingsley hat sich im September 1992 vor Gericht von seiner Mutter Rachel (30) »scheiden« lassen, um als Adoptivsohn bei der Pflegefamilie bleiben zu können, die ihn zuvor aufnahm. Erst bei George und Lizabeth Russ, die noch acht eigene Kinder haben, fühlte er sich »wie in einer richtigen Familie«, sagte er. Seine Eltern leben in Scheidung, sein leiblicher Vater hat bereits von sich aus auf sein Elternrecht verzichtet, und der neue Liebhaber der Mutter ist alles andere als ein fürsorglicher Ersatzvater. Bei einem Besuch verprügelte er den Jungen dermaßen, daß das Kind vor Gericht den linken Arm in Gips tragen mußte. Was den Fall einmalig macht: Meist sind es Pflegeeltern oder das Jugendamt, die auf Entzug der elterlichen Rechte klagen. Daß ein Kind das im eigenen Namen mit einem eigenen Anwalt tut, gab es noch nie. Von der Entscheidung in diesem Präzedenzfall wird vor allem eine Stärkung der Rechte von Kindern, die Opfer von Mißhandlungen ihrer Eltern sind, erwartet. Gregory Kingsley hat seine Not folgendermaßen formuliert: »Ich tue dies nicht gegen meine Mutter, ich tue es für mich, weil ich glücklich sein möchte.«

Schlußbemerkungen

Ein Teil der Bilanz zum Weltkindertag am 20. September 1992 sieht so aus:

- Täglich kommen weltweit 40000 Kinder unter 5 Jahren ums Leben.
- 14 Millionen der jetzt lebenden Kinder sterben, bevor sie das 5. Lebensjahr erreicht haben.
- 10 Millionen minderjährige Mädchen und Jungen gehen zur Zeit der Prostitution nach, mehr als 200 Millionen werden als Arbeitssklaven gehalten.
- Von den 18 Millionen Flüchtlingen, die Opfer von momentan 44 Kriegen sind, sind 9 Millionen Kinder.
- Allein in Deutschland fehlen 600000 Kindergartenplätze.
- 1 % aller deutschen Jugendlichen sind aktiv ausländerfeindlich, das sind etwa 50000; jeder 3. deutsche Jugendliche ist aber anfällig für rechtsradikales Gedankengut, und zwar als Folge von politisch bedingter Überdosierung mit Asylbewerberproblematik, die auch die schon seit Jahren hier gut integrierten Ausländer ausbaden müssen.

Seit etwa 20 Jahren ist die Pädagogik in einer schweren Krise. Mit allem, was 1968 in Frage gestellt wurde, hat sich auch große Verunsicherung über angemessene Erziehungsziele und Wege dahin breit gemacht. Viele Lehrer und Eltern tun lieber gar nichts, bevor sie etwas falsch machen. Sie lassen damit einerseits Kinder auf der Suche nach Weltbildern ziemlich allein, andererseits überlassen sie Ideologen, die sich meist gegenseitig blockieren und ausgrenzen und Solidarität gegenüber Partei- und Verbandsseilschaften zeigen müssen, das Terrain für politische Strategien und für weltanschauliche Ziele, die sich nur wenig an den Bedürfnissen von Kindern und Jugendlichen orientieren. Leider leben wir im Moment nicht in einer Zeit der pädagogischen Autonomie, die das Kind und seine Zukunft zum Maßstab von Erziehungszielen und -methoden macht, sondern in einer Phase ideologischer Verteilungskämpfe in Sachen Macht über Kinder und Vorherrschaft in pädagogischen Institutionen bis hin zu erziehungswissenschaftlichen Fachbereichen an Hochschulen.

Der Hauptfehler der letzten Zeit war jedoch, daß viele Eltern und Erzieher den Kindern aus Angst vor autoritären Verhaltensweisen nicht genügend Rückmeldung gegeben haben; sie haben Kinder mit ihrem Recht auf Identitätsfindung, auf Orientierung, auf Forderungen, auf wenige kontinuierlich wirkende, Geborgenheit gebende und so manches aushaltende Bezugspersonen und auf Grenzerfahrungen allein gelassen, sie wollten das als geeignete Methoden zum Mündigwerden verkaufen – und haben sich dann über die Ernte eines hohen Gewaltpotentials und höchst unerfreulicher abartiger subkultureller Nischen gewundert. Gleichzeitig sind Eltern mit einer Fülle sich widersprechender Theorien konfrontiert worden, die sie nicht in ihre erzieherische Praxis umsetzen konnten.

Das wichtigste in der Erziehung ist, Kinder vor Niederlagen, vorm Scheitern und vor dem Gefühl, Verlierer zu sein, zu bewahren; und wenn sie dennoch versagen, muß verhindert werden, daß sie Schaden daran nehmen.

Erziehung ist um so schwieriger, je mehr sie von wissenschaftlichen Positionen auszugehen versucht; sie trägt schlechte Früchte, wenn sie an alles mit pädagogischen Konzepten und Skrupeln herangeht und das Kind pausenlos mit dem erhobenen Zeigefinger konfrontiert.

Am besten gelingt sie hingegen, wenn Eltern, Lehrer und Erzieher einfach mit ihren Kindern freundschaftlich zusammenleben, wenn sie den pädagogischen Bezug als partnerschafts- oder Patenschaftsverhältnis verstehen und gestalten; allerdings müssen sie sich dabei schon ihrer Verantwortung für die jungen Menschen bewußt sein, und allerdings müssen sie auch in dieses Zusammenleben viel Arbeit investieren, so wie man es bei jeder menschlichen Beziehung tun muß, wenn sie auf Dauer funktionieren soll.

Da Erziehung mit Rezepten besonders schlecht gerät, gibt es auch keine allgemeingültigen, stets zu bevorzugenden pädagogischen Methoden. Kinder und erzieherisches Handeln herausfordernde Situationen sind so unterschiedlich, daß man für jedes Kind und für jede Situation eine ganz andere Antwort finden muß. Und dabei können auch sehr ungewöhnliche Methoden zu außerordentlich guten Erfolgen führen, zum Teil eben deshalb, weil sie so überraschend eingesetzt und so unüblich gewählt sind. So gibt es beispielsweise völlig halt- und bindungslose und deshalb schwer verhaltensgestörte Kinder mit einem deutlichen Mangel an Hautsinnerfahrungen und Körperkontakt, die durch langes und festes Anfassen oder Drücken bzw. durch Pressen des der Länge nach auf dem Boden liegenden Körpers gleichzeitig eine stark Halt gebende, eine Bindung und Nähe verdeutlichende und den Körper bejahende Sinneserfahrung machen, die eventuell wegen ihrer gänzlichen Unerwartetheit so tiefgehend wirkt, daß eine deutliche Verhaltensänderung die Folge sein kann. »Ich gebe dir Halt, ich bin ganz nah bei dir, ich gebe dir eine unausweichliche Grenze, ich bin für ein paar Minuten genauso lange an dich gebunden wie du an mich, ich stecke ganz viel Kraft in dich«, das sind die unbewußt sich ereignenden Eindrücke eines derart intensiven Drückens auf das Kind.

Weil gerade Jungen so wenige Körperkontakterfahrungen haben und machen, sind sie besonders gut mit ihnen erzieherisch erreichbar, wenn der Pädagoge überhaupt ob der gesellschaftlichen Bewertungslage den Mut dazu hat. Viele Jungen und später auch Männer haben ein Defizit an Freundschaft; bei Mädchen und Frauen ist das meist ganz anders. Jeder fünfte deutsche Junge und jeder fünfte deutsche Mann hat keinen Freund, weil sie so schlecht mit Gefühlen, mit Haut- und Körperkontakt umgehen können, sicher auch, weil sie meist von Frauen auf starke und unabhängige Männerideale hin erzogen worden und deshalb emotional blockiert sind, übrigens wider ihre Bedürfnisse. Ihre Themen sind oft Beruf, Autos, Sport, Politik und ein höchst merkwürdiges und völlig unstimmiges Frauenbild. Weil sie sich kaum von den Aspekten Erfolgsdruck und Konkurrenzangst frei machen können, sind solche Jungen und Männer kaum noch freundschaftsfähig, wenn sie älter als 14 Jahre sind.

Einen Freund zu gewinnen und zu behalten erfordert Bereitschaft zur Nähe, zur Emotionalität, zu Vertrauen und den Mut, sich zu ändern. Erziehung bedeutet daher auch, Kinder freundschaftsfähig zu machen; auch Jungen müssen lernen, über ihre Gefühle zu sprechen und intensivere Beziehungen einzugehen, damit sie nicht nur, wenn sie sich als Versager fühlen, ihre Probleme mit Kampfsportarten, Bodybuilding, Cruising, Macho-Gehabe, Alkohol, Einsamkeit und Gewalt zu überdecken versuchen und damit sie nicht nur Frauen als »seelische Mülleimer« gebrauchen, wozu Frauen übrigens immer weniger bereit sind.

Das gelingt aber nur, wenn sich das gesellschaftliche Umfeld langsam so verändert, daß Männer auch wieder weinen dürfen, sich in der Öffentlichkeit berühren können und überhaupt Gefühle zeigen und besprechen dürfen, ohne als Weich- oder Schwächlinge mißverstanden zu werden. Gerade Väter, Lehrer und Erzieher müssen das als Vorbilder dürfen. Bindungsbedürfnisse dieser Art sind auf allen Seiten, bei Jung und Alt, bei Jungen und Mädchen, bei Lehrern und Schülern da; sie müssen aber wieder gelebt und ausgelebt werden dürfen, damit man als Junge oder Mann künftig nicht mehr, wenn man ein Problem hat, ins Kraftstudio, zum Shopping oder in die Kneipe gehen muß, sondern zum einfühlsamen Freund kommen kann. Für die Weiterentwicklung unserer Gesellschaft wäre das gut.

Literatur

Aichhorn, August: Verwahrloste Jugend (1925), Bern 1974[8].
Arlt, Marianne: Pubertät ist, wenn die Eltern schwierig werden, Freiburg i. Br. 1992.
Ayres, A. Jean: Bausteine der kindlichen Entwicklung, Berlin 1984.
Axline, Virginia M.: Dibs, München o. J.

Bader, Birgit/Ellinor Lang (Hrsg.): Stricher-Leben, Hamburg 1991.
Badry, Elisabeth/Maximilian Buchka/Rudolf Knapp (Hrsg.): Pädagogik, Grundlagen und Arbeitsfelder, Neuwied 1992.
Baensch, Torsten: Jugendlichen Raum lassen? Maßnahmen und Projekte gegen national-autoritäre Orientierungen und rechtsextremistische Tendenzen, Hamburg 1992.
Bärsch, Walter: Erziehungskonflikte, Königstein/Ts. 1978.
Benz, Ute und Wolfgang (Hrsg.): Sozialisation und Traumatisierung, Kinder in der Zeit des Nationalsozialismus, Frankfurt a. M. 1992.
Bettelheim, Bruno: Liebe allein genügt nicht, Die Erziehung emotional gestörter Kinder, Stuttgart 1991.
Bieler, Manfred: Still wie die Nacht, Memoiren eines Kindes, Hamburg 1989.
Bollnow, Otto F.: Die pädagogische Atmosphäre, Heidelberg 1964.
Brück, Horst: Die Angst des Lehrers vor seinem Schüler, Reinbek 1978.
Buber, Martin: Reden über Erziehung, Heidelberg 1962.
Buford, Bill: Geil auf Gewalt, München 1992.
Burkowski, Ursula: Weinen in der Dunkelheit, Bergisch-Gladbach 1992.

Callahan, Mary: Tony, Bergisch-Gladbach 1990.

Dannhäuser, Albin: Mosaiksteine, Gedanken über Schule, Lehrer und Politik, München 1992.
Defersdorf, Roswitha: Drück mich mal ganz fest, Freiburg i. Br. 1991.
Deutscher Bildungsrat: Strukturplan für das Bildungswesen, Stuttgart 1970.
Dreikurs, Rudolf/Vicki Soltz: Kinder fordern uns heraus, Stuttgart 1992.

Ekmann, Paul: Warum Kinder lügen, Hamburg 1990.
Eppendorfer, Hans: Kleine Monster, Innenansichten der Pubertät, Hamburg 1985.

Ernst, Andrea/Sabine Stampfel: Kinder-Report, Wie Kinder in Deutschland leben, Köln 1991.
Ernst, J./J. Angst: Birth Order, Its Influence on Personality, Berlin 1983.

Farin, Klaus/Eberhard Seidel-Pielen: Krieg in den Städten, Berlin 1991.
Fend, Helmut: Theorie der Schule, München 1981².
Fend, Helmut: Sozialgeschichte des Aufwachsens, Weinheim 1989.
Flitner, Andreas: Mißratener Fortschritt, München 1977.
Flitner, Andreas: Reform der Erziehung, München 1992.

Giesecke, Hermann: Das Ende der Erziehung, Neue Chance für Familie und Schule, Stuttgart 1985.
Goldstein, Sonja/Albert J. Sonit: Wenn Eltern sich trennen, Was wird aus den Kindern? Stuttgart 1989.
Grell, Jochen: Techniken des Lehrerverhaltens, Weinheim 1989¹².

Hacke, Axel: Der kleine Erziehungsberater, Erfahrungen eines liberalen Elternpaares mit seinen drei Kindern, München 1992.
Hansen, Wilhelm: Die Entwicklung des kindlichen Weltbildes, München 1960⁵.
Heinemann, Evelyn/Udo Rauchfleisch/Tilo Grüttner: Gewalttätige Kinder, Frankfurt a.M. 1992.
Hurrelmann, Klaus: Sozialisation und Gesundheit, Weinheim 1989.

Jungjohann, Eugen: Kinder klagen an, Angst, Leid und Gewalt, Frankfurt a.M. 1991.

Koch, Friedrich: Negative und positive Sexualerziehung, Heidelberg 1971.
Kohlberg, Lawrence: Zur kognitiven Entwicklung des Kindes, Frankfurt a.M. 1974.

Lasch, Christopher: Geborgenheit, Die Bedrohung der Familie in der modernen Welt, München 1987.
Lukesch, Helmut: Video im Alltag der Jugend, Regensburg 1989.

MacCracken, Mary: Charlie, Eric und das ABC des Herzens, Außenseiter im Klassenzimmer, Frankfurt a.M. 1991.
Makarenko, Anton S.: Ausgewählte pädagogische Schriften, hrsg. von Horst E. Wittig, Paderborn 1961.

Markefka, Manfred: Vorurteile, Minderheiten, Diskriminierung, Neuwied 1990[6].
Montagu, Ashley: Körperkontakt, Stuttgart 1992.
Morris, Desmond: Babywatching, Was dir dein Baby sagen will, München 1991.

Neill, Alexander S.: Theorie und Praxis der antiautoritären Erziehung, Das Beispiel Summerhill, Reinbek 1970[14].
Nelson, Jane: Kinder brauchen Ordnung, München 1992.
Nohl, Herman: Die pädagogische Bewegung in Deutschland und ihre Theorie (1935), Frankfurt a. M. 1978[8].

Oser, Fritz: Moralisches Urteil in Gruppen, Soziales Handeln, Verteilungsgerechtigkeit, Frankfurt a. M. 1981.

Postman, Neil: Das Verschwinden der Kindheit, Frankfurt a. M. 1982[7].
Postman, Neil: Wir amüsieren uns zu Tode, Frankfurt a. M. 1985.

Röhrs, Hermann: Die Reformpädagogik, Ursprung und Verlauf unter internationalem Aspekt, Weinheim 1991[3].
Roth, Heinrich: Der Wandel des Begabungsbegriffs, Stuttgart 1961.
Rusch, Regina (Hrsg.): Plötzlich ist alles ganz anders, Kinder schreiben über unser Land, Frankfurt a. M. 1992.

Scarbath, Horst: Träume vom guten Lehrer, Donauwörth 1992.
Schmidbauer, Wolfgang: Die Angst vor Nähe, Reinbek 1985[3].
Schnack, Dieter/Rainer Neutzling: Kleine Helden in Not, Jungen auf der Suche nach Männlichkeit, Reinbek 1990.
Schultz, Hans J. (Hrsg.): Trennung, Stuttgart 1984.
Solms, Wilhelm (Hrsg.): Begrenzt glücklich, Kindheit in der DDR, Marburg 1992.
Spranger, Eduard: Der geborene Erzieher, Heidelberg 1963[3].
Spranger, Eduard: Psychologie des Jugendalters, Heidelberg 1960[26].
Starck, Willy: Die Sitzenbleiberkatastrophe, Stuttgart 1974.
Struck, Peter: Die Hauptschule, Stuttgart 1979.
Struck, Peter: Sozialpädagogik der Schule und soziales Lernen, Stuttgart 1980.
Struck, Peter: Projektunterricht, Stuttgart 1980.
Struck, Peter: Pädagogik des Schullebens, München 1980.
Struck, Peter: Pädagogische Bindungen, Frankfurt a. M. 1984.
Struck, Peter: Schul- und Erziehungsnot in Deutschland, Ein Ratgeber für Eltern, Lehrer und Bildungspolitiker, Neuwied 1992.

Tillmann, Klaus-J.: Sozialisationstheorien, Reinbek 1990^2.

Upmeyer, Arnold: Soziale Urteilsbildung, Stuttgart 1985.

Wallerstein, Judith/Sandra Blakeslee: Gewinner und Verlierer, München 1989.
Wallrabenstein, Wulf: Offene Schule – Offener Unterricht, Reinbek 1991.
Wieck, Wilfried: Söhne wollen Väter, Wider die weibliche Umklammerung, Hamburg 1992.
Winn, Marie: Kinder ohne Kindheit, Reinbek 1992.

Ziem, Jochen: Boris, Kreuzberg, 12 Jahre, Berlin 1988.
Zöller, Dietmar: Wenn ich mit euch reden könnte ... Ein autistischer Junge beschreibt sein Leben, München 1991.

Personenverzeichnis

Stichwortverzeichnis

F

G

H

I

J

K

L

M

N

O

P

Q

R

S